文化视角下的汉语成语研究

高永鑫 著

全国百佳图书出版单位 吉林出版集团股份有限公司

图书在版编目(CIP)数据

文化视角下的汉语成语研究 / 高永鑫著. -- 长春：吉林出版集团股份有限公司, 2021.8
ISBN 978-7-5731-0358-1

Ⅰ.①文… Ⅱ.①高… Ⅲ.①汉语–成语–研究 Ⅳ.①H136.31

中国版本图书馆 CIP 数据核字(2021)第 172739 号

WENHUA SHIJIAO XIA DE HANYU CHENGYU YANJIU
文 化 视 角 下 的 汉 语 成 语 研 究

著：高永鑫
责任编辑：王芳芳
封面设计：雅硕图文
开　　本：720mm×1000mm　1/16
字　　数：210 千字
印　　张：11.25
版　　次：2021 年 8 月第 1 版
印　　次：2021 年 10 月第 1 次印刷

出　　版：吉林出版集团股份有限公司
发　　行：吉林出版集团外语教育有限公司
地　　址：长春市福祉大路 5788 号龙腾国际大厦 B 座 7 层
电　　话：总编办：0431-81629929
印　　刷：吉林省创美堂印刷有限公司

ISBN 978-7-5731-0358-1　　定　价：58.00 元
版权所有　侵权必究　举报电话：0431-81629929

前 言

　　成语是人们在长期使用语言的过程中形成的约定俗成、形式简洁、内涵丰富的固定短语，是汉语的重要组成部分，可以说是汉语言中一颗璀璨的明珠，是一朵盛开在世界语言文化之林的奇葩。正如我们所知，语言是文化的载体。因此，任何一种文化现象，都会在语言中留下烙印；任何一种语言现象，也都有其文化上的理据。语言中的文化最集中、最显著地体现在词汇上。在汉语浩瀚的词林中，成语以其典雅、含蓄、生动、犀利而独放异彩。

　　作为一种独特的语言现象，成语既体现了汉语言的表达特色，也蕴含着丰富的历史文化信息，同时又承载着中华民族独特的价值观与人生态度。无论是从形式上来说还是从内容上来说，成语都高度凝聚着汉民族文化的精华，因而从成语中透析文化具有特殊的意义。从形式上来说，占绝大多数的四字成语符合汉语的语音特征，是中华民族审美观的一种直接体现。而且，成语内在的修辞、平仄、节奏、以偶为美的古代语言逻辑是成语独有的语言魅力之一。从内容上来说，成语来源比较广泛，如古代神话、寓言、历史故事、史书典籍，它涵盖了中华传统文化的方方面面，从天文地理到文学历史，从宗教伦理到军事政治，甚至包括了衣食住行、礼仪风俗。

　　成语同一般语词相比，具有两个非常显著的特点：第一，成语是人们长期习用、有某种历史源流的"古语"，这些经过大浪淘沙得以存活下来的成语，就像语言中的"活化石"，蕴藏着丰富的民族传统文化信息；第二，成语构词凝练，较之其他词汇表意效能更大更强。由于定型后其内涵在长期的语言实践中得到不断地丰富和充实，流传至今的成语绝大多数都表现出构词凝练、内涵丰富的特点，这就使成语比普通词语包含了更丰富的信息量。而词语的信息量越大，其文化的负载量也就越大。因此，整个成语系统也就比一般词汇更能完整地表现出中华民族的文化内涵。

基于以上认识，作者写了此书，旨在从文化视角对汉语成语展开研究，以期对汉语成语文化形成系统的认识。本书主要特色如下：

第一，论述全面。在对汉语成语及成语文化基本内容进行概述的基础上，从服饰文化视角、饮食文化视角、音乐文化视角、数字文化视角等多维视角出发，对汉语成语进行了系统的分析阐述，内容丰富，资料翔实。

第二，举例丰富。从每一个视角对汉语成语进行论述时，都列举了大量的成语实例，且穿插了一些生动的成语故事，不仅直观形象，而且有助于更好地展现成语的深刻文化内涵。

第三，逻辑清晰，层次分明。全书首先从整体上对汉语成语及文化进行阐述，然后分别从六个文化视角进行展开，每一个视角下又对汉语成语的文化内涵进行了梳理，脉络非常清晰。

本书内容翔实、语言严谨、逻辑清晰，在写作过程中，作者吸收借鉴了前人的优秀研究成果，形成了自己的观点，也就一些有争议的问题请教了相关的专家，以期本书能够对汉语成语研究事业贡献自己的力量。但是，由于学术水平有限，本书可能还存在很多不足之处，还望广大读者不吝批评指教。最后，作者对给予本书巨大帮助的亲朋好友致以最诚挚的感谢。

目 录

第一章　汉语成语概述 …………………………………… 1
第一节　汉语成语的界定 …………………………………… 1
第二节　汉语成语的来源 …………………………………… 5
第三节　汉语成语的特点 …………………………………… 8
第四节　汉语成语的修辞研究 ……………………………… 10
第五节　汉语成语的语音、语义及语法研究 ……………… 14

第二章　汉语成语的文化观照 …………………………… 24
第一节　成语文化概述 ……………………………………… 24
第二节　汉语成语修辞格的文化意蕴 ……………………… 25
第三节　汉语成语的文化特性分析 ………………………… 33
第四节　民族文化在汉语成语形式与内容上的体现 ……… 41

第三章　服饰文化视角下的汉语成语研究 ……………… 46
第一节　中国服饰文化概述 ………………………………… 46
第二节　汉语服饰成语的意义分析 ………………………… 50
第三节　汉语成语中的服饰审美文化 ……………………… 54

第四章　饮食文化视角下的汉语成语研究 ……………… 61
第一节　中国饮食文化概述 ………………………………… 61
第二节　汉语成语中"吃"的寓意解读 …………………… 65
第三节　汉语饮食类成语的界定与意义解析 ……………… 72
第四节　汉语饮食类成语的文化内涵 ……………………… 75

— 1 —

第五章 音乐文化视角下的汉语成语研究 ································ 79
第一节 古代音乐的特征 ···································· 79
第二节 汉语音乐类成语的界定与内容 ························ 88
第三节 汉语音乐类成语的文化内涵分析 ······················ 93

第六章 数字文化视角下的汉语成语研究 ································ 99
第一节 汉语数字的文化内涵 ································ 99
第二节 汉语数字成语概述 ································· 106
第三节 汉语数字成语的文化意义分析 ······················· 113

第七章 动植物文化视角下的汉语成语研究 ····························· 120
第一节 动物文化视角下的汉语成语 ························· 120
第二节 植物文化视角下的汉语成语 ························· 127
第三节 《诗经》成语中的动植物文化 ······················· 138

第八章 隐逸文化视角下的汉语成语研究 ······························· 145
第一节 隐逸文化概述 ····································· 145
第二节 隐逸之志在汉语成语中的体现 ······················· 150
第三节 隐逸的生活形态 ··································· 155
第四节 隐逸与出仕之间的矛盾分析 ························· 161

参考文献 ··· 170

第一章　汉语成语概述

汉语成语作为一种特殊的语言现象，具有形式简练但内涵深刻的特点，承载了极其丰富的文化信息。本章将对汉语成语进行系统的论述，内容包括汉语成语的界定、来源、特点，以及汉语成语的语音、语义及语法研究这几个方面的内容。

第一节　汉语成语的界定

一、成语的概念

成语是汉语词汇中的一类重要的单位，有关成语的概念，很多字典、辞书和学者的著作上都有相关的解释和界定。例如：

《现代汉语词典》的解释："成语是人们长期以来习用的、简洁精辟的定型词组或短句。汉语的成语大多由四个字组成，一般都有出处。有些成语从字面上不难理解，如'小题大做''后来居上'等。有些成语必须知道来源或典故才能懂得意思，如'朝三暮四''杯弓蛇影'等。"[1]

《辞海（语词分册）》的解释："成语是熟语的一种。长期以来惯用的，简洁、精辟的固定词组或短句。在汉语中多数由四个字组成。组织多样，来源不一。有些可从字面理解，如'万紫千红''乘风破浪'等。有些要知道来源才懂，如'愚公移山''守株待兔'等。"[2]

《现代汉语通论（第二版）》的解释是："成语是指历史上沿用下来或群

---

[1] 中国社会科学院语言研究所词典编辑室. 现代汉语词典 修订本 [M]. 北京：商务印书馆，1978：157.

[2] 辞海 语词分册 上 [M]. 上海：上海辞书出版社，1977：1753.

众中长期流传、见解精辟并含有特定意义的固定短语。"① 成语具有历史的习用性、意义的整体性、结构的凝固性和深刻的民族性。

《中华成语大词典》的前言部分指成语"是相沿已久、约定俗成的固定词组"。②

汉语学界已有多名学者在他们的著作里对成语进行了分析研究如马国凡（1977）所著《成语》、史式（1979）的《汉语成语研究》、向光忠（1982）的《成语概说》、崔希亮（1997）的《汉语熟语与中国人文世界》、周荐（2004）的《汉语词汇结构论》、王勤（2006）的《汉语熟语论》等。有的人主张对成语作狭义的理解，有的人主张对成语作广义的理解。史式认为，"凡在语言中长期沿用，约定俗成，一般具有固定的结构形式与组成成分，有其特定含义，不能望文生义，在句子中的功能相当于一个词的定型词组或短句，谓之成语。"③ 周荐在书中提出了判断成语的两个标准："形式上为四字格；内容上要含有古朴、典雅的成分。"④ 同时认为形式上的标准只是个相对的标准，内容上的标准才是绝对的标准。王勤在分析了成语的性质之后给出这样的定义："汉语成语是具有典雅风格、短小精悍、含义精辟、习用已久的四言固定词组。"⑤

参照字典和各位学者的观点，本书认为：汉语成语是语言中词汇的类型，形式上比较固定，常表现为四字格式，语体上大多书面语色彩较重，一般具有来源，经长期习用的词汇单位。

二、成语界定的代表性观点

（一）刘叔新：表意的双层性

刘叔新是最早提出成语是具有表意双层性并将其作为成语的本质特征与其他固定语（主要指惯用语）区别的学者，他在《固定语及其类别》中为成语定性时提出："成语的重要特征，凭之基本上能同所有其他固定语区别开来的特征，是表意的双层性：字面的意义具有形象比喻作用或使人联想的作用，透

---

① 邵敬敏. 现代汉语通论 第2版 [M]. 上海：上海教育出版社，2007：203.
② 程志强. 中华成语大词典 修订版 [M]. 北京：中国大百科全书出版社，2008：2.
③ 史式. 汉语成语研究 [M]. 重庆：四川人民出版社，1979：12—13.
④ 周荐. 汉语词汇结构论 [M]. 上海：上海辞书出版社，2004：242.
⑤ 王勤. 汉语熟语论 [M]. 济南：山东教育出版社，2006：203.

过它曲折地表现仿佛处于内层的真实意义。"① 根据这一理论，"穿小鞋、走后门、出洋相"等传统意义上的惯用语因具有双层意义进入了成语之列，被多数人看作成语的只有单层意义的"每况愈下、党同伐异、不胜枚举"之类则被划分到了惯用语的范围。这一观点标新立异，自成一家，但也正因与传统观念有诸多违和之处，一经提出便引起了很大的争议。首要的问题就是据此得到的成语"与人们多年以来形成的语感不和"②，周荐、曹炜、温端政等都持这一看法；其次，在具体操作的过程中，双层意义本身就具有一定的模糊性，就连刘叔新理论的支持者王吉辉也表示"固定语具备了什么样的意义状态才算是有双层性，有时的确令人颇费踌躇"③。此外，胡晓研还认为，即便是在固定语的范围内，表意的双层性特点也并不为成语独有。他指出，汉语熟语在表意上具有双层性，从文化语义学的角度来看，每一类熟语的意义都可以分为显性意义（字面义）和隐性意义（文化背景义）两个层面，隐性意义需要汉民族语用心理的参与和一个由显到隐的转换过程才能实现。④ 当然，也有学者对这一理论予以了肯定和支持，除了上面提到的王吉辉，刘洁修在其《成语》一书中也表达了类似的看法，不但将"露马脚、闭门羹、拦路虎、翘尾巴"等看作三字成语，而且进一步提出了"二字成语"的说法，把"推敲、鸡肋、烂柯、请缨、涂鸦、献芹"等源自历史典故的双音词划归到了成语的范畴之内。⑤

尽管刘叔新"表意双层性"的划分标准并未被大多数人接受，然而撇开其理论上的合理性与否以及是否与大众语感相符的问题不谈，有两点值得我们借鉴：其一，刘叔新第一个明确地提出了"区别性特征"在界定成语中的重要性，而非一般特征。这一观点反衬了现今辞书专著中普遍存在的只说明成语具备特点而对如何将其界定和划分少有论及的现状。诚然，要在固定语这样一个纷繁复杂的大类别中找出能够完全将成语与其他语类区别开来的独有特征非常困难，但刘叔新的尝试和努力仍为我们指明了一个方向。其二，与其他学者综合各种特点一次性判定的方法相比，刘叔新的划分更具层次性和操作性：先根据研究对象的语言性质或言语性质分出语言的固定语和言语的常语两大类；再按照构成成分是否都完全固定的标准，把准固定语划分出来；然后进一步根

---

① 刘叔新. 词汇研究 [M]. 北京：外语教学与研究出版社，2006：106.
② 周荐. 论四字语和三字语 [J]. 语文研究，1997（04）.
③ 王吉辉. 成语的范围界定及其意义的双层性 [J]. 南开学报，1995（06）.
④ 胡晓研. 汉语熟语表意双层性问题说略 [J]. 东北师大学报（哲学社会科学版），2013（01）.
⑤ 刘洁修. 成语 [M]. 北京：商务印书馆，1985：69.

据对释结构将歇后语排除；进而把意义体现个体事物概念的专名语和体现行业概念的专门用语排除；最后表意的双层性就成了成语与惯用语的唯一区别性特征。[①] 如此一步一步、抽茧剥丝，将成语最终置于特定的范围和层次下进行鉴别，这样的方法，从过程来看，是明晰和易于操作的。

（二）周荐：经典性

"经典性"是周荐抛弃传统的"语言——言语"依据提出的成语的本质特征，后来发展为包含历史悠久、雅言性和四字格在内的综合性衡量标准。所谓经典性，根据周荐的阐释，指的是"某个熟语单位出自权威性的著作，由于该熟语所出自的著作具有权威性，熟语本身也具有了一种权威性"[②]。在他看来，"成语、惯用语、歇后语、谚语这四类熟语中，具有经典性的只有成语，或者说只成语的经典性最强。"[③] 因此，经典性可以作为成语与别类熟语的一个本质区别。考虑到刘叔新单凭意义标准确定出的成语类别的不可靠性，周荐采用了意义为主并辅以结构形式的鉴定方法，即"经典性"实际上兼顾了内容与形式两个方面。其中，内容的标准是绝对的，成语内容的表达必须依赖古朴、典雅的语素成分；相对的，形式标准则处于次要地位，即成语一般以四字语式为主。

总的来说，周荐的"经典性"特征从多数典型成语具有的一个突出特点出发是较符合实际的。虽然这一标准在理论上混淆了语言和言语的界限，但是由于并未跳脱出人们对成语的传统认知，没有遭到太多的反对。然而根据这样的特征进行成语的界定也存在一定的问题，主要体现在以下几个方面：

第一，与刘叔新意义双层性的判断相似，"经典性"本身的含义并不明确，什么样的语素成分才算古朴典雅的，出自什么样的著作才算是权威的，周荐并没有详尽的说明；

第二，对经典性的判断是因人而异的，不同的文化水平、不同的知识结构以及不同的认知方式都会影响人们对经典性的感知；

第三，以是否有来源出处作为判断标准容易混淆成语与典故词语的界限，导致部分不属于成语的典故词语进入成语之列；

第四，"经典性"特征在强调成语的书面语特质的同时，也在一定程度上

---

① 刘叔新. 词汇研究 [M]. 北京：外语教学与研究出版社，2006：135.
② 周荐. 论成语的经典性 [J]. 南开学报，1997（02）.
③ 周荐. 熟语的经典性和非经典性 [J]. 语文研究，1994（03）.

否定了近现代产生的或具有较强口语性质的语素——俗白成语存在的合理性，同时也忽视了广大人民群众而非知识分子在成语约定俗成过程中发挥的主要作用。

第二节　汉语成语的来源

汉语成语历史悠久，源远流长，因此，大部分成语都是有来历和出处的，并且，成语的来源十分广泛。

一、来源于古代的神话传说

我国古代有着丰富的神话传说，它们间接地反映了我国古代人民的生活和思想状况，极富浪漫主义色彩，后来，经过提炼和加工，就形成了现在这些精辟而又形象的成语。例如：

《山海经》是先秦时期的一部地理文献，它记载了许多神话传说。其中，有一个故事是这样的：上古时期，炎帝最疼爱的小女儿女娃，在东海游泳时被水淹死。于是，她的灵魂就化成一只精卫鸟，经常飞到西山去叼小石头和小树枝扔进东海，发誓要填平东海为自己报仇。她就这样一直飞来飞去，但最终也没有将东海填平。这就是成语"精卫填海"的来源。这则成语用来比喻不畏艰难、不屈不挠的斗争精神和报仇雪恨的决心。

《神仙传》中记载了这样的故事：汉朝时，淮南王刘安十分信奉道教。为了成仙与长生不老，他找到八公仙翁，按照八公仙翁的话炼制仙丹。丹药炼成后，刘安吃下觉得自己轻飘飘的，便升天而去。庭院里的鸡狗抢着吃剩下的丹药，也纷纷飞上天成了仙。这便是成语"一人得道，鸡犬升天"的来源。这则成语后比喻一个人做了官，和他有关的人也跟着得势。

来源于神话传说的成语还有很多。例如，出自《桃花源记》的"世外桃源"；出自《神仙传》的"黄粱美梦"；出自《淮南子·览冥训》的"炼石补天"；出自《三五历记》的"开天辟地"；出自《太平广记》的"为虎作伥"；出自《南齐书·州郡志》的"杳如黄鹤"等。这些成语中都蕴含着一些想象丰富、妙趣横生的小故事，透露着浪漫主义色彩，因此受到了人们的喜爱。

二、来源于古代的寓言故事

寓言故事通常是运用比喻的方法,通过一个虚构的故事来说明一个深刻的道理,其语言形象鲜明,故事简短生动。再用一个精炼的固定词组对寓言故事加以概括,就产生了寓言故事成语。

寓言故事成语包含着深刻的思想内容,都说明了一定的道理,具有一定的讽喻或的教训意味。例如:

《韩非子·五蠹》中有这样一个故事:宋国有一个农夫在地里干活,忽然从远处跑来一只兔子,十分慌张,一不小心撞在树桩上就死了。农夫很高兴,捡起这只死兔子回家美美地饱餐一顿。他想每天都有这样的好事就好了,于是他放下农具整天守在那棵树下,结果却一无所获。这是成语"守株待兔"的寓言故事,"守株待兔"原比喻希图不经过努力而得到成功的侥幸心理。现也比喻死守狭隘经验,不知变通。

《吕氏春秋·自知篇》中有:有个小偷发现别人家的门口挂着一口很大的铜钟,他想偷,但一个人又搬不动;想把钟敲碎卖铜,又担心敲钟时别人听到声音而偷不成。终于,他想出一个绝妙的主意,就是把自己的耳朵用棉花塞住听不到声音,结果偷窃时却被当场逮住。这是成语"掩耳盗铃"的寓言,"掩耳盗铃"比喻自己欺骗自己,明明掩盖不住的事情却偏要想办法掩盖。

来源寓言故事的成语还有很多。例如,出自《列子·天瑞》的"杞人忧天",《孟子·公孙丑上》的"拔苗助长";出自《淮南子·人间篇》的"塞翁失马";出自《晋书·乐广传》的"杯弓蛇影";出自《庄子·齐物论·郭象注》的"对牛弹琴";出自《韩非子·难势》的"自相矛盾"等。这些来自寓言的成语都富有深刻的哲理,含义深邃,耐人寻味,因此受到人们的喜爱并广泛运用。

三、来源于历史人物和历史事件

我国有着悠久的历史,历史上出现的各类人物和发生的各种事件,不胜枚举,有的被写入史书,有的可以见于文学作品之中,后来在流传的过程中,逐渐用简练的词组加以概括,就成了成语。这类成语的数量很多,而且大都概括了一定的历史事实,当然,有些却不一定是真实的,而是具有传闻性质。例如:

成语"卧薪尝胆"来源于一个家喻户晓的人物和故事。《吴越春秋》中记载：春秋时期，越王勾践被吴王夫差打败，在被俘虏的过程中，受尽苦难与折磨——给夫差喂了三年的马。回到越国后，勾践立志报仇复国。请范蠡帮助训练军队，并任用有贤能的人，自己亲自参加劳动。为了激励斗志，他夜晚睡在柴草上，每天吃饭睡觉前都要尝一尝胆的苦味。经过长期的准备，后来终于把吴国给灭掉了。

成语"才高八斗"用来形容一个人才华出众。这条成语来源于东晋诗人谢灵运。谢灵运恃才傲物，从不把其他的文人放在眼里，但却独对曹植十分崇拜。《南史·谢灵运传》中记载：有一天，谢灵运读了曹植的作品后，拍案叫绝，赞叹道说："天下才共一石，曹子建独得八斗，我得一斗，自古及今共用一斗。"[①] 由此产生了成语"才高八斗"。

《左传》中记载：春秋时期，秦国和晋国是两个相邻的强国，这两个国家为争夺霸权，经常发生战争。但这两个国家的统治者时常用婚姻来互相牵制，互相利用。晋献公把女儿嫁给了秦穆公，秦穆公把女儿嫁给了晋献公的儿子晋文公。由这段历史，便有了成语"互结秦晋"和"秦晋之好"。

由历史人物和事件演化而来的成语还有很多。例如，出自《史记·晋世家》"退避三舍"；出自《左传·宣公十五年》的"城下之盟"；出自《史记·高祖本纪》的"约法三章"；出自《史记·淮阴侯列传》的"多多益善"；出自《史记·楚世家》的"问鼎中原"等。这些成语有的给人以鼓舞和激励，有的给人以经验教训，并且都蕴含着丰富的史学知识，具有很高的史料价值。

四、来源于古代文化典籍的诗文名句

我国古代有着丰富且优秀的文化典籍，它们具有很大的社会影响力，其作品中的名句更是流传千古，这些名句久经人们的吟诵、引用，逐渐凝结并固定下来，便形成了成语。

来源于古代文化典籍的成语，有的是直接从名句中摘取的。例如，"兢兢业业"出自《诗经·大雅·云汉》："兢兢业业，如霆如雷。""教学相长"出自《礼记·学记》："学然后知不足，教然后知困。知不足然后能自反也；知困然后能自强也，故曰教学相长。""老骥伏枥"出自《步出夏门行》："老骥伏枥，志在千里，烈士暮年，壮心不已。"

有的是对古典名句的剪辑加工。例如，"切磋琢磨"是对《诗经·卫风·

---

① 李延寿. 南史 [M]. 北京：中华书局，1975：516.

淇奥》中"有匪君子，如切如磋，琢如磨。"这一原文的截取合并而成的。"杯水车薪"是对《孟子·告子上》中"犹以一杯水救一车薪之火也"的剪接加工。

来源于古典作品中诗文名句的成语还有很多。例如，源自屈原诗歌的有"春兰秋菊""迷途知返""黑白颠倒"等；来自《孙子兵法》的有"以逸待劳""出其不意，攻其不备""知己知彼，百战不殆"等；源自《论语·述而》的有"学而不厌"等；源自《滕王阁序》的有"物换星移""人杰地灵""高朋满座"等。

第三节　汉语成语的特点

一、整体性

成语的整体性是指，对成语意义的理解，要从成语的整体含义来把握。这是由于成语的语言简洁精练，意义含蓄精深，而不像其他一般词组那样，只是意义的简单组合。因此，在理解成语的时候，不能仅看其表面含义，要看整体含义。例如，"凤毛麟角"从表面上来看，是凤的毛，麟的角，然而，实际上是用来比喻像凤毛麟角那样稀少珍贵的人或事物。"井底之蛙"字面意义是井中的青蛙，然而，实际上是比喻那些目光短浅、见识狭小的人。"废寝忘食"不仅仅是表面的不顾睡觉，忘记吃饭的意思，而是更深层的极为专心努力的意思。由此可见，成语的意义具有整体性，要正确地理解成语的含义，就要把握隐含于其表面含义之后的深层含义。

二、固定性

成语的固定性从三个方面来理解。首先，成语的字数是固定的，一般不能随意增加或者减少。例如，"饮水思源"不能说成"饮水而思源"，"洛阳纸贵"不能说成"洛阳的纸贵"，"提纲挈领"不能说成"提纲领"。其次，构成成语的每个成分是固定的，不能随意改变。例如，"一目了然"不能说成"一看了然"，"举国欢腾"不能说成"全国欢腾"，"掩耳盗铃"不能说成"掩耳偷铃"。最后，成语的词序是固定的，一般不能随意变更。例如，"谈笑风生"不能说成"风生谈笑","青红皂白"不能说成"皂白青红","立竿见影"不能说成"见影立竿"。因为一旦位置发生了改变，就破坏了其内部的、原来的语法关系，造成语义的错误。有的成语也就失去了其原有的、形象生动的比喻寓意，甚至还可能造成逻辑错误。

三、韵律性

汉语是有声调的语言，其音调的高低起伏，使其具有音乐的美感。成语作为汉语的浓缩精华，更是如此。成语大多是四字格、四个音节，这样便于调节语音的变化，使成语富于韵律感。有的格式两两相对，均衡匀称，和谐铿锵，节奏明快。例如，实事求是、赴汤蹈火；有的音节之间讲究平仄。平声，悠长高昂；仄声，短促低沉。平仄交替配合使用，读起来跌宕起伏，具有节奏感。例如，平平仄仄：山清水秀，和颜悦色；仄仄平平：万紫千红，义愤填膺；平仄平仄：梁上君子，重见天日；仄平仄平：画龙点睛，趾高气扬；平仄仄平：身体力行，心不在焉；仄平平仄：见机行事，汗流浃背；有的通过音节的反复和重叠，体现出韵律感和和谐性。例如，落落大方、忠心耿耿、形形色色。

四、精炼性

成语无论从形式上，还是内容上都表现出高度的精炼性。大部分成语都是把生动的历史故事、深邃的哲理、某种自然或社会现象等进行高度地凝练概括，把要表达的内涵精炼地浓缩在成语的四字之中，因此，成语的内容寓意深刻，含义也更具精炼性。《韩非子·外储说》中有这样一则寓言故事："楚人有卖其珠于郑者，为木兰之柜，熏以桂椒，缀以珠玉，饰以玫瑰，辑以翡翠。郑人买其椟而还其珠。"[①] 这则寓言一共包括六个细节，但最后用一个具有概括性含义的细节来表示整个故事，即为成语"买椟还珠"。成语"水滴穿石"蕴含了丰富的哲学道理，虽然水滴的力量非常薄弱，但是经过长年累月的积累，仍然可以达到目的。同时也体现出了质量互变的规律以及因果关系的原理。

五、民族性

成语具有鲜明的民族色彩。从内容上看，它体现了中国悠久而又深厚的历

---

① 张觉. 韩非子译注 [M]. 上海：上海古籍出版社，2007：393.

史底蕴，反映了汉民族人民的经济生活、文化风俗、思维方式等。例如，反映历史事件的"完璧归赵""四面楚歌""破釜沉舟"等，经济生活的"富国强兵""国富民强"等，文化风俗的"乐善好施""礼尚往来"等。从形式上看，正如吕叔湘先生所说："四音好像一直都是汉语使用者非常爱好的语音段落，最早的诗集《诗经》里以四言为主，启蒙课本《千字文》《百家姓》《李氏蒙求》等都是四音。亭台楼阁常有四字的横额，流传最广的成语也是四言为多。"① 四言这种形式一直延续到魏晋时期，并且充满了活力，所以，汉语成语也受到了这种四言形式的影响，成为四字格的形式。这种四字格的形式便突出地体现了民族性这一特点。此外，汉语成语在表现手法上，多使用对称形式，使各个成分都均匀平衡；在语音上，成语韵律和谐，节奏明快，使成语具有音乐美。

第四节 汉语成语的修辞研究

成语是修辞实践的结晶，每一个成语都是现成的修辞形式，汉语的成语是汉语的修辞宝库，是汉语修辞的重要载体。

一、辞格的运用

成语以其凝练、匀称的形式，生动、含蓄的内容，蕴含了多种修辞格。具体表现如下。

（一）比喻

成语受结构形式的限制，所以它的比喻修辞有以下几种：
（1）含明喻的成语一般只出现喻体和喻词，本体不出现。例如：
如临大敌 如释重负 如坐针毡 如丧考妣
（2）也有两个喻词、两个喻体的情况。例如：
如狼似虎 如胶似漆 如火如荼 如饥似渴

---

① 钱玉莲. 现代汉语词汇讲义 [M]. 北京：北京大学出版社，2006：119.

（3）仅有少数成语，本体、喻体和喻词三部分均具备。例如：

口若悬河　面如土色　家贫如洗　心急如焚

含有暗喻和借喻的成语，不出现在句中，独立存在时一般没有显著的标志，只有靠具体的语言环境来决定。这种成语有两种情况需提及：

一是成语的部分语素用于转义。例如：

人间地狱　昙花一现　东窗事发　叶公好龙

二是整个成语用于转义。例如：

沉鱼落雁　画蛇添足　守株待兔　拔苗助长

（二）对偶

对偶有"同义正对"和"反义反对"两种。

1. 同义正对

前后两个意义相同或者相近的并列成分组成对偶，"双举同物，以明一义"。例如：

谨小慎微　胡言乱语　奴颜婢膝　防微杜渐

2. 反义反对

前后两个意义相对或相反的并列成分组成对偶，"并列异类，以见一理"。例如：

外强中干　口蜜腹剑　弃暗投明　口是心非

对偶格成语的前后两个词组所表示的意思或相类相似，或相反相对，合起来表示一个整体意义。大部分对偶格的成语还在不改变原意的基础上可变换结构，这是对偶格联合式结构成语的突出特点。

（三）夸张

把事物说得远远超出客观事实，往往加以夸大或缩小，以增强表达效果，这就是夸张。这种手法也就是《文心雕龙》上所说的"夸饰"。成语既有扩大性夸张，如"枪林弹雨""怒发冲冠""翻天覆地"等；又有缩小性夸张，如"海底捞针""立锥之地""寸步难行"等。

有些夸张修辞的成语来自典故，如"怒发冲冠"；还有用数字配合进行夸张的成语，像"一手遮天""一落千丈""垂涎三尺"等。

（四）借代

借用与人或事物相关的名称来代替本来名称就是借代，它重在事物的相关性，在语言上利用客观事物之间的种种关系巧妙地进行艺术换名。借代修辞的成语虽数量不多，但借代的情况比较复杂，有如下几种情况：

1. 以专名代泛称

阳春白雪　下里巴人　世外桃源

2. 以部分代整体

一帆风顺　异口同声　南辕北辙

3. 以具体代抽象

大动干戈　大兴土木　洗心革面

4. 以原料或工具代成品

手无寸铁　笔墨官司　挥金如土

5. 以衣着、服饰代人物

布衣黔首　白衣公卿　乌衣子弟

6. 以物代人

膏粱子弟　粉墨登场　梨园子弟

7. 以官职代人

钦差大臣　白发郎官　大树将军

8. 以数目代具体事物

挂一漏万　成千上万　惩一儆百

（五）比拟

（1）运用拟人的，例如：

衣冠禽兽　狐朋狗友　秋菊傲骨　蛇蝎心肠

（2）运用拟物的，例如：

呆若木鸡　小肚鸡肠　胆小如鼠　鼠目寸光

（六）反复

反复很像重叠，但不是重叠。重叠是一个词的重复，反复是两个词的并列。成语里的反复修辞，只能是语素相迭的固定格式。例如：

郁郁葱葱　三三两两　浩浩荡荡　家家户户

（七）顶真

顶真又叫联珠，极少数成语采用这种辞格。例如：

一而再，再而三　一传十，十传百　知无不言，言无不尽成语里还有很多其他辞格。比如，摹状类，如"衣冠楚楚""虎视眈眈"等；飞白类，如"信口开河"；反问类，如"何乐不为""岂有此理"等；设问类，如"何去何从"；警策类，如"居安思危、有备无患"。成语有辞格兼用的现象，一个成语包含几种辞格。

二、独特的表达风格

汉语成语多数是从古代汉语的书面语继承下来的，来源于书面语，同样在书面语言里也用得最普遍，再加上它言简意赅的特点，起到了增强汉语书面语的语体色彩的作用，逐步形成汉语典雅、含蓄、形象、和谐的语体风格。

（一）庄重与幽默

肃然起敬　名垂千古　永垂不朽　庄严肃穆

上面这些成语用于庄重的场合，可表示庄重的色彩，烘托严肃气氛，如果用于其他场合，则于环境、气氛不相协调，这便形成这类成语的庄重风格。

一命呜呼　屁滚尿流　呜呼哀哉　乱七八糟

上面这些成语带有讽刺意味，显得活泼、风趣，不宜用于严肃的场合。

（二）古雅与质朴

直接来自古诗文的成语，或者从古诗文中摘取或节缩而来的一些成语，在用词或结构上都含有文言文成分，显得文雅、隽永、古色古香，具有古雅的风格。例如：

赴汤蹈火　厝火积薪　嘉言懿行　不翼而飞　夜以继日　唯利是图

上面成语通过用词的文雅、隽永来体现古雅风格，下面成语的古雅风格主要表现于文言结构的特殊。也有一些成语多来自民间流传和积淀，是人民群众的口头语言，这类用词直截了当，陈说浅显，通俗易懂，明白豁达，真切自然，充分表现出质朴的风格。例如：

笨手笨脚　你死我活　倒打一耙

（三）含蓄与直率

得陇望蜀——贪得无厌　南辕北辙——背道而驰

杞人忧天——庸人自扰　叶公好龙——表里不一

这四组成语，每一组的两个成语意义都相同或相近，但风格不同，前一个具有含蓄的风格，后一个具有直率的风格。含蓄需经人们一番思索，才能体味出真谛。含蓄运用得好，就能像弹琴的弦外之音给人以教育和启发。直率风格的成语直言相谈，和盘托出，语意明白，不留余地。

如果细细地分析，每个成语都有不同的风格，归纳起来也不止以上几种风格，还有纷繁与简洁等。

第五节　汉语成语的语音、语义及语法研究

一、成语的语音研究

成语的音乐美主要包括节奏美和声律美。成语的节奏美，主要通过语音的声调来体现，表现在平仄的利用上，平仄交替、平仄对立、平仄相叠、平仄相间；声律美则通过语音的声母和韵母来表达，表现在双声、叠韵、叠音、复字、押韵等方式的使用上。

（一）成语音节的节奏美

现代汉语的声调是跟古汉语声调一脉相承的。现代汉语中的阴平、阳平、上声、去声，这四个不同的调类是由古汉语的四声平、上、去、入演变而来的，具体来说，古代平声分化为现代的阴平和阳平，古代上声转化为现代上声和去声，古代去声发展为现代去声，古代入声分派到现代四声之中。

人们根据音节读音的高低长短曲直，将汉语的声调分作平仄两大类。对于声音平仄的区别，古人江永《音学辨微》一书中说："平声音长，仄声音短；平声音空，仄声音实；平声如击钟鼓，仄声如击木石"[①]。四音节成语的平仄搭配如下：

1. 平平平平：无稽之谈　徒劳无功　鸣金收兵　殊途同归　姗姗来迟
2. 平仄平平：风雨飘摇　缘木求鱼　空穴来风　千里迢迢　无动于衷
3. 平平仄平：唇亡齿寒　投鞭断流　开门见山　临渊羡鱼　亡羊补牢
4. 平平平仄：秋毫之末　弹冠相庆　迷途知返　饥寒交迫　游山玩水

---

① 伍崇文. 成语的音读美 [J]. 康定民族师专学报，1987（02）.

5. 仄平平平：业精于勤　改弦更张　怨天尤人　救亡图存　不经之谈
6. 平平仄仄：弥天大罪　人心向背　蝇头小利　安之若素　流芳百世
7. 仄仄平平：侃侃而谈　未老先衰　栩栩如生　顺水推舟　卷土重来
8. 平仄仄平：仪态万方　因地制宜　如愿以偿　游刃有余　聊以解嘲
9. 平仄平仄：无与伦比　骑虎难下　空洞无物　兴利除弊　形影相吊
10. 仄平仄平：语焉不详　闭门造车　取而代之　画龙点睛　假公济私
11. 仄平平仄：犬牙交错　臭名昭著　阮囊羞涩　自惭形秽　落花流水
12. 仄仄仄平：马首是瞻　细大不捐　海市蜃楼　兴味索然　狗尾续貂
13. 仄平仄仄：栉风沐雨　耳闻目睹　夙兴夜寐　寡廉鲜耻　负荆请罪
14. 仄仄平仄：脍炙人口　故伎重演　有气无力　事倍功半　面面相觑
15. 平仄仄仄：监守自盗　无理取闹　全力以赴　围魏救赵　谈虎色变
16. 仄仄仄仄：作茧自缚　近在咫尺　爱不释手　炙手可热　过目不忘

安丽卿对《汉语成语词典》[①] 中 4 954 条四字格成语的平仄进行了统计分析发现：[②]

表 1-1　四字格成语平仄统计

平仄类型	平平仄仄	仄仄平平	平平平平	仄仄仄仄
数量及比例	（961 条）19.40%	（709 条）14.31%	（54 条）1.09%	（373 条）7.53%

究其原因：全都是平的成语因其音高的单调平板，缺乏升降变化，是最少使用的一种形式，因为数量也最少，如"独出心裁、和盘托出、陈陈相因、悲欢离合"；同样，全都是仄的成语，因仄声包括上、去、入三种声调，其成语内部就可以构成上、去、入三者的对立变化，所以这种形式的成语数量远远多于四字叠平形式的成语，但在总数中也是很少的，如"大喜过望、本末倒置、矫枉过正"。其余的四字格成语多数是平仄交替、平仄对立、平仄相叠、平仄相间的。诗歌韵文中平仄要交替使用，这说明诗中的"平仄律"在四字格成语中也有所体现，律诗对平仄的使用就有严格的规定，即一句之内平仄相间，一联之间平仄相对。反映在成语中则是平仄的交错出现，"平平仄仄"和"仄仄平平"两种形式可以说是对此要求最完美的体现。

[①] 西北师范大学中文系编写组. 汉语成语词典（修订本）[M]. 上海：上海教育出版社，1982.
[②] 安丽卿. 成语的结构和语音特征 [M]. 北京：光明日报出版社，2016：185.

汉语的基本节奏都有轻重变化，一般第一个音节较轻，第二个较重，重音一般都落在第二个音节上。对立型的四字格成语，音步内平仄或相同，或相对，音步间第一、三字平仄不论，第二、四字（即节奏点所在的字）平仄相对，从而构成了声调上的部分对称。这种对称的形式，满足了人们对声调节奏美的追求，成为四字格成语中的最常用的类型。成语在发展形成中努力追求声调上的错落对称，但更多的是对节奏点而言，对非节奏点的字所构成的声调上的部分对称则要求相对较弱。正如律诗所讲究的"一三五不论，二四六分明"一样，四字格成语中对一三字平仄的要求相对宽松，二四字的平仄较之一三字来说要严格得多。无论是声调的完全对称，如"平平仄仄"和"仄仄平平"这两种形式在成语中占绝对优势，还是声调的部分对称，如第二、四字、一、三字的对立型占成语的绝大多数，都说明平仄对称是人们对四字格成语节奏的一种追求，这也使成语在语音方面具有错落对称的特点。

(二) 成语的声律美

汉语的每一个音节，都是声、韵、调的结合体，研究声调的同时，我们还要关注声韵。郭绍虞先生说："普通成语之音节，大部分是平仄的关系，而亦往往兼有双声叠韵的关系。"[①] 成语的语音特点除了具有节奏美外，还有声韵美，具体表现在音步与音步之间的双声、叠韵或叠音的组合上。从语音上来看，声母短促，韵母舒长。李重华《贞一斋诗说》中言及"叠韵如两玉相扣，取其铿锵；双声如贯珠相连，取其宛转。"[②] 有双声、叠韵关系的成语，声音的组合中总会包含着相同或相近的语音成分，读起来抑扬顿挫，或急促或悠长，或兼而有之，增强了语言的音韵美，使音韵自然。

1. 双声

"双声"是指一个双字词中或者相连的两音节中声母相同。在四字格成语中，无论是音步之内，还是前后两个音步之间，只要存在声母相同的字，都可看作是双声。

（1）两个音步分别都是双声。例如：

心胸开阔（x—x—k—k）　　　　香消玉殒（x—x—y—y）
琳琅满目（l—l—m—m）　　　　光怪陆离（g—g—l—l）

[①] 郭绍虞. 照隅室语言文字论集 [M]. 上海：上海古籍出版社，2009：35.
[②] 周达生. 成语运用与语言的音乐美 [J]. 佛山师专学报，1990（01）.

(2) 或者前一音步，或者后一音步为双声。例如：

空洞无物（△—△—w—w） 顺水推舟（sh—sh—△—△）

语焉不详（y—y—△—△） 臭名昭著（△—△—zh—zh）

(3) 第一、三字构成双声。例如：

唇亡齿寒（ch—△—ch—△） 落花流水（l—△—l—△）

饥寒交迫（j—△—j—△） 怨天尤人（y—△—y—△）

(4) 第二、四字构成双声。例如：

游山玩水（△—sh—△—sh） 急中生智（△—zh—△—zh）

披荆斩棘（△—j—△—j） 豪言壮语（△—y—△—y）

(5) 第一、四字或第二、三字构成双声。例如：

因地制宜（y—△—△—y） 缘木求鱼（y—△—△—y）

殊途同归（△—t—t—△） 人心向背（△—x—x—△）

2. 叠韵

"叠韵"，是指两个字的韵母相同或相近（即韵头可以不同，最关键的是韵腹和韵尾只要相同就构成叠韵）。四字格成语中的叠韵有以下几种类型：

(1) 两个音步分别都是叠韵的。例如：

欢天喜地 道貌岸然 空洞无物 吞云吐雾

(2) 前一个音步，或者后一个音步为叠韵。例如：

殊途同归 鹏程万里 开门见山 耳闻目睹

(3) 第二、四字，即两个音步中节奏点所在的字构成叠韵。例如：

缘木求鱼 披肝沥胆 有气无力 兴利除弊

(4) 四个字的韵母全部相同的。例如：

断编残简 户枢不蠹

3. 叠音

"叠音"就是叠字，一个音步内两个音节声、韵、调全同（即音节的接连重复或间隔重复）。

(1) 前后两个音步都为叠音词的。例如：

堂堂正正 郁郁葱葱 多多益善 洋洋洒洒

(2) 一组叠音词连用和其他成分组成的。例如：

栩栩如生 姗姗来迟 心事重重 神采奕奕

(3) 一组叠音词和其他成分交错组成的。例如：

不亢不卑 若隐若现 古色古香 一张一弛

分析得知四字格成语中大量地存在着双声、叠韵以及叠音的现象。如果一个节奏层由完全相同的因素构成而没有不同的成分，则不成律；如果完全不同，没有相同的成分，则不成调；只有同与异的规律性的搭配和组合才能使语言和谐。四字格成语中通过使用双声、叠韵及叠音，呈现出节奏和谐对称的特点，使成语声音回环优美，体现了汉语的语音美。

二、成语的语义研究

（一）成语的语义构成

1. 成语字面义

一些成语通过字面就可以理解其意义，这个意义就是成语的字面义，也就是成语的本义。字面义是成语的基础，其引申义、比喻义都凭借此产生。这些成语，虽然也是字面上的意思，但是由于存在理解上的某种障碍，则需要作适当的补充解释，或者直接在注文中点出题外的话。例如，"年高德韵"是指年纪大，品德好（邵：美好）；"恃才傲物"是指凭借才能而骄傲自大，轻视别人（物：众人）。这类成语的意义总体来说还是从字面中获得，只是成语中的个别字需要注解。

2. 成语比喻义

成语的比喻义是指成语使用的意义是由比喻产生出来的意义。成语的比喻义比喻义就无所依附，成为外加给成语的意义；局限于喻体的意义，该成语就无法广泛使用，最终失去比喻义存在的价值。故此，成语的比喻义是使成语的意义由一件事扩大到一类事的手段，这也是一些成语赖以生存的基础。

（1）比喻义的成语有的在结构上已经明确指出，相当于修辞学中的明喻：

守口如瓶　如胶似漆　如雷贯耳　如坐针毡

（2）比喻义有的结构上并不指出，相当于修辞学中的暗喻：

杀鸡取卵　泥牛入海　藕断丝连　枯木逢春

不论结构上是否指出，具有比喻义成语的意义都超出字面的意义，只有使用比喻得出的抽象、概括的意义，成语才能获得使用上的广泛性。

3. 成语引申义

引申义是在成语字面意义的基础上加以引申、发挥而产生一种扩大了的抽象、概括的意义。成语的引申义是指成语意义的抽象化和概括化，概括化和抽象化使成语所表达的意义适应更大的范围，如"削足适履"用来表示"错误的迁就",扩大了成语的使用范围意义。

4. 成语语像义

成语主要来源于"神话寓言、历史故事、诗文语句、口头俗语"①。还有一些来自外来文化,或是来自社会生活。每个成语的产生都有一个特定的环境,只是有些环境比较抽象,有些比较形象,这些成语产生的环境,特别是比较形象的产生成语的环境,我们称之为成语的语像义。不少成语仍然沿用典籍中的原义,但也有一些目前的通用义已和原义不相同了,成语的释义往往比解释一般词语困难,语像义对成语的意义起很好的补充作用,搞清楚其语像义有助于正确理解成语的意义。

(二) 成语的语义场

语义场就是通过不同词之间的对比,根据它们的共同特点或关系划分出来的类。词语的语义一般包括义体和义场两部分,准确无误的体现义体和义场,是理解词义的核心。义体是词义的主体,义场是词存在的特定场合以及词语使用的特定范围、方式。搞清楚成语的义场,有助于正确理解成语的语义。张宗华将成语的义场分为内容义场、语法义场、修辞义场和色彩义场四种。② 内容义场指词目经常和哪类内容的词语搭配,经常在什么话题下使用。语法义场,主要是指语法方面的特定用法。修辞义场,指词义借以凝定下来的某种修辞手法。色彩义场,多分为感情色彩和语体色彩。虽然从这些义场出发,能够完全涵盖成语的意义,但这种分法分得过细,不利于准确表达成语的意义,且分类标准不同,有失混乱,不利于学生正确掌握成语。

成语的语法义场和修辞义场,与成语的语法及修辞有关,不必单列。应将成语的义场分为内容义场和色彩义场,这两种义场分别从成语的理性义和色彩义入手来理解成语,利于学生掌握成语,更好地运用成语。内容义场指成语的本义、比喻义、字面义所体现的理性义的存在。

色彩义场主要包括感情色彩与文体色彩两种:

1. 感情色彩

见贤思齐——见到德才兼备的人就要向他看齐。(多含褒义)

为虎作伥——比喻帮助恶人作恶,帮坏人干坏事,帮凶。(多含贬义)

---

① 黄伯荣,廖序东. 现代汉语 [M]. 北京:高等教育出版社,2011:267.
② 张宗华. 成语的义体和义场 [J]. 辞书研究,1984 (04).

2. 文体色彩

寿比南山——人的寿命很长很长。（祝寿的话，多用于书面语中）。

言归正传——说话写文章回到正题。（多用于评话和旧小说的套语）。

三、汉语成语的语法研究

汉语成语以四字成语居多，且其语法结构形式极其复杂，呈一种对称性（朗读起来一般是二二结构），具体包括两个方面：结构关系的对称性和结构成分的对称性。结构关系的对称性指成语中并列的前后两截的内部结构关系是大体一致的；结构成分的对称性指成语前后两截对应位置上的结构成分在语法性能（词性）上是基本相同的。

（一）结构关系的均衡对称性

成语的语法结构与短语是相同的。它的结构方式，大致上有以下几种：

并列关系：五湖四海　鸡毛蒜皮　猴年马月　狐朋狗友
偏正关系：惊弓之鸟　一丘之貉　弥天大谎　铁石心肠
主谓关系：脚踏实地　泰山压顶　天下大乱　人生如梦
动宾关系：博览群书　明辨是非　暗度陈仓　普度众生
连动关系：闻鸡起舞　掩耳盗铃　抱薪救火　凿壁偷光
兼语关系：引狼入室　放虎归山　拖人下水　引人注目

值得注意的是，并列关系、偏正关系又分别有几种情况。并列关系中的并列型的四字成语，其内部前后两截的结构关系表现出高度的一致性，形成了两两对称的均衡布局。

（1）前后两截都是动宾关系。例如：

铺天盖地　惹是生非　除暴安良　扶老携幼

（2）前后两截都是定中关系。例如：

生龙活虎　高楼大厦　慈眉善目　赤手空拳

（3）前后两截都是状中关系。例如：

上蹿下跳　东逃西散　刀耕火种　群居穴处

（4）前后两截都是主谓关系。例如：

山崩地裂　妻离子散　众叛亲离　龙腾虎跃

（5）前后两截都是述补关系。例如：

颠来倒去　翻来覆去　起早睡晚　赶尽杀绝

(6) 前后两截都是并列关系。例如：

悲欢离合　喜怒哀乐　成败得失　春花秋月

在偏正关系中，"弥天大谎"是定中式，"慷慨陈词"是状中式。

(二) 结构成分的均衡对称性

并列型四字成语对应位置上的前后两截结构成分，其语法性能（词性）是基本相同的，并表现出明显的均衡对称特点。

1. 体词+谓词·体词+谓词

四言成语的一三音节为体词，二四音节是谓词，主要有下面四种情况：

(1) 名+动·名+动。例如：

A. 昼伏夜游　东逃西散　东躲西藏　春生秋杀

B. 山崩地裂　妻离子散　身败名裂　龙腾虎跃

A组成语处在一三音节位置上的为状语，表示时间或处所，二四位置上为中心语，多是两个并列的状中（偏正）关系，B组成语处在一三音节位置上的为主语，二四音节位置上的为谓语，多是两个并列的主谓关系。

(2) 数+动·数+动。例如：

三令五申　四通八达　七拼八凑　千呼万唤

这类成语处在一三音节位置上的数词大多发生了虚化，表示虚化了的意义，且大多含有一定的夸饰意味，是从数量方面强调数词后面动词所表示的动作行为频繁发生。

(3) 名+形·名+形。例如：

物美价廉　兵精粮足　眉清目秀　眼明手快

这类成语都是两个主谓结构的并列。一三位置表主语，二四位置表谓语。二四音节位置上用两个形容词来充当谓语，以此描述两个主语的性状特征。

(4) 数+形·数+形。例如：

一穷二白　四平八稳　十全十美　千奇百怪

这类成语的前后两截都是状中结构。处在一三音节位置上数词充当状语，在意义上也大多趋于虚化，表示"非常、确实、极其"等意思，对其后的形容词所表示的性质状态从程度方面作夸饰性的强调。

2. 谓词+体词·谓词+体词

四言成语的一三音节为谓词，二四音节是体词。主要有下面三种情况：

(1) 动+名·动+名。例如：

A. 拔本塞源　调兵遣将　飞沙走石　捕风捉影
B. 行云流水　行尸走肉　游丝飞絮　浮光掠影

A组成语都是双动宾结构。动词对其后的名词宾语表示"使它怎样"的意思。

B组成语都是双定中结构。动词作定语，对其后名词中心语进行动态性的描述，强化了成语的整体意义。

(2) 形+名·形+名。例如：

C. 轻财重义　富国强兵　正本清源　丰衣足食

C组成语都是两个动宾结构的并列，处于一三音节位置上的两个形容词都活用为动词，并且大多具有意动或使动用法。

D. 和颜悦色　豪情壮志　柔情蜜意　博学多才

D组成语都是两个定中结构的并列，一三音节位置上的两个形容词做定语，二四音节位置上的名词做中心语。定语大多是描写性的，对中心语进行描写和形容，以表现人或事物在某一方面的突出特征。

(3) 动+数·动+数。例如：

杀一儆百　举一反三　丢三落四　成千上万

这些成语的前后两截都是动宾结构。处在二四音节位置上的数词代表具有这种数量特征的人或事物，处于一三音节位置上两个动词来支配这些人或事。

3. 体词+体词·体词+体词

四言成语的一三音节和二四音节都是体词。主要有下面两种情况。

(1) 名+名·名+名。例如：

A. 幕天席地　妻梅子鹤　浆酒霍肉　友风子雨
B. 春花秋月　晨钟暮鼓　左邻右舍　南腔北调
C. 名缰利锁　唇枪舌剑　心猿意马　口蜜腹剑

A组成语都是双动宾结构，一三音节位置上的名词都活用为动词，有的表示意动用法。

B组成语都是双定中结构，一三音节位置上的名词都做限制性定语，从时间、处所、范围、归属等方面说明其后的中心语。

C组成语都是双主谓结构，前后两截都是两个名词连用，前一个名词作主语，后一个名词作谓语，活用为动词或形容词。

（2）数+名·数+名。例如：

三言两语　五湖四海　七情六欲　千丝万缕

这些成语都是两个定中结构的并列。二四音节位置上的名词做中心语，一三音节位置上的数词多数作限制性定语，从数量方面对其后的名词中心语加以限制。在上述成语中两个数词共同说明同一个事物，且这些数词大多不是表示实际运用的数目，不具有"数"的客观实在性，而是表示虚化了的带有一定主观色彩的抽象意义，并且程度不等地表现出了某种夸张的意味。

4. 谓词+谓词·谓词+谓词

四言成语的一三音节和二四音节都是谓词。主要有下面三种情况。

（1）动+动·动+动。例如：

救死扶伤　鉴往知来　招降纳叛　兴亡继绝

这些成语的前后两截都是动宾结构。成语中处于二四音节位置上的动词多活用为名词，用来表示与该动词所表动作行为有关的人或事物。

（2）动+形·动+形。例如：

劫富济贫　欺善怕恶　扶老携幼　锄强扶弱

这些成语的前后两截都是动宾结构。成语中处于二四音节位置上的形容词都活用为名词，用来指称具有该形容词所表一定性质状态的人或事物。

（3）形+动·形+动。例如：

精打细算　明争暗斗　精雕细刻　明来暗往

这些成语的前后两截都是状中结构。成语中处于一三音节位置上的形容词多做描述性质的状语，主要用来描写动作进行的方式、状况等。

第二章 汉语成语的文化观照

汉语成语是汉语语言符号中最经济、最有效的符号，它所蕴涵的文化具有历史的深度和现实的广度。作为汉语词汇系统中一座璀璨的宝库，成语无论在形式上，还是在内容上，都高度凝聚着汉民族文化的精华，因而从成语中透析汉文化具有特殊的意义。

第一节 成语文化概述

语言是一个社会集体共同的历史遗产，是约定俗成的社会习惯的产物，是人类文化得以建构和传承的形式和手段。任何民族语言都是该民族文化的一种符号形态，语言承载着文化的信息，文化通过语言得以记录、表现和传递。各民族文化的个性特征，经过历史的积淀而结晶在词汇层面上，一个民族语言的词汇系统，能够最直接最敏感地反映出该民族的文化价值取向。一个民族的词汇本身就能提示这个民族的心理。因此，文化中的价值观念、思维方式、审美情趣等都会借助于语言特别是语言中的词汇得以保留。语言也离不开文化，任何一种文化现象，都会在语言中留下烙印；任何一种语言现象，也都有其文化上的理据。语言中的文化最集中、最显著地体现在词汇上。在汉语浩瀚的词林中，成语以其典雅、含蓄、生动、犀利而独放异彩。

成语同一般语词相比，具有两个非常显著的特点：第一，成语是人们长期使用、有某种历史源流的"古语"，这些经过大浪淘沙得以存活下来的成语，就像语言中的"活化石"，蕴藏着丰富的民族传统文化信息。第二，成语构词凝练，较之其他词汇表意效能更大更强。由于定型后其内涵在长期的语言实践中得到不断地丰富和充实，传留至今的成语绝大多数都表现出构词凝练、内涵丰富的特点。这就使得一条成语比一个普通语词包含更大的信息量。而词语的信息量越大，其文化的负载量也就越大。因此，整个成语系统也就比一般词汇更能完整地表现出汉民族的文化内涵。我们透过语言的窗口去揭示民族文化的深刻内涵，就会把目光投向凝聚着民族文化痕迹的成语。

我们所说的"成语文化"，就是指成语中反映出来的民族文化。对于成语中的物质文化、制度文化，心理文化等都有学者对此进行过探讨。

成语是中华民族悠久历史的伟大结晶，但它并非博物馆中的陈列品，它沟通着历史与现实，有着鲜活的生命力，活跃在人们的语言实践中。现代人的成语实践，突出地表现在成语的文化应用方面：成语广告、成语谜语、成语对联、趣填成语、成语接龙等。

第二节 汉语成语修辞格的文化意蕴

汉语成语是熟语的一种，是相沿习用的具有书面色彩的固定短语，其基本形式是"四字格"。它言简意赅，形象生动，耐人寻味，为人们所喜闻乐见。汉语成语中有不少出自古代寓言、神话传说、历史故事或古代文学的作品，包含的信息量大，文化的负载量也很大，它们是汉语的精华。汉语成语在现代汉语广泛使用，且较系统地保留了古代语言文化的遗迹，是汉语的"活化石"。汉语成语中比较完整地保留了古汉语词汇、语法和修辞的特征，是汉语汉文化的"全息块"。

修辞是有效性地运用语言的艺术，是提高语言表达效果的规律、规则。汉语成语修辞格具有丰富的文化内涵，中国人的价值观念、文化心理、审美情趣和思维方式在成语的许多修辞格中都得到了具体生动的体现。

一、成语修辞格与中华民族的价值观念

价值观是人们认定事物、辨定是非的一种思维或取向，在文化中处于核心地位。"一般来说，价值观是由一系列价值原则组成的。价值原则凝聚了人们对善恶、美丑的最基本的看法"[①]。汉语成语修辞格中的比喻、比拟、借代等在喻体、代体的选择上，就鲜明地反映了中国人向往神圣、高贵、吉祥，崇尚高大、庄重、力量，推崇勇猛、雄威、高远，崇尚坚毅、正直、高洁君子人格的价值观念。

---

① 张岱年，方克立. 中国文化概论 [M]. 北京：北京师范大学出版社，2004：304.

（一）向往神圣、高贵和吉祥

中国人历来信奉"龙"这一神物，龙是中华民族的象征，中国人以"龙的传人"而自豪。传说中的龙长着马的头、鹿的角、蛇的身、鸡的爪，能"兴云雨，利万物"，神通广大，威力无边。因此，龙便成为封建皇权的象征，神圣而威严。古时与帝王有关的词语都带一个"龙"字。皇帝叫"真龙天子"，皇帝即位叫"龙飞"，皇帝的身体叫"龙体"，皇帝睡的床叫"龙床"，穿的绣有龙形的衣服叫"龙袍"。皇宫建筑和宫内的陈设均以饰龙为尊。古代民间也视龙为吉祥之物，逢年过节要舞龙庆贺，称登科及第的状元为"龙头"。

《中国成语大辞典》里，以"龙"做比喻的成语有很多，反映了中国人向往神圣、高贵、吉祥、幸福的价值观念。例如，盼望孩子成才叫"望子成龙"，以"龙"喻杰出人才，"龙眉凤目"形容人英俊、气度不凡，"龙跃凤鸣"比喻才华出众，将潜藏着的人才喻为"藏龙卧虎"等等。

此外，"龙"还常与"虎""马"等共同构成成语，表示威武雄健。如"龙腾虎跃"，形容矫健有力，比喻奋起行动，有所作为。"龙马精神"比喻健旺非凡的精神、气概。

凤凰是中国传说中的神鸟，被誉为"鸟中之王"。其中雄的叫"凤"，雌的叫"凰"，历来是高贵、祥瑞的象征。"凤"起初也是王权的象征。例如，皇帝即位前的旧居叫"凤邸"，皇宫内的楼阁叫"凤楼"。后来"凤"渐渐演变为皇后的专用代名词。皇后穿的衣服叫"凤衣"，头上戴的叫"凤冠"，住的宫室叫"凤宫"，乘坐的车辆叫"凤辇"。魏晋以后，"凤"成为女性的象征，此外还象征多才多艺、风采出众。"凤"多与"龙"搭配使用。例如，将有才华的英俊青年喻为"龙驹凤雏"，以"龙飞凤舞"喻气势磅礴或才华出众，以"龙凤呈祥"喻吉庆之事，以"龙肝凤髓"喻美味佳肴。

麒麟也是传说中的神奇灵兽，与传说中的龙、凤、龟合称为"四灵"，象征着吉祥。人们自古把麒麟视为天神送子的象征。成语比喻中也有以"麒麟"为喻体的。例如"凤毛麟角"，比喻稀有、珍贵的人才或事物。

鹿是自然界存在的祥瑞动物之一，是福禄与长寿的象征，也是皇权的象征。成语修辞格中的借代，许多就是以"鹿"为代体的，反映了中国人对吉祥、幸福的追求。如"鹿死谁手""逐鹿中原"等，都以"鹿"代指政权。

（二）崇尚高大、庄重和力量

成语比喻中，多以"泰山""南山""东山""庐山"等为喻体，多喻其高大、数量多、稳重、踏实，反映了中国人对高大、庄重、神圣、力量的崇尚。如"寿比南山""人山人海""东山再起"等等。

泰山在中国人心目中具有很高的地位，是高大、神圣和力量的象征。古人以为，中国大山以"五岳"为最，五岳之中，泰山地位最高，离天最近，可以直接与天帝对话。故历代帝王登基称帝，多到泰山举行封禅大典，以祭告天地，才算是完成天子就位的礼法。在以"山"为喻体的成语比喻中，"泰山"出现的频率最高，常以其比喻安定、稳固，如"安若泰山""稳如泰山"。北斗星在众星中最明，故用"泰山北斗"比喻众所敬仰的人物，以"泰山其颓"喻所敬仰的人去世，以"重于泰山"喻人死得伟大，以"有眼不识泰山"贬称自己，尊称对方。

（三）推崇勇猛、雄威和高远

中华民族历来推崇勇猛、雄威、高远，故在成语比喻中，常选择能够体现这一价值观念的事物作为喻体，如虎、马、牛、豹等等。

均衡与对称是美学的基本原则之一，也是汉语修辞的原则之一。和谐是中国人所追求的最原初的审美形态，均衡对称的审美情趣正是和谐美的表现。中国文化的基本精神之一，就是贵和持中。孔子《论语·学而》讲，"礼之用，和为贵"。是说"礼的作用，以遇事都做得恰当为可贵"，强调了以礼为标准的和谐。孟子也说，"天时不如地利，地利不如人和"。俗语亦言"家和万事兴""和气生财"等等。可见，和谐的思想是中国人修身、齐家、治国、平天下的精神主线，它的内涵是强调多种对立或矛盾因素的互补、平衡及色彩调和等。

马是最早被中华民族驯养的动物之一，它吃苦耐劳，忠心耿耿，且通人性，是人类得力的助手。马还以快跑著称，尤以骏马为最，故有"一日千里"之誉。此外，马还以其奔腾雄壮而引人赞美，是力量和高远的象征。中国人对高远的崇尚，可从成语比喻体的选择上得到生动的体现。"马"常与"龙"配合使用，例如"龙马精神"，比喻像龙、马一样的精神。"尻轮神马"，比喻不假外物的精神旅游。

（四）崇尚坚毅、正直和高洁

松、竹、梅、兰等植物寄予着中华民族崇尚坚毅、勇敢、正直、高洁君子人格的价值观念，可从成语中的借代、比喻、比拟等修辞格中反映出来。

松常与柏并称，为"百木之长"，耐寒而又能常青。《论语·子罕》云，"岁寒，然后知松柏之后凋也"。《庄子·杂篇·让王》亦曰："天寒既至，霜雪既降，吾是以知松柏之茂也"。松是历代文人笔下坚强不屈品格的象征。建安七子之一的刘桢曾作诗《赠从弟》一首，以松为喻，"亭亭山上松，瑟瑟谷中风。风声一何盛，松枝一何劲。冰霜正惨凄，终岁常端正。岂不罹凝寒，松柏有本性"。此外，松还是画家作画的母题。松柏正是由于具有这种遇寒不凋、百折不挠的品性，所以中国人将其视为君子人格的象征。成语比喻中，常以松为喻体，如"岁寒松柏"（借喻），用以比喻在艰苦困难的条件下节操高尚的人。

竹是禾本科多年生常绿植物，世界上三分之一的竹类分布在中国。竹自古以来就与中国人的生活息息相关，它不仅可以制造各种日常生活用品，如竹床、竹篮、竹椅等等，还可作书写、作画的材料，并能制作乐器，如笛、箫、笙、竽等。竹的形象秀逸而有神韵，其品格虚心而又能自持，高雅而正直，常被视作高尚品德及民族气节的象征。文人墨客甚喜竹，以诗咏竹，以墨画竹，或用来喻己，或用于喻人。大文豪苏轼爱竹成癖，"宁可食无肉，不可居无竹"。清人郑板桥的诗句"咬定青山不放松，立根原在破岩中。千磨万击还坚劲，任尔东西南北风"。写出了竹的淡泊、正直、高洁的品性。此外，竹还是平安幸福的象征。

与竹有关的成语数不胜数，如"罄竹难书""胸有成竹""竹篱茅舍"等等。与竹有关的成语修辞格也不乏其例。例如，"竹报平安"（借代），以"竹"代家书。"品竹弹丝"（借代），以竹代吹弹乐器。"雨后春笋"（借喻），比喻事物的大量涌现和蓬勃发展，是奋发向上、无可阻挡的象征。"势如破竹"（明喻），形势就像劈竹子，形容节节胜利，毫无阻挡。

梅，古时又叫枬、楳，冬末春初开花。《诗经·小雅·四月》云，"山有嘉卉，侯栗侯梅"。是说梅花是最好的花卉之一。梅具有耐严寒、报早春、有清香的特点，花姿秀雅，风韵迷人，品格高尚，节操凝重，被古人视为"四君子"（梅、兰、竹、菊）之首，是"岁寒三友"（松、竹、梅）之一。梅也是文人墨客所钟爱和歌颂的对象。陆游《卜算子·咏梅》："驿外断桥边，寂寞开无主。已是黄昏独自愁，更着风和雨。无意苦争春，一任群芳妒。零落成泥碾作尘，只有香如故"。赞美了梅花坚贞不屈、孤傲高洁的节操。

兰花因其具有灵性、神韵之美，被称为"花中君子"，自古就是淡泊名利、洁身自好、气节高尚的象征。在成语修辞格中也多有表现。如"披榛采兰"（借喻），指拨开荆棘，采择芳兰，比喻选择贤才，"芝兰之室"（借喻），比喻良好的环境。

二、成语修辞格与中国传统文化心理

语言中的文化心理，是指在一定的文化背景作用下，群体或个人从事语言价值判断和语言选择时的心理机制。汉语成语植根于汉文化的土壤中，其修辞格处处打上了中国传统文化心理的烙印。

（一）追求对称美

古人在练字及其他语言表达上都喜新求异，倡导"陈言之务去"，在语言运用上讲求独创、新颖。这种喜新求异的文化心理也是许多修辞技巧产生和运用的重要基础。中国人还向往和平、健康、幸福、进步、荣誉，厌恶战争、疾病、痛苦、落后，表现出特别强烈的趋吉避凶心理。趋吉避凶心理同样影响和制约着中国人的交际活动，例如喜欢"讨口彩"（即吉利语），结婚喜在婚床上撒上大枣、花生、桂圆和莲子等，谐音"早生贵子"，节日喜送糕，谓"步步高升"。中国人在命名时也受此心理影响，如"宝玉"（人名），"福满多"（食品名），"宁丰楼"（酒店名），"长安街"（街名）等。

中国人在交际活动中还受避秽求雅心理的影响，对表示排泄、排泄物、排泄行为、排泄器官、排泄动作及与此有关的词语有所忌讳。

中国人受传统文化影响，以含而不露为美。古代行礼时以避免身体的直接接触为美，如顿首、鞠躬、作揖、万福等，表现得文质彬彬，含蓄万分。在语言上，则喜欢含蓄、曲折地表达自己的思想。形容女子的美，常用"掩面而笑""笑不露齿"等。就是骂人，也用"二百五""三八""十三点"等含蓄的语言代替粗俗的话语。

成语修辞格中的借代、委婉、反问、藏词、倒装等就是受中国人文化心理的影响和制约而形成的。例如"明眸皓齿"（借代），以特征代美女，显得更为新奇、含蓄。不直接说"没有道理"，而明知故问，说"岂有此理"（反问）。不说"三十岁"，而换用"而立之年"（藏词）。意外的灾祸用"三长两短"（委婉）代替。因河鱼腐烂，先从腹内开始，故以"河鱼腹疾"（委婉）作为腹泻的委婉说法。将"不留片甲""不分泾渭"（倒装）故意颠倒语序，说成"片甲不留""泾渭不分"，显得很新奇。

（二）尚古心理

中华民族有着浓厚的尚古心理，认为所有的新事物都发生在遥远的过去，把过去的东西看得十分重要。尚古心理表现于家庭，就是尊祖敬宗，即讲求内部尊卑长幼关系的绝对权威。表现于国家社会中，就是先王崇拜，即统治者对先王遗留的"产业"——既成社会状况的维护。表现于个人生活态度上，就是只求适用，不尚革新，凡事听命于传统，因而形成了个人性格的因循、自我抑制、退让、内向等保守特征。

尚古心理表现于著书立说上，就是特别讲究引经据典、依傍圣贤。《文心雕龙》特辟专章《宗经》《征圣》分别讲述"宗经""征圣"的意义。在古代创作中，用典非常突出。《论语》引用《诗经》《尚书》，《左传》引用《国语》、诸子著作，《孟子》引用《诗经》《尚书》，《荀子》引用《诗经》《尚书》……古人喜欢依傍经典和圣贤，今人则不过换了一批"经典"和"圣贤"。现代人说话好说"古人说过"等等，作文喜用"古人云""著名的××家说过"等等，以加强说服力。

汉语成语中的对偶、互文、排比、对照、映衬、回环、顶针等修辞格就是中国人均衡、对称审美情趣的体现。对偶在形式上就是对称美的集中体现。汉语成语多采用"四字格"，四个字两两相对，是最符合汉文化"以偶为佳""以四言为正"的审美要求。成语中的对偶，如"地老天荒"，语法结构相同，"地老"与"天荒"都是主谓词组，语义相互对称，"地"对"天"，"老"对"荒"，韵律上平仄互相配合，"地"是仄声，"天"是平声，"老"是仄声，"荒"是平声。严格依照美学的对称原理组合而成，具有均衡美。

古人尚古心理表现在修辞上，就是引用格的频繁使用。引用是中国文化中一种传统的修辞格，为历代文人所钟爱。刘勰《文心雕龙·事类》曾指出引用的目的，"事类者，盖文章之外，据事以类义，援古以证今者也"。即援引事例来证明文义，引用古事来证明今义。

汉语成语有大量的引用修辞格。例如"愚公移山"典出寓言故事《列子·汤问》。"赤壁鏖兵"典出曹操与孙权、刘备的赤壁之战，是引用历史事件。"水落石出"引自苏轼《后赤壁赋》中的名句"山高月小，水落石出"。"夸父逐日"引自《山海经·海外北经》夸父追日的神话传说。"黄粱一梦"源于唐代沈既济《枕中记》的一个故事。

(三) 以豪壮为美

刚健有为、自强不息的精神，始终是以乐观主义为基调的。中华民族始终以乐观的态度看待人生，追求美好，从而伴生了豁达大度的胸襟。这种精神表现在文学创作上，就是以豪壮为美。中国悠久的历史、灿烂的文化、壮丽的河山，都为历代文人所歌颂，而夸张修辞格则不失为表现这种情愫的最好手法。项羽《垓下歌》中的"力拔山兮气盖世"，李白《将进酒》中的"君不见黄河之水天上来，奔流到海不复回"，以及毛泽东《七律·长征》中的"五岭逶迤腾细浪,乌蒙磅礴走泥丸"等千古名句,都给人以豪迈、壮阔之感。

成语中的夸张,无论是扩大夸张,还是缩小夸张,都能表现出中华民族以豪壮为美的审美情趣。如"心坚石穿"(扩大夸张),"易如反掌"(缩小夸张),都能使人感受到乐观、坚定、豪迈的气概。

夸张修辞格还深刻地体现着古人看重气韵的审美情趣。刘勰在《文心雕龙·夸饰》中说,"夫形而上者谓之道,形而下者谓之器。神道难摹,精言不能追其极;形器易写,壮辞可得喻其真"[1]。李白《望庐山瀑布》中的"飞流直下三千尺,疑是银河落九天",李煜《虞美人》中的"问君能有几多愁,恰似一江春水向东流",就是借"飞流""高浪""春水"之形,表现出一种奔腾不息、锐不可当的气势,具有气韵之美。

成语修辞格中的"气贯长虹"(扩大夸张),借"雨后彩虹"之形,表现势不可当的气韵。"齐烟九点"(缩小夸张),透过"烟点"之形,可使人感受"小"的极致,极富气韵美,仍不失生命的活力。

三、成语修辞格与中国传统思维方式

思维方式是思考问题的根本方法,是在一个民族的发展过程中,那些长久地、稳定地、普遍地起作用的思维习惯、对待事物的根本方法,它体现在民族文化的方方面面。中国传统的思维方式决定了汉语修辞的特点,可从成语修辞格中窥探中华民族独特的思维方式。

(一)辩证思维

辩证思维是中国传统思维方式中十分发达的一种思维方式,它强调整体、对待、过程、流衍、动态平衡。中华民族很早就形成了"物生有两""二气感应""刚柔相济""一阴一阳之谓道"的朴素辩证观念,认为任何事物都包含相互对立的两个方面,所有对立的两个方面都是相互依存、相互转化、相互包含的。这种观点起源很早。孔子提出的"叩其两端",认为认识事物要考察问题的两个方面。老子提出"有无相生,难易相成,长短相较,高下相倾",认为"祸兮,福之所倚;福兮,祸之所伏",强调对立面是相互依存与相互转化的。《周易》中的"一阴一阳之谓道",程颢的"万物莫不有道",程颐的"天地之间皆有对""物极必反",班固的"相反相成"等观点,都是中国传统辩证思维的具体表现。

这种辩证思维方式与中国人追求和谐的文化精神和平衡与对称的文化心理

---

[1] 朱立元. 美学[M]. 北京:高等教育出版社,2001:20.

有密切的关系。追求平衡与对称的心理可影响到辩证思维。

成语修辞格中的对偶、互文、排比、对照、映衬、回环、顶针等就是中华民族辩证思维的结果。对偶可以充分体现辩证思维中的对立双方不断处于矛盾运动中，不断相互转化、相反相成的思想。例如"日往月来""地老天荒""落花有意，流水无情"等等。上下两联相互依存、相互包含、相互转化。互文如"南征北战""大同小异"，有"南"就有"北"，有"大"就有"小"，揭示了二者间的辩证关系。层递如"一人传虚，万人传实""一而再，再而三"，顶针如"知无不言，言无不信"，排比如"一悲一喜""生老病死""半死半活"等，映衬如"朝荣暮落""江山易改，禀性难移"等，都是中国人辩证思维的体现。回环是用回环往复的语言形式表现事物或事理之间的特殊关系，如"美言不信，信言不美""来者不善，善者不来"，也体现了中国人的辩证思维方式。

（二）具象思维

中华民族比较善于运用形象的方法来表达抽象的事物，经常把形象相似、情境相关的事物，通过比喻、象征、联想、推类等方法表现出来，使之成为容易理喻的东西，这种"取象比类"的思维方法，就是具象思维。被称为《六经》之首、三玄之一的《周易》，采取的就是具象思维方式。圣人取象天地万物，创造了八卦，这八卦分别代表自然界中的天、地、雷、山、火、水、泽、风八个最大的物象，八卦又衍生为六十四重卦。古人就是通过观察、模拟、效仿自然的方法来认识世界，用《周易》的卦象、爻象来象征万物，具体而又抽象地表达了天地万物之间的总体关系，是直觉体悟与理性思维（即形象思维与抽象思维）的有机统一。具象思维方式使中国人的思维往往同具体形象交织在一起。在汉语修辞格中，比喻、模拟、通感等就是中国人具象思维方式的反映。

比喻，唐代皎然在《诗式·用事》中说，"取象曰比，取义曰兴"[1]。"比喻作为一种艺术表现手法（修辞手法），其基本点是要求取象与取义的有机结合"[2]。例如孔子以耐寒的松柏来比喻圣贤义士的高洁品格。荀子以"青出于蓝而胜于蓝"的比喻，来说明后来者居上的道理，这都是取象与取义的结合。

成语比喻中，这种具象思维方式也处处可见。如"心急如焚"，以燃烧的火这一具体形象来喻着急的程度（抽象的），使人更加明白。"鸡毛蒜皮"，以

---

[1] 皎然. 诗式 [M]. 北京：中华书局，1958：4.
[2] 张岱年，成中英. 中国思维偏向 [M]. 北京：中国社会科学出版社，1991：94.

"鸡毛""蒜皮"喻小的事物或事情。"风刀霜剑",以"寒风""严霜"两种自然现象喻刀和剑,可使人体悟到刀、剑的尖利,或人情之险恶。

成语中的模拟、通感修辞格同样体现着中华民族的具象思维方式。模拟,即通过对物体的观察与感受,将其概括、提炼成意象。它不仅是对物体外在形象的简单描摹,而且通过对物体特征的概括表达其中蕴含的情与理。如"灯红酒绿"(摹色),通过对具体色彩的描写,展现出一幅极尽欢乐的场面。"老态龙钟"(摹状),抓住人老行动迟钝的特点,勾画出一个老年人的形象。通感如"高山流水",通过想象和感觉移借,将妙不可言的音乐用视觉可感的形象"高山""流水"来表现,使抽象的东西形象化、具体化了。

(三) 意向性思维

意向性思维,也是中国传统思维的一大特点。这种思维方式的特点是,重视喜怒哀乐等情感需要,并由此产生好恶等情感态度,进而产生善恶、美丑等评价。意向性思维中,情感因素起重要作用,思维常常按照主观情感需要所决定的方向而发展。

意向性思维方式对汉语的词汇、语法与修辞方式都有着非常深刻的影响。成语修辞格中的比拟、移就等具有极强的情感表现性,即意向性思维。比拟是一个非常长于表达情感的辞格。例如"莺歌燕舞""顽石点头"(拟人),把"莺""燕""石头"拟人化了,渗透了情感评价的因素(喜爱)。"舐犊情深""张牙舞爪"(拟物)把人自然化了(当作物),分别渗透着人的赞美与厌恶的感情。

移就更能表现主体的情感,是意向性思维的结果。例如"愁云惨雾"将人内心的忧愁、凄惨移属于云、雾,将云、雾人化了,穿上了人的情感的外衣。"欢天喜地",人欢喜、快乐时,天地也随之欢畅,物我一体,情感色彩很浓。

第三节 汉语成语的文化特性分析

语言都是不同民族在自己生存的自然环境和文化境遇中,按自己的思维模式创造和发展的。语言本身即一种文化现象,文化的主体也离不开语言这个载体。相对而言,词汇在语言中最典型地体现出民族文化的历史和特征,词汇的产生、发展、消亡的历史,也是民族文化发展史留下的准确踪迹。词汇中的成语更是语言的精华，成语与文化的相互制约、影响及其对民族文化的负载尤为突出，因此，成语在语言中是最具有文化特征的构成成分，可以最充分地显示出创造这种语言体系的民族的文化特征、思维方式和风俗习惯。通过成语，我们可以考察到创造、使用和发展这种语言体系的民族主体的基本精神面貌，把捉其社会生活历史主流和价值观的传统衍变。

就汉语而言，可以说汉语成语体系全方位地反映了中华民族的历史和传统文化。汉语成语与民族文化的密切关系，有赖于汉语成语所具有的文化言语性，以及在此基础上形成的文化百科性和文化精神性等鲜明的文化特性。

一、汉语成语的文化言语性

按索绪尔关于语言与言语的划分，汉语成语应属于词汇系统的语言单位，书面性、古语性特点决定了它又具有非常突出的言语性特质，其能指大多犹如密码，蕴涵着特定的言语性非常强的丰富的深层所指。而这种言语性正是其魅力和典型文化性丰富负载之所在，可以称之为文化言语性。只掌握成语的语言性含义，仅把它当作一般词汇来接受或使用，与进一步掌握了成语的文化言语性内涵即其原型源流的使用或接受者相比，其悬殊不说判若云泥，也可谓不能同日而语。

用一个也许不太恰切的比喻来说，很多成语犹如压缩文件，接受者首先要解压缩才能了解其内容，否则莫名其妙。解压缩须有专用软件，成语的使用需要施受者本身都预先安装有"解压缩软件"——熟悉成语的典故来历和意义，即预先已把握常用成语的言语性能指、所指以及能指所指之间的种种复杂转折、演绎、类比、引申的关系。遇到生僻少见的成语，则须临时安装相应的"解压缩软件"——查阅成语辞典、资料。汉语成语的文化言语性特质提供了作为语言单位的一般词汇所没有的原型含义以及在此基础上多向开放的巨大联想空间。可见，从现代语言学的角度看，汉语成语是言语性非常显著的特殊语言单位。

言语性包含着说或写的行为及其结果，而每一行为和结果都是个别的、特殊的、具体的、形象的，与语言的形而上性截然相反。一般词汇虽然也来源于言语，却早已脱尽或至少大大淡化了言语的个别性、特殊性及其千丝万缕的外在联系，失去了成语那种开放性联想和想象的不可缺失的言语性生长点。一般词汇只是语言单位，犹如离开肉身的幽灵；而成语，特别是有来源的汉语成语，既是语言单位，同时又是言语存在，灵魂与肉身永不分离——语言性和言语性并存，甚至言语性更重要。汉语成语作为语言单位，其言语性特点带来了显著的文化属性，承载着丰富的文化内涵。整个汉语成语体系植根于包括中国政治、经济、科技、军事、历史、哲学、宗教、文学、艺术、教育、风土、民俗等文化领域在内的民族土壤之中，无论是在内容、素材上，还是在结构、形式上，都体现了中华民族文化的内涵和主要特色，甚至民族文化历史的发展轨迹：它出自历史，又是历史的纪录，并且贯穿于历史——以类比模式重现于不同的历史时空。毫无疑义，汉语成语体系本身就是一部独特的中华文化百科全书，它全方位地承载与传承着历史文化传统，蕴含着极为丰富的中华文化精神。

二、汉语成语的文化百科性

汉语成语无所不包，一本成语词典，就是一部独特的中国古代史、中国文化史、中国文化的百科全书。翻开汉语成语这部独特的百科全书，就进入了中华文化的全息空间。"安土重迁""不违农时""五谷丰登""谷贱伤农""青黄不接""揠苗助长"……展示了中华传统文化产生和发展的重要基础的农耕经济的特点；"天伦之乐""手足之情""至亲骨肉""望子成龙""无后为大""爱如己出"……透露了重视血缘关系的宗法制社会意识；"九五之尊""皇恩浩荡""励精图治""万寿无疆""爱民如子""犯上作乱"……牵连着中国封建社会的专制政治结构；"过犹不及""庖丁解牛""守株待兔""刻舟求剑""郑人买履""墨守成规"……闪耀着先秦诸子哲学的思想光华；"图穷匕见""四面楚歌""卧薪尝胆""完璧归赵""唇亡齿寒""围魏救赵""声东击西""调虎离山"……飘荡着中国社会分合治乱的历史烽烟，深涵着出类拔萃的谋略智慧；"大彻大悟""顶礼膜拜""生老病死""盲人摸象""五体投地""天花乱坠"……包含着融入中国本土文化的佛教观念，隐现着中外文化交流的历史踪迹；"学而不厌""因材施教""程门立雪""春风得意""金榜题名""名落孙山"……凸现出中国古代教育思想，浸润着科举制度下知识分子的酸甜苦辣；令望文生义者谬以千里理解的"七月流火"，后人赋以自谦或贬义色彩的"以管窥天"，却与"斗转星移"一样，标志着远古时代中国天文科学的先进和辉煌；"登堂入室""亭台楼阁""钩心斗角""方枘圆凿"，彰显着中国古代建筑特色和技术的高超；"黄钟大吕""石破天惊""铜琶铁板""金声玉振""粉墨登场""逢场作戏"，使人对中国古代音乐、戏曲的了解，如闻其声，如在目前；"骚人墨客""洛阳纸贵""画龙点睛""意匠经营""笔冢墨池""梦笔生花"，"胸有成竹"，焕发出中国文学和书画艺术的奇光异彩；"八拜之交""三日入厨""举案齐眉""三从四德""三纲五常""忠孝节义"，反映着中国传统习俗礼仪伦理道德。

成语的文化百科性，直接建基于其来源的百科性。《成语探源辞典》（朱瑞玟编著，首都师范大学出版社，1996）将汉语成语的来源分为"儒家典籍""道教典籍""佛教典籍""历史著作""科学著作""艺术著作""诸子与哲学""笔记与小说""诗词歌赋""历代散文""文艺理论""当代外来文化"等十二类，可见成语来源于中国文化典籍的全面性，涉及中国文化时空维度的立体性。

即使单独的一个成语，其内涵也可能在不同层面上体现着、牵连着中国古代的历史、文化的广阔场景和丰厚意蕴，浓缩着民族的或一个时代、一个历史阶段的文化百科信息。例如"口蜜腹剑"，不只是语言性层面上对嘴甜心毒、狡诈阴险的个人品德和行为的形容，其言语性原型还内蕴着大唐帝国盛极而衰的历史过程，折叠着中国封建社会历史转折时代的巨幅画卷。"口蜜腹剑"语出《资治通鉴·唐纪三十一》："李林甫为相，凡才望功业出己右及为上所厚、势位将逼己者，必百计去之；尤忌文学之士，或阳与之善，啖以甘言而阴陷之。世谓李林甫'口有蜜，腹有剑'。"身为大唐宰相的李林甫，一人之下，众人之上，为何要将才能和成就超过自己的或得到皇帝宠信的同僚千方百计除掉？又为何对有文学才能者特别忌恨？除了李林甫本身的权力欲作祟外，更深的根源在于封建专制的政治体制，官吏的沉浮生死完全决定于皇帝的个人意志和情感上的好恶。李林甫深谙封建官场的游戏规则，善于钻营，靠收买皇帝身边的人"巧伺上意"，玩弄诡计阴谋，获取官位权力。为了"固位"，李林甫一面继续迎合皇帝，"善养君欲"，一面结党集奸，举无比者，拒贤妒能，杜绝言路，排抑胜己异己，屡起大狱，血腥清洗。正是李林甫的为了"固位"而举无比者的阴招，玄宗在他怂恿下重用安禄山这样的胡人为节度使，培育了导致大唐皇朝一落千丈的"安史之乱"的祸根。同时，不仅朝中如卢绚、严挺之、齐瀚、张九龄、裴耀卿、王忠嗣、周子谅、李适之、韦坚、皇甫惟明、裴宽、王琚等"势位将逼己者"被李林甫或投闲置散或赶尽杀绝，而且在李林甫执政的淫威下，像李白、王维等大诗人也空怀报国大志，落寞抑郁，"诗圣"杜甫在长安蹉跎十年中，应诏就试，却遭李林甫"野无遗贤"损招所害，再度科举落第。"口蜜腹剑"内含的奸臣李林甫的生平及其误国故事所牵涉的历史人物，就像一个个关键的节点，他们之间的关系连接成大唐皇朝的历史盛衰之网，人们可以窥见织入其中的文化传统和特定时代的政治体制、社会心理、价值观念、文化态势、国运兴衰、风俗习惯等百科内涵。

汉语成语的百科性还体现在它的动态演变过程中所留下的社会、历史、文化的发展轨迹，也就是说，汉语成语的生灭变迁也积淀着中华文化的沧桑巨变。一些词组定型化之后，获得成语的性质，在人们长期运用的过程中或存或亡；成语的意义或亘古不变，或发生程度不同甚至完全相反的变化。这些现象既是语言本身发展的历史体现，更是民族文化尤其是思维方式、价值观念等传统的继承、发展演变的结果。"见利思义""威武不屈""不为五斗米折腰""吮痈舐痔"等成语所体现的道德价值观古今相续，显示了民族精神一脉相承的恒态传统。而有的成语则在意义上发生了一百八十度的大逆转式变异，如"独善其身"，本来是孟子主张的贤人、君子在不得志或不为世所用的时候，所应持有的高尚品格，完全是褒义内涵。但在今日，这个成语已衍生了与原型言语情感取向完全相反的贬义，可以作为形容一个人只管自己不顾他人和社会群体的自私行为的词语，"独善其身"已不再只是"君子""贤人"的高尚情操，而包含了自私者的劣德败行了。成语意义发生由褒而贬的变异，其中有许多原因，但最重要的一条就是随着社会历史的发展，人们的价值观念发生了变化。"独善其身"的变异，就是因为今天的社会在新的历史条件下对人的道德有了新的要求。从语言学的角度来看，这样的变异似乎疏离了其原型的言语性而倾斜于语言性，但实际上，也可以视为原型言语本身的多义性在语境流动中的显现，因为新的贬义并没有完全取代与其相对立的褒义。

三、汉语成语的文化精神性

文化的民族性最重要的方面，在于其内在的基本精神。汉语成语最重要的文化特征，也主要在于其体现了中国文化的基本精神，这就是成语中隐含的具有民族特点的思维方式，以及与这种思维方式密不可分的世界观、价值观和审美观。

（一）类比思维

意象性、直觉性是中国传统文化体现的重要思维特征，类比是这种意象性和直觉性思维的主要方式。类比是以人们日常生活经验为基础的认知，通过具体感性的形象联系、由此及彼，触类旁通，认识、发现、理解和把握宇宙、人生和未知事物，在人际交流中沟通思想，传情达意。在中国文化中，无论是传统政治、哲学、宗教，还是文学、艺术、教育，甚至普通人的日常生活之中，类比都是最常见、最普遍的思维方式。这种思维方式鲜明地体现在汉语成语之中。汉语成语体现的类比思维主要在于其语言性的实现，同时也有不少成语在于其言语性的本身。成语的语言性有赖于其言语性，大多数汉语成语作为语言单位的含义均取自其作为言语整体的比喻义。而言语本体，尤其是属于神话、寓言以及历史故事的成语本身往往也包含着类比思维，也就是说，与成语原型相关的说或写的行为本身和作为结果的内容里都呈现着类比。例如"揠苗助长"，就是出自《孟子·公孙丑上》的一个寓言，孟子与弟子公孙丑谈论如何善养"浩然之气",为了说明这种"浩然之气"既要用心培养,又不能刻意助长,孟子于是讲了一个寓言故事:"宋人有闵其苗之不长而揠之者,芒芒然归,谓其人曰:'今日病矣!予助苗长矣!'其子趋而往视之,苗则槁矣。天下之不助苗长者寡矣。以为无益而舍之者,不耘苗者也;助之长者,揠苗者也。非徒无益,而又害之。"类比即是孟子的教学方法,也是这一言语行为而产生的和存留的言语结果,作为个体的孟子他以特殊的宋人无益而有害的行为和结果的感性形象,使在场的学生公孙丑明白如何才能善养"浩然之气"的抽象之理。而作为语言性的含义也从其言语性故事本体中抽象为泛指有违事物规律而导致有害无益结果的急于求成的愚蠢行为。语言性的含义连结着孟子的言说行为及其结果——语言中的宋人形象,淋漓尽致地体现了中华文化的类比思维特征。一个"文化水平高"的人,接受和使用这个成语时,还可以由此而联想到孟子的文化身份和《孟子》的文化价值、艺术特点的更多共鸣因素,远古的文化遗存和精神由此而连接于后来历史时空中的许许多多的个体主体,得以流传、延续和创新。

　　汉语成语的类比思维还透露着中国文化以自然之道规范社会人伦的传统。从语言性的含义来看,"自强不息"是指人自觉努力向上,永不松劲;"岁寒松柏"是说人的高尚品质只有通过艰难困苦环境的考验才能显示出来;"天长地久"即谓时间的长远、永恒;"天网恢恢"则指作恶者无法逃避应得的惩罚。源于中国古代儒、道哲学的这几个成语,其言语本体其实都是以自然现象显示的"天之道"(自然规律)来类比"人之道"(社会规律)。"自强不息"出于《周易·乾》:"天行健,君子以自强不息。"原意是说,"天"(自然)的运行永不停止,即"健","健"是主动地、自动的,并含有刚强不屈之义。"君子"(人)应该向"天"(自然)学习,做到自强不息,积极向上,奋发有为。"岁寒松柏"源于《论语》:"岁寒,然后知松柏之后凋也。"孔子也是从松柏之类植物虽然年年经历寒冬冰雪的摧残却依然郁郁葱葱的自然现象联想到人经艰苦历练才能显示出刚毅坚强。"天长地久"和"天网恢恢"都来自老子的《道德经》,老子更是善于以自然规律——"天道"来类比和规范社会政治和人生,更强调人与自然的统一性,主张"人道"应以"天道"为标准。

　　(二) 整体辩证思维

　　天人合一,万物一体。天地万物、宇宙世界,都是一个和而不同,相生相克,具有无限连续性的动态发展的不可分割的系统整体,即使作为个体的具体事物,其结构、功能和兴灭本身也是一个动态发展的整体或过程——这就是中华文化的系统整体思维。中华民族的整体思维方式看到了宇宙的统一性,也看到了整体中对立因素的相互包容、相互转化以及事物变动不已的过程性、动态性，体现出鲜明的朴素辩证法。不少成语，包含着这种整体辩证思维模式。

成语"塞翁失马"就是一个典范的例子。这个成语出自《淮南子·人间训》："近塞上之人，有善术者，马无故亡而入胡。人皆吊之。其父曰：'此何遽不为福乎？'居数月，其马将胡骏马而归。人皆贺之。其父曰：'此何遽不能为祸乎？'家富良马，其子好骑，堕而折其髀。人皆吊之。其父曰：'此何遽不为福乎？'居一年，胡人大入塞，丁壮者引弦而战，近塞之人，死者十九，此独以跛之故，父子相保。故福之为祸，祸之为福，化不可极，深不可测也。""塞翁"表面上像一个犟头，总要跟关心他们一家的乡亲们唱对台戏似的，并不认为自家良马的丢失是什么"祸"，也不觉得良马的失而复得还带回境外的骏马是什么"福"，并且后来儿子堕马折髀成了跛子，战争突发近塞之丁壮大多战死，而"塞翁"却因儿子残疾之故，得以父子相保。事态的发展不断地证明了"失"不一定是"祸"，"得"也不一定是"福"。这与源于老子《道德经》："祸兮福之所倚；福兮祸之所伏。孰知其极？"的成语"祸福倚伏"一样，充满了辩证思维的整体观，包含着对立事物相互包容、相互渗透并在一定条件下可以相互转化的客观规律。"塞翁"实在是一个智者形象。

来自佛教的成语，也具有与儒家、道家哲学相一致的整体思维特点。例如来自佛教《大般涅槃经》的成语"盲人摸象"，盲人们各自摸到的不过是大象的局部而不是大象的整体，却误以为大象就是自己摸到的局部样子："其触牙者，即言象形如萝菔根；其触耳者，言象如箕；其触头者，言象如石；其触鼻者，言象如杵；其触脚者，言象如木臼；其触脊者，言象如床；其触腹者，言象如瓮；其触尾者，言象如绳。"释迦牟尼给弟子们讲这个故事，意在告诫弟子们别片面地理解佛经。作为汉语成语，强调的是人们应该从整体上把握世界和任何具体对象，切忌像摸象的盲人那样盲目片面。同样，人们常见常用的"守株待兔""刻舟求剑""一叶蔽目，不见泰山"等成语，嘲笑的其实就是无视事物的整体性、动态性和辩证性的那种静止的、片面的思维方式。

（三）价值观和审美观

最集中地反映中华文化基本精神的是价值观和审美观，汉语成语体系蕴涵着中华民族传统人生观和审美观的重要方面，包含着辨别善恶美丑文野雅俗的价值导向。

中华民族的传统世界观是天人合一，北宋儒家学者张载《西铭》有一段有名的话通俗地阐述了这种思想："乾称父，坤称母，予兹藐焉，乃混然中处。故天地之塞，吾其体。天地之帅，吾其性，民吾同胞，物吾与也。"也就是说把天地当父母一样侍奉,将所有的人视为同胞兄弟对待,以万物为我们的同类。这就是成语"民胞物与"的出处。

特别注重传统和伦理道德是中华民族的传统价值观,倡导的是"慎终追远""继往开来",不齿的是"数典忘祖"。国家、民族、群体的利益高于一切,贵和尚中,强调"和衷共济""不偏不倚""适可而止""克己奉公","先人后己",甚至"舍己为人",在生命和道义不能兼得的情况下,宁愿选择"舍生取义","杀身成仁"。汉语中充满这类道德价值取向的大量成语。在"威武不屈"中,包含着《孟子》树立的"大丈夫"理想人格道德标准:"居天下之广居,立天下之正位,行天下之大道;得志,与民由之;不得志,独行其道。富贵不能淫,贫贱不能移,威武不能屈"。出于《史记》的"完璧归赵""负荆请罪",饱含司马迁对战国时期赵国蔺相如的敬仰,对廉颇和蔺相如那段"将相和"史实的深情激赏。蔺相如出身低贱,受命于国家急难之际,面对强秦威逼凌辱,大智大勇,以大无畏的精神,机智果敢地挫败秦王骗取和氏璧的阴谋,不辱使命,维护了弱小赵国的国家利益。在渑池会上,秦王以强凌弱,令赵王为其鼓瑟,使赵王受辱。蔺相如针锋相对,大义凛然,以死相逼,使秦王为赵王击缶,讨回了赵国的尊严。廉颇为赵国良将,战功显赫,却不服蔺相如"徒以口舌为劳"而位居其上,声言要加辱于蔺相如。为顾全国家利益大局,蔺相如克制避让,忍辱负重,宽容大度,终于感动了居功自傲的廉颇主动上门认错,将相和好,尽释前嫌,团结对敌。成语"完璧归赵""负荆请罪"隐含着这段动人史实,强化了司马迁褒扬的价值取向的代代相传,家喻户晓。而如"不为五斗米折腰",则喷薄着清高诗人陶渊明的朗朗骨气。同样显示了庄子的清高和幽默的成语"吮痈舐痔",语出《庄子·列御寇》:"宋人有曹商者,为宋王使秦。其往也,得车数乘;王说之,益车百乘。反于宋,见庄子曰:'夫处穷闾陋巷,困窘织屦,槁项黄馘者,商之所短也;一悟万乘之主而从车百乘者,商之所长也。'庄子曰:'秦王有病召医,破痈溃痤者得车一乘,舐痔者得车五乘,所治愈下,得车愈多。子岂治其痔邪,何得车之多也?子行矣!'"曹商小人得志,狂妄虚荣骄矜之心溢于言表。穷居陋巷,面有菜色,靠织草鞋卖钱度日的庄子,面对宋人曹商得意洋洋的自夸和嘲笑,不慌不忙地反唇相讥以舐痔得车,一针见血地揭露了曹商巴结权贵的丑恶嘴脸,凸现了小人的卑下无耻。道德境界的清浊高下,泾渭分明。

大量成语不仅褒奖道德典范,张扬理想人格导向,同时也显示了中华民族以善为美、美善统一的传统审美观念。"尽善尽美"就是孔子对舜时《韶》乐的高度赞扬,对周代《武》乐的评价:"尽美矣,未尽善也。"进一步强调了美善统一的艺术审美标准。"言简意赅""言近旨远""画龙点睛""羚羊挂角""笔精墨妙""笔扫千军""凌云健笔""咫尺千里""余音绕梁"……彰显的是重神韵、意境和妙悟的传统审美情趣。

此外,汉语成语的结构和外在形式,都服从于"言简意赅"的目的,本身也同样显示了中华文化的独特思维方式、价值取向和审美趣味。四字格之所以成为汉语成语主体格式,就是因为这种格式的词组不仅能最有效地达到"言简意赅"的要求,而且可以变化出极为多样丰富的组合方式,在视觉、听觉的外在形式上,体现出均衡、对称、含蓄、丰富、"和而不同"的审美,能达到中华民族喜闻乐见的高度和谐、优美的审美效果。

成语研究及其成果对于语言的语言学、言语的语言学、内部语言学、外部语言学、历时语言学、共时语言学等语言学研究领域以及文学、历史、文化等学科研究都具有不可或缺的重要意义。其全方位的汉语特色和民族文化特性,无疑是具有巨大开发价值的丰富宝藏。

第四节 民族文化在汉语成语形式与内容上的体现

英国著名人类学家爱德华·泰勒给文化下了一个经典定义:文化是"一个复合的整体,其中包括知识、信仰、艺术、法律、道德、风俗以及人作为社会成员而获得的任何其他的能力和习惯。"[①] 泰勒所说的"文化"是狭义的文化,我们经常所讲的民族文化是广义文化,分为物质、制度、心理三个文化层面。

语言作为文化的一部分,与文化的关系非常密切。语言是文化的符号,文化是语言的管轨。好比镜子或影集,不同民族的语言反映和记录了不同民族的特定文化,对不同民族的语言发展,在某种程度、某个侧面、某一层次上起着制约的作用。

经过历史的积淀而结晶,词汇最能体现各民族文化的个性特征。在语言的各个要素中,词汇又最能反映文化。"一种民族语言的词汇语义体系中,除表达客体的概念意义外,还蕴含着丰富的民族文化含义。""中华民族是一个历史悠久,有丰富文化传统的民族。汉语是一种丰富、发达的语言。中国人民历代创造的文化成果概括地巩固在汉语之中,汉语纷繁的词汇体系中蕴含着极为

---

① 吴友富. 国俗语义研究 [M] 上海外语教育出版社,1999:114.

丰富的国俗语义。"①

汉民族有着悠久的历史，汉语丰富的词汇使汉语成为最具表现力，最生动活泼的语言之一，而成语作为汉语词汇系统中的一员，更是蕴含了汉民族文化的精华，最富有汉民族的文化特征。成语作为一种具有很强表现力的语言，"以异常准确、生动、简练、犀利的形式表达普通的概念，把有意义的、典型的事件和情节固定下来，并对自然界和人类社会现象做出各种各样生动扼要的观察结论和经验总结。"②

成语是文化信息传递和保存的极佳载体，文化负载量大使汉语成语成了中华民族灿烂文化中的瑰宝。

任何一条成语从产生到被大家熟知和接受，有时需要经过几十年或者几百年的时间，有的还要经过文人的千锤百炼、精益求精，现在能存活在现代汉语词汇中的成语就像语言中的活化石，蕴含着丰富的文化内涵；另一方面，因为成语相当于一个定型的词组甚至短句，所承载的信息量比一般词语要大，因此，也更能完整地表现出汉民族的文化内涵。下面就成语的形式和内容两方面蕴含的文化因素展开论述。

一、民族文化在成语形式上的体现

成语的形式凝练、匀称、典雅，有着特定的民族文化内涵，从成语的形成、发展到变化，成语一直有着特定的形式，形式也变化不大，这都与民族文化内涵有关，具体体现如下。

（一）"尚偶"民族心理对成语形式的影响

上文中已经谈到汉语成语四字格是汉语成语的主要形式，也是汉语使用者最喜欢的形式之一。分析而言一个重要的原因就是它是最能体现汉语和汉文化特点的庄重典雅的形式，四音节好像一直都是汉语使用者非常爱好的语音段落。最早的诗集《诗经》里诗以四音为主。启蒙课本的《千字文》《百家姓》《李氏蒙求》《龙文鞭形》等等都是四音。亭台楼阁常有四言的横额。流传最广的成语也是四言为多。同时，成语四字格也最符合汉文化"以偶为佳""以四言为正"的审美要求，普遍符合人们崇尚均衡对称的心理。"以偶为佳"是古人崇尚对称的美学观，更是古人认识世界的哲学观。自古以来华夏民族对成双入对的现象比其他民族有更强烈的崇尚和追求，以对称为美的观念已经渗入

---

① 王德春. 多角度研究语言［M］. 清华大学出版社，2005：205
② 余云霞. 汉语成语及其特性［J］语言教学与研究，1982（01）.

华夏民族文化，深入人心，代代相传，四字格最能体现这种内在的文化心理需求。四字格是字数最少但既能一次四分，把成语进行四个音节的一分为四，如"豺/狼/虎/豹"等，又能两次偶分的一种形式，对其进行两次偶分一分为二，如"风//驰/电//掣、九//牛/二//虎"等等，充分体现了"以偶为佳"的要求。由此可见，汉语成语扎根在汉文化的深厚土壤中，在形式上选择了"四字格"。

(二) 等级观念对汉语成语排序的影响

部分汉语成语的排列顺序表现出一种倾向，即表示尊贵意义的语素在前，表示卑下意义的在后，这种排列顺序的倾向非常明显，并不是偶然现象，而是汉民族的传统文化中男女尊卑、长幼有序、重视等级等观念的反映，如"不相上下""夫唱妇随""尊老爱幼"等；表示长者的语素在前，表示幼小的在后，如"妻离子散"；表示大的在前，表示小的在后，如"家破人亡""海纳百川"；表示重要的语素在前，表示次要的在后，如"细枝末节""枝繁叶茂""舍本逐末"等等。同样，这种影响也体现在成语中有关前后并称的成语的排序，如"瞻前顾后""思前想后""前赴后继""空前绝后"等。表示方向的几个常用词语"东""西""南""北"同时出现时，也是"东""南"在"西""北"之前，如成语"东奔西走""东张西望""东跑西颠""南征北战"等，这些都是"东"在"西"之前，"南"在"北"之前，这种排列顺序都和汉文化传统观念有联系。

二、民族文化在成语内容上的体现

成语源于古代神话、寓言，或源于历史故事，或源于古代诗文等，大多数均有出处，深深地植根于古代文化的土壤。从历史角度考察，每一条成语几乎都有其"文化背景"，成千上万条成语的背后是一个丰富灿烂的历史文化。一部成语词典，从某种角度看，是一种简明的中国文化史。

汉民族的饮食、服饰、车马、军事等各个方面都在成语中都有不同程度的反映，可以说成语几乎蕴含了所有的汉民族文化。下面主要从物质文化和非物质文化两个方面来阐述成语中包含的文化内容。

(一) 成语包含的物质文化

物质文化是代表着人类物质生活需要的文化，属于表层的文化。有些成语直接反映汉民族的物质文化，折射出汉族人的生活方式与生活内容，汉族人所熟悉的事物，如山川地理、园林宫殿、服饰饮食以及其他各种各样的器物、动物、植物等等汉文化中所特有的，从而反映出汉民族物质文化的发展水平。

1. 服饰类：衣冠楚楚　峨冠博带　袍笏登场　被褐怀玉　集腋成裘　隔靴搔痒
2. 饮食类：粗茶淡饭　山珍海味　脍炙人口　众口难调　觥筹交错
3. 建筑类：深宅大院　舞榭歌台　雕梁画栋　钩心斗角　曲径通幽
4. 山河类：安如泰山　逼上梁山　巴山夜雨　楚水吴山　箕山之风　昆山之玉　马放南山　日薄西山　寿比南山　云雨巫山　重于泰山　山明水秀　青山不老
5. 兵器类：大动干戈　剑拔弩张　折戟沉沙　大刀阔斧　刀光剑影　一箭双雕
6. 动物类：胆小如鼠　鼠肚鸡肠　虎头蛇尾　打草惊蛇　鸡鸣狗叫　狗仗人势　鸡鸣狗盗　狐假虎威　狐朋狗友　豺狼成性　狼心狗肺　一马当先
7. 植物类：投桃报李　瓜田李下　让枣推梨　桃红柳绿　瓜剖豆分　指桑骂槐　沧海一粟　青梅竹马　罄竹难书　蓬门草户　雨后春笋　松鹤延年　兰姿蕙质

（二）成语折射的非物质文化

制度文化和心理文化统称为非物质文化，指人类在社会历史实践和意识实践过程中所创造的各种精神文化。汉民族的非物质文化主要指在长期的社会历史发展过程和意识活动中逐步形成的汉民族特有的心理结构、思维方式和价值观念，覆盖了汉民族宗教、政治、道德、艺术、哲学等意识形态领域。

1. 儒家思想类：穷则思变　未雨绸缪　见贤思齐　成人之美，不成人之恶　公而忘私　己所不欲，勿施于人　富贵不能淫，威武不能屈　当仁不让　过犹不及　自强不息　得道多助，失道寡助　工欲善其事，必先利其器
2. 宗教文化类：无为而治　清静无为　绝圣弃智　安危相易　祸福相生　回头是岸　味同嚼蜡　放下屠刀　立地成佛　聚沙成塔　醍醐灌顶　叶落归根
3. 鬼神观念类：奉若神明　神通广大　鬼使神差　鬼蜮伎俩　鬼哭狼嚎
4. 文学艺术类：弦外之音　琴瑟和谐　黄钟大吕　滥竽充数　室如悬磬　胶柱鼓瑟　龙飞凤舞　力透纸背　胸有成竹　画龙点睛　梨园子弟　插科打诨　粉墨登场　半部论语　皮里春秋　柳暗花明　洛阳纸贵
5. 礼俗观念类：彬彬有礼　知书达礼　礼尚往来　宾至如归　八拜之交
6. 婚葬等民俗类：明媒正娶　月下老人　秦晋之缘　结发夫妻　洞房花烛　入土为安　盖棺论定　披麻戴孝　素车白马　断发文身

7. 辩证思维类：

(1) 静止与发展：士别三日，当刮目相看　流水不腐，户枢不蠹　日新月异　静如处子，动如脱兔　树欲静而风不止　情随事迁　否极泰来　见微知著　今非昔比　永垂不朽　沧海桑田　星移斗转　刻舟求剑　墨守成规　因循守旧

(2) 量变与质变：防微杜渐　水滴石穿　绳锯木断　星星燎原　集腋成裘　千里之行，始于足下　蚁穴溃堤　九层之台，起于垒土　十年树木，百年树人　集思广益　一步登天　聚沙成塔

(3) 现象与本质：一叶知秋　表里如一　名副其实　实至名归　华而不实　色厉内荏　口蜜腹剑　貌合神离　人面兽心　金玉其外，败絮其中　羊质虎皮　衣冠禽兽　狐假虎威　名不副实　同床异梦

(4) 目的与手段：因材施教　量体裁衣　围魏救赵　缘木求鱼　涸泽而渔　焚林而猎　饮鸩止渴　拔苗助长　杀鸡取卵　扬汤止沸　削足适履　画饼充饥

(5) 原因与结果：入乡随俗　亡羊补牢　心广体胖　唇亡齿寒　心有灵犀　一言既出，驷马难追　城门失火，殃及池鱼　一着不慎，满盘皆输　鸟尽弓藏　人无远虑，必有近忧　种瓜得瓜，种豆得豆　近朱者赤，近墨者黑

(6) 偶然与必然：物极必反　物以类聚　水清无鱼　守株待兔　飞来横祸　无巧不成书　智者千虑，必有一失；愚者千虑，必有一得

(7) 部分与整体：管中窥豹，可见一斑　只见树木，不见森林　万事俱备，只欠东风　九牛一毛　瑕不掩瑜

(8) 全面与片面：井底之蛙　瞎子摸象　一孔之见　管窥蠡测　一叶障目，不见泰山　仁者见仁，智者见智　当局者迷，旁观者清

(9) 主观与客观：事与愿违　力不从心　闭门造车　志大才疏　庸人自扰　杯弓蛇影　草木皆兵　心有余而力不足　有心栽花花不发，无心插柳柳成荫

(10) 正确与错误：大是大非　明辨是非　似是而非　矫枉过正

以上列举了蕴含文化内容的一些成语，但并不仅限于此，如果细细探究，几乎每个汉语成语都蕴含着汉民族文化，要么是物质文化，要么反映折射出一种非物质文化，在此不再一一详细举例描述。[①]

[①] 郑德超. 汉语成语多维研究及对外汉语教学问题 [D]. 南京：江苏师范大学，2012.

第三章　服饰文化视角下的汉语成语研究

在中国的汉语成语中，有一些汉语成语与中国的服饰文化有较大的关联。本章首先分析了中国服饰文化的相关基础知识，接着进一步分析了汉语服饰成语的意义，最后分析了汉语成语中的服饰审美文化。

第一节　中国服饰文化概述

一、中国服饰文化与环境的关系

（一）环境对服饰的影响

我国地域辽阔，地形地貌复杂，民族众多。由于地理环境的巨大差异，生活在各自不同环境区域中的各族人民，身着各式各样的绚丽多彩的民族服饰，无不体现着所处的地理环境特色和民族风情。总体可以概括为北边长南边短，北边宽南边窄。同时，不同民族、不同时期、不同地域文化的差异，反映在民族服饰情感语言文化方面具有各自不同的内涵和外延，但都体现着实用文化与审美文化的集中统一，体现着各自民族符号性的文化选择。

（二）我国不同区域的服饰特色

我国山区面积广大，地域辽阔物产丰富，地形复杂多样，各地形区有着不同的特色民族服饰，其中我国较为典型地区为东北地区、高原地区、西南地区这三个地区。

1. 东北地区服饰特点

东北地区地处在中、高纬度地区，气候较为寒冷，人们冬天常穿皮衣，除毛皮具有良好的防御保暖性能外，更因当地自然条件不宜植棉，而在严寒气候条件下，兽类的皮毛长得特别丰厚，保暖防寒性能好。例如，大兴安岭一带的鄂伦春族，食肉寝皮是鄂伦春族的传统生活方式，在长期的游猎生活中，鄂伦春人独具匠心创造了极富民族特色的毛皮服饰文化，他们的服饰，上至帽子，下至鞋袜，乃至各种寝具、生活用品，都多用毛皮为原料，因为"林海雪原"为他们提供了熊皮等兽类皮毛。俗话说得好，"靠山吃山，靠水吃水"，生活在乌苏里江畔的赫哲族人以捕鱼为生。因此，他们的衣服多由鱼皮制成，由以上例子，我们可知，服饰的特征与当地的气候、人们的生活方式有关。东北地区的居民总是给我们一种十分厚重的感觉。

2. 高原地区服饰特点

高原上的民族，都有穿皮长袍的习惯。高原气候变化无常：白天日照强烈，气温上升；夜间气温骤降，寒气袭人。人们常常用"早穿棉袄午穿纱，围着火炉吃西瓜"这句话来形容高原上的人们的生活。高原上的牧民，多穿着皮制长袍，既耐严寒和飞沙走石的侵袭，又能在游牧途中的夜间当防寒的铺盖。素有"世界屋脊"之称的西藏，是藏族人民的主要聚居地。他们生活的地方，海拔高，气温低，冬季漫长，夏季短暂，因而他们一年四季都穿着长袍，冬季皮袍，夏季棉袍，袖长宽松，白天当衣，晚上当被。为了生活方便，不论男女都将右胳膊裸露在外，袖子别在腰间，一旦天气骤然变冷，可将胳膊穿进袖筒，以适应高原多变的天气。每逢节会，欢歌四起，长空舞袖。

"我家住在黄土高坡，大风从坡上刮过。"这是黄土高原的真实写照。由于这种恶劣的地理环境和严酷的气候条件，使黄土地上人们的服装另有一番情景。冬天人们穿着老羊皮袄，头上裹着白羊肚手巾。夏季白布的尕汗褡儿，青布的黑夹夹儿，是这一地区典型的民族服装。

3. 西南地区服饰特点

西南地区是我国少数民族分布最多的地区，民族服饰多种多样，因他们的生产、生产方式、文化因素而各不相同。

居住在云贵高原的苗族、布依族、侗族、瑶族、水族、彝族等少数民族的服饰，也与他们生活的地理环境和传统文化息息相关。最具特色的是侗族，他们的蜡染闻名于世，成为贵州地区亮丽的风情线。这一地区地质构造复杂，山大沟深，林木茂密，溶洞暗河遍布。为了生存，他们自己纺纱织布，加工洗染。这种用传统手工艺制作的布料厚实、美观、耐用，可穿、可佩、可戴、可提，不仅有实用价值，更有观赏价值，近年来又成为旅游开发项目之一。傣族的传统服饰，男子多穿对襟或大襟无领短衫，肥筒长裤，也有少数人穿深色筒裙，用白、青、浅蓝、淡黄色的布包头。女子服饰因地域不同而有明显差异。西双版纳的妇女上穿白色、绯色或淡绿色紧身窄袖短衫，下着各种花样的长及脚面的筒裙，束银腰带，喜欢留长发，并挽髻于顶，插上梳子或鲜花，典雅大方；也有用大布巾包头的。德宏和耿马的妇女上穿齐腰短衣，下着色彩艳丽的筒裙，发髻位于脑后，余发散拖一绺在背后。服饰衣料过去为土布，现多为丝绸、细花布，更加显得女孩亭亭玉立、婀娜多姿的身材。

西南地区还有一个很具地方特色的民族，就是哈尼族。哈尼族服饰无论在原料、色彩、款式、装饰手法等，无不与梯田农耕生产密切相关。以梯田农耕生产和梯田文化为主体的社会意识形态和社会生活方式，决定了其服装的改良、发展，均以反映，梯田文化内涵，适应梯田生产需要为原则。哈尼族崇尚黑色，哈尼族无论男女，其服装均以黑色为主基调。这是其在漫长的迁徙过程中，形成的历史沉重感和审美的心理要求以及社会历史文化、发展程度及哀牢山自然环境和梯田稻作农业所决定的。哈尼族以梯田农业为主要生产方式。黑色，对高山农耕生产者来说，在保暖、耐脏、耐磨等方面都有独特优势。另外，这一习俗，也是地理环境，社会生活的封闭以及"避世深隐"的民族心理，落后的传统原料和印染技术的客观体现。哈尼族服饰的款式设计也以适应梯田农耕生产为主要原则，其男子的服饰以紧身短衣宽松衣裤，短衣斜襟无领腋下一扣紧衣，外配一坎肩，坎肩无扣，长裤为大腰、大裤脚、直筒裤。上紧下松的服装特点：一是为在山高谷深的自然环境中，上坡下坡行走方便；二是便于梯田中的生产，体现出哈尼族对于哀牢山自然环境，与梯田稻作农业的适应性。哈尼族服装上的装饰，是梯田农业的记录和象征，例如，哈尼族衣服上绣制的图案与银饰的排列，就像层层梯田一样重重叠叠，可见地理环境对人的影响是十分深远的。

这些视觉信息传达符号不仅对服装起着装饰美化的作用，使服装呈现千姿百态、靓丽夺目的艺术效果，同时更重要的是它以形象化的创造性语言，记录下了民族的社会意识形态和民族情感世界的演变，为研究民族服饰艺术提供了极具史料价值的佐证。同时，这些信息符号也反映了勤劳智慧的苗族超凡的艺术概括和对装饰艺术的大胆追求。

4. 其他地区服饰特点

我国广大的平原和丘陵地区，是重要的农耕地带和人口集中区域，生活在这里的广大同胞以汉族为主，服饰介于高原和水乡之间。生活在东南沿海地区的渔民，服饰与其他各地区民族的服饰相比较，则是最简洁不过的。渔民们长年生活在气候温热、湿潮的水上作业，捕鱼打捞，穿着简练、轻便、易于晾晒的服装，这完全是由于地理环境而形成的。

我国北方民族喜欢在嫁妆的鞋垫、肚兜上刺绣鸳鸯戏水、喜鹊登梅、凤穿牡丹、富贵白头、并蒂莲、连理枝、蝶恋花及双鱼等民俗图案，以隐喻的形式，将相亲相爱、永结同心、白头到老的纯真爱情注入形象化的视觉语言之中，反映了朴素纯洁的民俗婚姻观；同时，赋予纹样造型以生命的律动，表现大千世界芸芸众生的勃勃生机。而方胜、如意纹、盘长等造型符号和纹样，则反映广大劳动人民对幸福美好生活的执着追求和真诚期盼，表达朴素纯真的审美情趣。

陕北女孩子用红布缝成夹层菱形的"红肚兜"，手巧的还在上面绣花，用它挂在身前护腹，代替衬衣，避免腹部受凉，这也是男女老幼通用的。陕北农民从前很少戴帽，通常用一块粗白布或白毛巾包头朝前扎，以巾代帽，称作"拢手巾"，夏遮晒冬御寒，又可擦汗、洗脸，一举三得。民歌中唱的"羊肚子手巾三道道蓝，哥哥拢头怪好看……"正是指此。

"上有天堂，下有苏杭。"这是千百年来人们对江南地区的形容和向往。这里河流密布，湖海相连，雨量充沛，气候湿润，地势平坦，植物茂盛。在这种地理环境中生活的各民族同胞，他们的服饰天人合一，环境造就，典雅别致，小巧玲珑，以薄、短、轻、柔、艳而著称。

从上述例子中，我们知道了地理环境对人类服饰以及生产生活的影响，也共同见证了人类服饰的繁荣以及中国灿烂的民族文化，这些文化是中国悠久历史的见证，应将其发扬光大，促进其进一步繁荣与辉煌。

服饰实际上是一个民族的标志，也代表了一个地区的形象。它的功能一是遮风祛寒，二是装饰美观。但是，由于受到地理环境和情感的影响，因此，服饰千差万别、千变万化，无不打上这一地区的烙印。从某种意义上讲，是地理环境和情感造就了民族服饰。

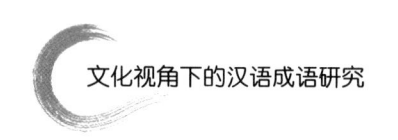

第二节 汉语服饰成语的意义分析

一、清晰地反映了古代服饰风貌

成语"圣主垂衣"语本《易·系辞》："黄帝、尧、舜垂衣裳而天下治，盖取之乾坤。"这段文字是说，在黄帝尧舜时期开始出现了衣裳，从而结束了史前那种围披状态。

"胡服骑射"则反映了汉民族服饰与外民族服饰交流、融合的史实。语出《史记·赵世家》："今吾（赵武灵王）将胡服骑射以教百姓。"战国时期的赵国，在与胡人部落交战中常常处于不利地位。鉴于这种情况，赵武灵王就想向胡人学习骑马射箭。要学习骑射，首先必须改革服装，采取胡人的短衣、长裤服式。于是，赵武灵王于公元前 302 年开始改革。赵武灵王力排众议，在大臣肥义等人的支持下，下令在全国改穿胡人的服装，因为胡服在日常生活中做事也很方便，所以很快得到人民的拥护。胡服的引进使中国汉族服饰文化增添了新气象。这次民族服饰融合，奠定了中华民族服饰由交流而互进的良好基础。

从"广袖高髻""巾帼英雄""凤鬟雾鬓"这几个成语，我们看到历代妇女多样的发式和对美的追求。"广袖高髻"反映汉时长安城里妇女流行梳高髻和宽大的衣袖的风气。而"巾帼"是一种假髻，是用假发制成的形似发髻的饰物。"凤鬟雾鬓"中的"雾鬓"即"蝉鬓"。蝉鬓是指面颊两旁近耳朵的发薄如蝉翼。梳理蝉鬓，不仅需要一定的技巧，还需要借助梳妆用品。说明先秦时期，妇女就已经用油脂润发。而"蛾眉螓首""杨柳宫眉""愁眉啼妆""朱唇皓齿""美女簪花"等成语则给我们展示了古代女性多样的妆容和美丽的姿态。

服装是一种身份地位的象征，一种符号，它代表个人的政治地位和社会地位，使人人各守本分，不得僭越。因此，自古国君为政之道，服装是很重要的一项，服装制度得以完成，政治秩序也就完成了一部分。所以，在中国传统上，服装是政治的一部分，其重要性，远超出服装在现代社会的地位。成语"象简乌纱"反映了古代大官的装束。"简"是古代大臣朝见君主时所持的记事板，又叫朝笏。"乌纱"是一种黑纱制成的官帽。唐代，定为官服，到了明朝，朝廷官员全部戴乌纱帽。"貂蝉满座"记录了一种冠式，即"貂蝉冠"。它指的是官帽上有蝉形图案的金珰为装饰，并插上貂尾，有其较多的文化内涵。《后汉书·舆服志下》引汉应劭语："以金取坚刚，百炼不耗；蝉居高，饮洁，口在腋下；貂内劲悍而外温润。"又说："蝉取其清高饮露而不食；貂紫蔚柔润而毛彩不彰灼。"蝉取义为高洁、清虚。

促使服装发挥它的功能，达到它"天下治"的目的，最重要的因素在服色。成语"黄袍加身"等从一个侧面反映了古代服色的演进。古代把黄色看成中央正色。隋唐以前的皇帝就开始喜欢黄色（周天子的服饰是玄衣黄裳）。唐高宗中期总章元年（公元668年），官民一律禁止穿黄。从此黄色就一直成为帝皇的象征。于是"黄袍加身"就意味着赵匡胤当上了皇帝。"红紫乱朱""恶紫夺朱"，则反映了作为杂色的紫色曾经与作为正色的朱色有过激烈的斗争。因为朱是正色，紫是间色，他要人为地给正色和间色定各位，别尊卑，以巩固等级制度。而"紫绶金章""紫袍玉带""衣紫腰金"等成语的流传说明紫色在汉时已是高贵的服色。

二、比较全面地反映了古代思想家的服饰观

在春秋战国时期，由于七雄争霸，各自为政，造成了百家争鸣学术论战，产生了以孔孟为代表的儒家，以老庄为代表的道家，以及墨、法等各学派，不同派别的意识形态渗透到服饰美学思想中产生了不同的服饰观。"黼黻文章""被褐怀玉""文质彬彬"等成语反映了具体的内容：

儒家代表人物之一荀子注重服饰，《荀子·富国篇》云："礼者，贵贱有等；长幼有差，贫富轻重皆有称者也。故天子袾裷衣冕，诸侯玄裷衣冕，大夫裨冕，士皮弁服。"其意思是：礼制，贵贱有一定的等级，长幼有一定的差别，贫富、人民负担的轻重都各有所宜。所以，天子穿朱衷、戴冕；诸侯穿玄衷、戴冕；大夫穿裨衣戴冕；士戴鹿皮冠，穿素裳。其认为服饰不仅仅是为了赏心悦目，而且是为了表达人道的秩序。《富国篇》又云："故为之雕琢、刻镂，黼黻文章，使足以辨贵贱而已，不求其观。"其是说所以作为雕琢刻镂、服色华美，使它足以辨别贵贱而已，并不是追求别的。这是成语"黼黻文章"的出处。黼、黻，是古代礼服上所绣的色彩绚丽的花纹。荀子还提倡服饰有教化的功能，所谓"故为之雕琢、刻镂，黼黻文章以藩饰之，以养其德也。"其意思是服饰可以培养人们的品德。

"被发缨冠"反映了孟子的服饰观。语出《孟子·离娄下》："今有同室之

人斗者，救之，虽被发缨冠而救之可也。"在儒家看来，衣冠代表着社会身份和人格尊严。衣冠不整就不是君子，衣冠比生命更重要。公元前480年，卫国发生了政变。孔子的两个弟子，子路和子羔都在卫国。当时，子路直入宫廷与武士斗，结果被卫士打断了结冠的缨带，冠就要掉下来了。这个时候，子路高叫："君子死，冠不免！"于是停止战斗，结缨正冠，结果丧命。这是非常极端的。孟子坚信不必太拘泥，所以他说了上述一段话。也就是说，当急于救人的时候，来不及束发、结上冠带也是没关系的。看来孟子的服饰观还是以人为本的。

孔子则倡导"文质彬彬"的服饰美学思想。孔子在《论语·雍也》中说："质胜文则野，文胜质则史，文质彬彬，然后君子。"也就是说，没有合乎礼仪的外在形式（包括服饰），就像个粗俗的凡夫野人，但如果只有美好的合乎"礼"的外在形式，能掌握一种符合进退俯仰的，给人以庄严肃穆的美感的动作（包括着装礼仪），而缺乏"仁"的品质，那么包括服饰在内的任何外在虚饰，都只能使人感到像是个浮夸的史官。儒家强调"中庸"，孔子以为服饰要合乎"礼"的要求，只有着装适度才能体现出社会制度的有序和本人的综合修养，也才能符合社会规范。

"被褐怀玉"这个成语影响深远。语出《老子》："是以圣人被褐怀玉。"意思说，圣人表面上非常谦和朴实，好像是穿着最低贱的褐衣的人，而实际上他却有着高尚博大的胸怀，心中似玉一般清明。这里所提到的玉，是指未经琢磨的璞玉，是自然的玉。由此，我们可以看出，老子的服饰观是否定甚至反对服饰的修饰作用，强调人的内敛的美质。"怀玉"的内涵心态恰恰与儒家"佩玉"的外显形式相对立。这种服饰思想，数千年来不仅为道家学派所崇奉，直接奠定了道家的穿着风格，而且还被许多无意注重着装或无钱注重服饰的失意文人所推崇。这种服饰观，对魏晋时期士人的通脱的着装观念的影响也较为明显。

三、较为系统地反映了古代服饰礼仪、制度

前述成语"圣主垂衣"同时也是通过服饰制度而建立的一种早期礼仪伦常之序，就是使人从胡乱裹树叶树皮、披禽兽皮毛，到开始有序地按一定礼仪伦常规范衣冠服饰。这是以直观方式建立的一种最初的社会人际关系规范。

成语"衣冠礼乐"是对各种等级的穿戴服饰、各种礼仪的规范的总称。服制是区别不同社会等级、不同场合服用形制的规定或规范。在中国古代服饰

文化中，服饰的礼制化是非常重要的。成语"冠上履下"语本《史记·儒林列传》："冠虽敝，必加于首；履虽新，必关于足。何者，上下之分也。"其意思是：帽子虽然破旧，但是一定戴在头上；鞋虽然新，但是必定穿在脚下。这正是上下有别的道理。着装礼节是相当重要的，所以不要出现不合礼制的着装。

古代男子 20 岁行加冠礼，是成语"弱冠之年"的由来。冠在礼上体现的意义绝对超过它在服饰中的实用功能。《礼记·冠义》称："冠者，礼之始也，是故，古者圣王重冠。"又说："冠而后服备，服备而后容体正、颜色齐、辞令顺。"就是说，戴上礼冠之后，才能做到容貌体态端正，颜容和悦，言辞顺达。冠礼的目的是举行成年的仪式，这种成年意识，是通过服饰这一特定载体去传达给社会，并使本人改变社会地位，确定新身份以及表明符合礼教规范的。

"披麻戴孝"则是丧服礼仪的最典型的体现。关于丧服的规定从周代开始就十分详尽、相当严格。《礼仪》一书就有七卷专门讲丧服制度，规定了斩衰、齐衰、大功、小功、麻五种丧服，合称为"五服"。丧服制度，从周朝开始，历经各个朝代，一直沿用到民国时期。又有成语"拽布拖麻"。

服饰的等级化是古代服制的特点之一，所谓"分尊卑、别贵贱、辨亲疏"，这种特点，在众多的成语中得到了深刻的印证："布衣黔首""布衣韦带""荆钗布裙"是平民百姓的穿着，他们有的甚至"短褐穿结""衣衫褴褛"；而"绮襦纨绔""拖紫垂青""衣紫腰金"是高官显贵的打扮，他们是"纨绔子弟""簪缨世族"，他们"衣冠赫奕""服冕乘轩"。两者的差别是如此的鲜明。

另外，有些成语反映了现代人对古代服饰观的继承。比如"衣锦还乡""只重衣衫不重人"。

《汉书·项籍传》说："富贵不归故里，如衣锦夜行。"穿着锦绣衣裳走夜路，被中国人认为是失去了炫耀的机会，因此等于无价值可言。进而认为穿着锦绣衣服应该白日走在路上，最好是走在故乡的路上，这当然是人们在着装意识上表现出来的虚荣心。"衣锦还乡"在中国人心目中是根深蒂固的。出外谋生发了财的人，回老家探亲，出现在乡亲们面前时，要穿上华丽时髦的衣服，佩带尽可能炫耀财富的首饰，以显示自己的成功。

"只重衣衫不重人"的观念也一直影响至今。在古代，服饰往往作为识别一个人的社会地位的尊卑贵贱和区分一个人的等级高下的标志之一，这种区分社会不同地位等次角色的功能是十分突出的。在中国古代，服饰通常是历代统治者用以"分尊卑、别贵贱、辨亲疏",表示人们社会地位和阶级属性的标志。不同等级的人为了区别其社会地位、贫富贵贱,常制定不同的服饰。这反映了中国封建社会极其严格的服制。服装制度得以完成,政治秩序也就完成了一部分。所以,在中国传统上,形成了"只重衣衫不重人"的观念。

有些成语则反映了服饰观念的变化。比如"不修边幅",在古代常形容衣着随便,甚至穿戴不整洁而且邋遢的蓬头垢面之人。但此成语在当代却很特别,经常在形容某些艺术家的时候,变成了褒义。是说这人注重钻研技艺,不修饰自己外貌反而有另一种风度和气质。这种特殊的服饰美学观虽不是人人能接受,但确实存在。

总之,成语以其结构精致、信息容量大的特点,蕴涵了丰富的文化内涵。对服饰成语的研究是探寻汉民族服饰文化的可靠途径,又是探寻汉民族服饰文化的基础工作。

第三节　汉语成语中的服饰审美文化

一、与鞋相关成语的审美文化

这里以社会礼仪的审美错位——"履舄交错"这个成语为例进行分析。

西汉·司马迁《史记·滑稽列传》:"男女同席,履舄交错,杯盘狼藉,堂上烛灭。"履舄泛指鞋子。"履舄交错"指的是鞋子杂乱地放在一起,形容宾客很多。

舄是古代一种相对来说最为显贵的鞋子。舄作为古代君王后妃及公卿百官参加祭祀、朝会所穿的礼鞋。在尊崇礼制的古代社会,舄的地位便极为突出。从该成语反映的审美文化的历史语境角度来说,"履舄交错"从鞋子杂乱放在一起的这一侧面,可以暗示礼仪制度在某种特殊情况下被忽视,足以令人难堪。

舄与普通鞋履最大的区别在于它的鞋底。舄的鞋底制成双层,贴近脚的部分是布底,下面用木头做成托底,所以舄底很厚。这种样式有实用目的:古代朝祭形式繁复,行礼者需要站立很长时间,舄的木底可以避开地面的潮湿,特别是祭坛设在郊外的"郊祭",行礼者在清晨或雨雪天气中站立于泥湿之地,舄底可以非常有效地解决湿透鞋底之苦。作为礼制的产物，舄是在中国传统礼制走向成熟的上周时期产生的。舄的帮面通常以皮革制成，染有不同的颜色，根据周礼的规定，君王后妃及公卿百官所穿之舄，在不同的场合，必须着不同的颜色，并且必须和所有的官服相配。舄的颜色以赤色为最高，天子在最隆重的祭祀活动中，脚下要穿赤舄。此外还有白舄、黑舄、青舄，有种种穿着搭配的制度。周代管制的展人就是专门掌管这些礼鞋、礼服的。舄上的一些装饰物的颜色也有严格规定。《诗经·豳风·狼跋》："狼跋其胡，载疐其尾。公孙硕肤，赤舄几几。"其中关于公孙贵族的描写，就以"赤舄几几"的生动描绘。据闻一多考证，周人的衣、冠、裳（下衣）、履，在颜色搭配上有一定规矩。公孙既蹬"赤舄"，则其带以上的衣、冠必为玄青，裳则为橙红，还有耳旁的"瑱"、腰间的"佩"，多为玉白。正如闻一多所描摹的，给公孙"想象上一套强烈的颜色……再加上些光怪陆离的副件（即瑱、佩之类）的装饰物，然后想象裹着这套'行头'的一具丰腴的躯体，搬着过重的累赘的肚子，一步一步摇过来了"——这便是诗中那位贵族"公孙"的雅态，令人忍俊不禁，自然生发一种调侃、揶揄的心理，也有点滑稽的成分在里面。所以，后来《史记·滑稽列传》再次为我们从"滑稽"这个审美范畴的角度来解读"履舄交错"这个服饰成语。司马迁以滑稽概括优人特色，意在突出表演中通过正言若反、辩解敏捷的流利话语而起到的教育感化作用，即"天道恢恢，岂不大哉。谈言微中，亦可以解纷。"[①]

二、与外衣相关成语的审美文化

（一）审美趣味的兴衰例证——褒衣博带

《汉书》卷七十一《隽不疑传》："不疑冠进贤冠，带具剑，佩环，褒衣博带，盛服至门上谒。"

褒、博：形容宽大。着宽袍，系阔带。褒衣博带指古代儒生的装束。由"褒衣博带"之出处，我们可以判断，其作为儒生之服，盛行的时间当在汉代或者早于汉代。

南北朝官服与汉魏时期的官服一脉相承，其基本形制上没有大的变化。龙门石窟的宾阳中洞前壁有浮雕《帝后礼佛图》，可见当时的帝后侍从所着之宽

---

① 闻一多. 闻一多诗经讲义 [M]. 天津：天津古籍出版社，2005：37.

袍大袖、高冠危履，这就是当时朝服的直观体现。但在南朝，即使作为防寒蔽体之常服，也大多亦趋向于博大形制。《晋书·五行志》："晋末皆冠小而衣裳博大，风流相仿，舆台成俗。"即使是有取自绮褶胡服的便装，也把左衽改为右衽，广袖、大裤管，从而接近上衣下裳的衣冠制度。北魏孝文帝改革后，汉魏时期褒衣博带的服饰传统在北方得以延续。

就"褒衣博带"的内涵来看，其有一个从"儒"到"玄"的内涵转变。儒家六经之一的《易经》，在《易·系辞下》中记载："黄帝、尧、舜垂衣裳而天下治，盖取之乾坤"。孔颖达疏："垂衣裳者，以前衣皮，其制短小，今衣丝麻布帛，所作衣裳其制长大，故云垂衣裳也。"又《论衡·自然》云："垂衣裳者，垂拱无为也。"据此可知，衣裳长大，本是从游牧生活向农业定居生活转变的过程中，以先进的礼乐制度代替征战杀伐来规范社会秩序的外在体现。因而也成为以文教化的象征，中国传统服饰上衣下裳的形制和上玄下黄的服色也因此定下了基本格局。在此前提下，春秋时儒者的襦服长裙、褒袖方履体现了儒家以大为美的审美标准。[①]

到了南朝时期，社会分裂动荡，传统的以儒家"修身齐家治国平天下"为代表的社会理想渐至缺失。极度的苦闷和焦虑使士人们寻找一个精神的避难所，而老庄学说所体现的精神价值指向，正好符合这种时代的心理需求。尚"玄虚"的玄学达到一时之盛，其"清远脱俗"的审美趋向也影响了整个时代的社会生活。广袖长裾、飘飘似仙的服饰形式正符合了当时上层子弟的审美趣味。

在中国历史上，儒学有没有真正退出过社会中心地位，这尚存争议。然而在诸如魏晋南北朝的特定时期，也会由于一种思想解放，使个性化精神向着位于礼教对立面的争取舒展的空间，而失去约束的人性也会在形而下的层面上得到了前所未有的张扬。价值理想的缺失使当时的人对于现世享乐的追求达到了登峰造极的地步。成书于晋代的《列子·杨朱篇》重声色私欲，是南朝浮靡世风之先倡。士族中人有的"皆祖述于（阮）籍，谓得大道之本，故去巾帻，脱衣服，露丑恶，同禽兽。"有的不学无术，"熏衣剃面，傅粉施朱，驾长檐车，跟高齿屐，坐棋子方褥，凭斑丝隐囊，列器玩于左右，从容出入，望若神仙。"前者之放浪形骸与后者所着之"褒衣博带"，都已徒具哗众取宠的形式，儒家的礼制内涵和玄学的精神意蕴皆丧失殆尽。

---

① 范英豪. 同源而异趣的南北朝"褒衣博带"[J]. 装饰, 2006（1）.

由此可见，在任何时候，关于某种服饰的审美趣味或审美标准的长盛不衰，都必须有内在的充实的人格美做支撑。

(二) 走过盲从，完善审美人格——邹缨齐紫

《韩非子·外储说》：

"齐桓公好服紫，一国尽服紫，当是时也，五素不得一紫，桓公患之，谓管仲曰：'君欲何不试勿衣紫也，谓左右曰：吾甚恶紫之臭。'于是左右适有衣紫而进者，公必曰：'少却，吾恶紫臭。'公曰：'诺。'於是日郎中莫衣紫，其明日国中莫衣紫，三日境内莫衣紫也。"又："邹君好服长缨，左右皆服长缨，缨甚贵，邹君患之，问左右，左右曰：'君好服，百姓亦多服，是以贵。'君因先自断其缨而出，国中皆不服长缨。"

成语"邹缨齐紫"比喻上行下效。

《韩非子》告诉我们两个故事：一个是齐桓公爱穿紫衣，一个是邹国国君喜欢戴着附有长缨的冠，两个故事的经过和结果都相似，说明的道理相同：就是上面的人做什么事情，下面的人就跟着怎么干，多指不好的事情。由此可见，在当时一国国君的言行会自然起到非常大的影响，甚至在服饰方面也会改变社会群体的流行风尚。那时人们由于对国君的仰慕以及自己的审美判断力不足，可能会盲目追风，"喜新厌旧"；倒是国君本人很清醒也很开明，"喜新厌旧""追求时尚"也许不算什么错，但是一旦造成国民经济上的不必要的额外负担，那就是负面效应了。从而这两个开明的君主采取的措施是从自我做起，仍然是依靠自身的影响自然地消解那些负面效应，而不是明令禁止或者"只许州官放火、不许百姓点灯"。

从另一个角度来说，当时普通老百姓也是可以相对自由的，依据自己的喜好选择衣服的颜色，甚至都可以与国君穿着同样颜色的衣服，可见周初的礼乐制度到春秋战国时期几乎是"礼崩乐坏"。周代奴隶主贵族统治时期，色彩的尊卑已有严格的区别。正色是礼服的色彩。统治阶级往往根据礼制的规定、级位的高低和政事活动的内容，选择相称的服装色彩，同时也必然有源自审美文化背景的影响。而在这种高压之下，普通百姓对色彩的认识主要还局限于统治阶级的社会伦理、道德的层面，尚未完全跨越到审美的层面。一旦齐桓公根据自己的爱好或曰审美情趣，选择紫色作为日常服饰的主要颜色，那么他就等于是对传统色彩观念的一种反叛，对传统礼教产生了极大的冲击。后来过了百余年，孔子重申了他对紫色衣袍的厌恶之感，这正是因为紫色夺去了朱色的地位。

宋代思想家、教育家叶适曾说："常人之情，喜新厌旧。"① 后来人们常用喜新厌旧这个成语来形容服饰的变化。在中国服饰史中，衣服的基本款式变化相对较慢，而衣服的颜色及其饰物的变化相对较为繁复。"邹缨齐紫"所包含的内容就恰好涉及这两个方面的内容。因此，"邹缨齐紫"这个成语的典故就反映了至少两方面的审美心理，一个是审美从众，一个是审美时尚，审美时尚是审美从众的一个极端表现。从"邹缨齐紫"所反映的审美思想来看，这里所存在的特殊情况就是，皇帝充当了类似服装模特的角色，当模仿的人逐渐增多的时候，另外更多的人就会感觉到某种压力，包括"规范压力"，会认为那是当时整个社会的审美标准的表现，进而争相跟从，最后竟然成为一种审美时尚。②

无论是作为皇帝还是普通老百姓，都应该将拥有相对完善的审美人格作为人生的一个重要追求目标。走过盲从，增强自身修养，把握真正的审美时尚，这是完善审美人格的一个途径。

(三) 与社会秩序相关的审美解读——颠倒衣裳

《诗经·齐风·东方未明》："东方未明，颠倒衣裳。颠之倒之，自公召之。东方未晞，颠倒裳衣。倒之颠之，自会令之。折柳樊圃，狂夫瞿瞿。不能辰夜，不夙则莫。"

颠倒衣裳：颠倒，上下倒置；衣裳，古时上为衣，下为裳。形容匆忙而乱了顺序。

古时的下裳形似今日的普通裙子，所以慌乱中可能会穿到上身去，慌乱的原因是由于上级政令催促，而天色未明，他只能在黑暗中着急地摸索。这种现象在今天是不会出现的，因为现在男子下身穿着合档的裤子，除非小沈阳之流故意搞怪，否则不会套到上身去。衣和裳颠倒了顺序，这样即使及时发现更正过来，不至于出门露丑闹笑话，仍然会耽误许多时间，正所谓"欲速则不达"，而背后的辛酸无奈，大概只有主人公自己可以知晓。如果只是简单地这么点小错误，似乎也不至于专门在《诗经》反复咏叹。结合服饰审美文化历史来看，应该确有其深意。以衣、裳（音常）之形制为主流尽管是至少在三千多年前，但当时的染织技术已提供给人们不同材质、不同颜色的布帛，衣裳

---

① 多功能成语大词典编委会．多功能成语大词典 修订版［M］．北京：华语教学出版社，2017：921.

② 潘智彪．审美心理研究［M］．广州：中山大学出版社，2007：165—201.

可以选择丝、葛、麻制成的衣料，同时也可以选择朱、黄、青、玄等色彩。所谓"黄帝、尧、舜、禹垂衣裳而天下治，……故上衣玄，下裳黄"，这里的衣裳的"玄""黄"之色，即是"天""地"之色，故有"天地玄黄"之说，此说即谓天色玄，地色黄。显然，"上衣玄，下裳黄"所象征的"天"和"地"，还与周而复始的黑夜白昼的天体运动有关，"玄"或曰"黑"，即"天"之黑夜之色；"黄"者，即黄土地之"地"的颜色。总之，中国服饰审美文化的"上衣玄，下裳黄"，从古代素朴的天体运动的宇宙观上来说，是"天地之法"（或称天体自然运动规律）的感性显现。如此看来，颠倒衣裳，就很耐人寻味了。综上所述，中国古代的统治者常常将自己的统治比附于天地运动之法，而衣裳的颜色与这些同时相对应着，所以，诗中所反复咏叹的"颠倒衣裳""颠之倒之"具有丰富的社会内涵和一定的政治暗示，寓意社会秩序的不正常，也体现了民间诗人高超的讽刺艺术手法。

（四）美貌与美德并存——荆钗布裙

（汉）刘向《列女传》："梁鸿妻孟光，荆钗布裙。"

荆钗布裙：荆枝作钗，粗布为裙。形容妇女装束朴素。

荆枝作钗，粗布为裙，在中国古代社会中，要是一般的村姑或者农家妇女这种装束，似乎也没什么大惊小怪的。然而这个成语典故的主人公可不一般。（南朝·宋）范晔《后汉书·梁鸿传》：梁鸿字伯鸾，扶风平陵人也。父让，王莽时为城门校尉，寓于北地而卒。鸿时尚幼，以遭乱世，因卷席而葬。后受业太学，家贫而尚节介，博览无不通，而不为章句。学毕，乃牧豕于上林苑中。曾误遗火延及它舍，鸿乃寻访烧者，问所去失，悉以豕偿之。其主犹以为少。鸿曰："无它财，愿以身居作。"主人许之。因为执勤，不懈朝夕。邻家曹老见鸿非恒人，乃共责让主人，而称鸿长者。于是始敬异焉，悉还其豕。鸿不受，而去归乡里。势家慕其高节，多欲女之；鸿并绝不娶。同县孟氏有女，状肥丑而黑，力举石臼，择对不嫁，至年三十。父母问其故。女曰："欲得贤如梁伯鸾者。"鸿闻而聘之。女求作布衣、麻履，织作筐、缉绩之具。及嫁，始以装饰入门。七日而鸿不答。妻乃跪床下请曰："窃闻夫子高认，简斥数妇，妾亦偃蹇数夫矣。今而见择，敢不请罪。"鸿曰："吾欲裘褐之人，可与俱隐深山者尔。今乃衣绮缟，傅粉墨，岂鸿所愿哉？"妻曰："以观夫子之志耳。妾自有隐居之服。"乃更为椎髻布衣，操作而前。鸿大喜曰："此真梁鸿妻也。能奉我矣！"字之曰德曜，名孟光。

作为"高节"贤士的梁鸿,其审美眼光是独特的,一般人眼里"状肥丑而黑"的女子,在他看来也是可以接受的,但是要有一定的条件,那就是不得"衣绮缟、傅粉墨",若是"椎髻布衣",也就是后人所说的荆钗布裙,那么梁鸿就会"大喜"而接纳。梁鸿虽自幼家贫,然而毕竟太学出身,饱读经书,品性高洁,从他的经历和志向可以看出,他崇尚素朴自然,倾心归隐。《庄子·马蹄》:"同乎无知,其德不离;同乎无欲,是谓素朴。素朴而民性得矣。"庄子以素朴作为其审美理想和道德目标,这一点对后世影响深远,梁鸿身体力行,他的妻子也是早有准备。孟氏之女在准备出嫁的时候就考虑到梁鸿的志趣,在按照世俗装扮新婚服饰的时候,也准备了"布衣、麻履"等物,发自内心地随时准备着按梁鸿的审美眼光来重新装扮自己。将自己的妻子卑称为"拙荆"也源于这个故事,后来他们一起生活时,还有"举案齐眉"的典故,传为美谈。

第四章 饮食文化视角下的汉语成语研究

中华文明源远流长,而其中泽被天下的,连平头老百姓也能津津乐道的,就是中国人的饮食。本章主要论述了中国饮食文化概述、汉语成语中"吃"的寓意解读、汉语饮食类成语的界定与意义解析、汉语饮食类成语的文化内涵等内容。

第一节 中国饮食文化概述

任何一个民族的文化都必然包含本族的饮食文化,中华民族的祖先在自己的饮食中倾注的心血是世界上其他任何民族所无法比拟的,因此,中华民族的文化有着更鲜明和独特的"饮食色彩",这便是中华民族长期积淀形成的博大精深的饮食文化。

一、饮食文化的概念

饮食文化是人们在长期饮食生产和消费过程中所创造和引发的一切物质、行为和精神的现象及其关系的总和。例如,苏轼秋夜月下邀友设宴,舟游赤壁,饮酒品茶,饮到了"壶里乾坤大,杯中日月长"的境界,可见饮食文化的精髓远不在"吃喝"之中,而在"吃喝"之外。

二、中国饮食文化的产生和发展

中国饮食文化,是指由饮食物质文化、技术文化、意识文化等反映的植根于中华文化的饮食思想和观念。这是反映中华饮食文化本质属性的因素,是中华饮食文化深厚坚实的思想渊源。

中国饮食文化迄今已有约 8 000 多年的历史。古老的饮食文化不仅创造了中国史前文明,而且随着中华民族的繁盛进入现代,成为中华民族引以为傲的物质文明和精神文明的重要载体,为世界越来越多的国家、民族、地区所认同和接受,被公认为人类饮食文化中的重要体系之一。探析古老的中华饮食文化发端及发展历程可以发现,我们的先民围绕着饮食不断扩展着自己的生活、生产领域,饮食文化成为人类进步的重要推动力量。

(一)饮食文化萌生期:远古时代

根据考证,远在170万年前(至少在六七十万年前),我们的祖先就已开始在中华大地上谋食、生息、繁衍。在四五十万年前,他们就能用火烧烤食物,但当时的饮食还是茹毛饮血,远未形成现在所说的饮食文化。

考古证明:早在新石器时代,人工种植的粟、黍、油菜籽,家庭饲养的猪、狗,人工制作的既实用又寄予了人们某种精神意识的彩陶饮食器具等陆续出现,标志着饮食文化的产生。从历史传说、文献记载中可以看到饮食文化萌生期的一些概况。

燧人氏教人钻木取火,以化腥臊,人类开始食用熟食而进入石烹时代;伏羲氏教人从事渔猎畜牧,结网罟以教佃渔,养牺牲以充庖厨;神农氏时"耕而陶",是中国农业的开创者,尝百草,发明耒耜,教民稼穑,陶具的出现使人们第一次拥有了炊具和容器,为制作发酵性食品提供了可能,如酒、醢、醯(醋)、酪、酢、醴等;黄帝时中华民族的饮食状况又有了改善,"蒸谷为饮,烹谷为粥",首次因烹调方法区别食品。同时,还发明了叫甑的蒸锅,黄帝臣子宿沙氏发明蒸盐业。从此不仅懂得了烹,还懂得了调,使饮食有益于人的健康。

(二)饮食文化成形期:夏商周时代

夏朝时期的饮食内容已比较丰富,根据史书记载,当时已有韭、瓜、梅、黍、稻、麦等,在夏朝前后,我们的祖先已学会用粮食造酒。

到了商代,饮食内容进一步丰富,根据对甲骨文的考证,祭祀活动还必须用酒,而且这一时期,一些用来煮食品的钟鼎等器皿,其做工也越来越精美。

在周代,开始以谷物蔬菜为主食。春秋战国时期,自产的谷物菜蔬基本都有了,仅《诗经》中提到的食品,植物类的就有130多种,主要是:稷,又称谷子,长时期占主导地位,为五谷之长;黍,仅次于稷;麦,即大麦;菽,是豆类,当时主要是黄豆、黑豆;麻,即麻子。此外,南方还有稻,周以后中原也开始种植稻子。

这一时期不仅饮食内容上更加丰富,在饮食文化上也有了初步发展。当时孔子提出"七不食":"食不厌精,脍不厌细。食饐而餲,鱼馁而肉败,不食;

色恶，不食；臭恶，不食；失饪，不食；不时，不食；割不正，不食；不得其酱，不食。"(《论语·乡党》) 这既是孔子饮食主张的完整表述，也是这位先哲对民族饮食思想的历史性总结。

(三) 饮食文化丰富期：秦汉魏晋南北朝

这一时期，是我国饮食文化迅速发展以及我国各民族和世界各国饮食文化大交融的时期。

汉代在中西（西域）饮食文化的交流中，引进石榴、芝麻、葡萄、胡桃、西瓜、黄瓜、菠菜、胡萝卜、茴香、芹菜、扁豆、莴笋、大葱、大蒜等蔬果和一些烹调方法，如炸油饼、胡饼（即芝麻烧饼，也叫炉烧）。东汉时期，淮南王刘安发明豆腐，豆腐物美价廉，可做出许多种菜肴，使豆类的营养有利于吸收，1960年在河南密县发现的汉墓中的大画像石上就有豆腐作坊的石刻。东汉还发明了提炼植物油之法。在此以前都用动物油，叫脂膏（带角的动物油叫脂，无角的如犬叫膏；脂较硬，膏较稀软）。植物油有杏仁油、麻油，但很稀少，南北朝以后植物油的品种增加。

(四) 饮食文化高峰期：唐宋元明清

这一时期，饮食在技艺上日趋成熟和完善，在文化上则是全方位、深层次的积累，饮食文化达到了发展的高峰期。

唐宋在饮食制作上极为讲究。"素蒸音声部"（是用面团捏出众多的歌女舞女，出笼后拼成宴乐场面）、辋川图小样（用荤素食切雕拼摆，组成王维的《辋川图》名画），最具代表性的是烧尾宴（唐人及第或升官时宴请宾客的宴席）。当时还出现了不少饮食专著，如韦巨源的《食谱》、杨晔的《膳夫经》。在张择端的《清明上河图》中也可以看到，当时街道两旁酒肆林立，各垂帘幕，饮食业已相当繁荣。

明清时期集饮食文化之大成，是唐宋食俗的继续和发展，同时又混入满蒙的特点，饮食结构有了很大变化。菰米已被彻底淘汰，豆料成为菜肴，不再作为主食，北方黄河流域小麦的比例大幅度增加，面食成为宋以后北方的主食。明代又一次大规模引进马铃薯、甘薯等，蔬菜的种植达到较高水准，成为主要菜肴；人工畜养的畜禽成为肉食主要来源。满汉全席代表了清代饮食文化的最高水平。在饮食专著上则有袁枚的《随园食单》。

三、中国饮食文化的特征

建立在中华文化统一道德观、社会观、价值观基础上的饮食文化，其意识核心与传统儒家、道家的主张一脉相承，表现为"求和""养生""变化"，并构成了中国饮食文化的本质属性。它概括了饮食文化发展的根本目的、宗旨和生命力所在，规范了饮食文化的内涵和外延，是中国饮食能够成为独立的文化体系的理论基石。

(一) 历史悠久，底蕴深厚

1. 重食

从远古的传说开始直到历代的典籍中都有关于饮食文化的内容。饮食是人类赖以生存和发展的第一要素，古代历朝都把饮食当作国计民生的第一大事，管子提出"民以食为天"之说，《尚书》也提出治国之"八政"，也以食为先，足见饮食文化的地位。

2. 重养

先民早就认识到饮食文化与健康的关系，注意到饮食对健康的影响，讲究"寓医于食"，既将药物当作食物，又将食物赋予药用，药借食力，食助药威，以"五谷"养"六脏"，在餐饮中重视人体养生保健。在我国许多医学书籍中都有关于饮食疗法和饮食养生的记载。

3. 重味

味是产生美食效果的关键。中华饮食文化最注意食物的味，讲究"色、香、味、形"。各种味道差异构成各种菜系的基础。在这样的基础上又遵守本味主张，即讲究食物的自然本色之美、调味之美。

4. 重理

注意各种食物的搭配，以相生相克、相辅相成等阴阳调和之理性认识指导烹饪，遵守科学和艺术的饮食原则。饮食追求美好，加工力求精细，注重卫生，遵循时节，讲究营养。

(二) 取材广博，菜式丰富

中国饮食文化是一种广视野、深层次、多角度、高品位的悠久区域文化。中华饮食的烹饪过程讲究料、作、食等的精细，内容丰富且博大精深。

1. 精深

从沿革看，中国饮食文化可分为生食、熟食、自然烹饪、科学烹饪四个发展阶段，先后推出6万多种传统菜点、2万多种工业食品、五光十色的筵宴和流光溢彩的风味流派，获得"烹饪王国"的美誉。

从内涵上看，中国饮食文化涉及食源的开发与利用、餐具的运用与创新、食品的生产与消费、餐饮的服务与接待、餐饮业与食品业的经营与管理，以及饮食与国泰民安、饮食与文学艺术、饮食与人生境界的关系等，深厚广博。

2. 丰富

中国人的食谱广泛，举凡能够食者皆食，毫无禁忌，许多西方人看来不可食的物品，经过中国厨师的劳作，变得使人一见而食欲顿开。我国饮食文化历史悠久，博大精深，民族特色鲜明，既兼容又特别。由于文化积淀不同，不同民族形成了不同的饮食观念、饮食内容和饮食方式。不同的地域有着不同的菜系，特点鲜明，风格迥异。从古到今，历代相传又推陈出新。

（三）刀功精湛，艺术性强

做菜之道，刀功为先。切菜，讲究快、准、狠、细、均。快在于刀落之时，菜当形不改、色不变，此方原汁原味。准，那就是要小心了，该下刀的地方，要准。狠，是与快有异曲同工之用的。下刀之时万不可犹豫不决，不然，菜的天然美姿和精心设计的形态就要毁于一刀了。细，也是做菜极为讲究的，细适中，则色味俱全。均，即要把握整体。切菜不均匀，往往味道不全面，或咸或淡。菜切得赏心悦目，形状均匀，色彩润泽，如此易炒，也便调味。尚在锅中，便让人一看即垂涎欲滴。

（四）以食为乐，追求享受

由于中国人在吃的方面不能够随心所欲，"红日巡天过午迟，腹中虚实自家知。人生一饱非难事，仅在风调雨顺时"。由于长期以来吃穿不愁难以办到，所以吃在中国人的生活中占有特殊的位置。但是还要指出的是，中国饮食的诸多特征是在老百姓日常生活中看不到的。宫廷饮食、市肆饮食则能够更好、更全面地表现出这些特征。平民的节日饮食，如春节，也许能够部分地表现出这些特征来，但是春节对于一年的365天来说毕竟是短暂的一瞬间，如昙花一现。

第二节 汉语成语中"吃"的寓意解读

一、中国人的"吃"是与文化密不可分的

"吃"原是动物与生俱来的本能，对人类而言，"吃"似乎是再平常不过的事了，所以一味谈"吃"未免难登大雅之堂。然而作为文明古国，中国人

的"吃"却是与文化密不可分的,因为我们中国人对"吃"研究得很深、很透,很讲艺术,不仅谈出了文化,而且谈出了哲理,使人们在享受美味的同时得到精神上的陶冶。众所周知,中国的美食在国际上享有盛誉,令"吃"过的人大饱口福,赞不绝口,难以忘怀。有人甚至把中国文化称为"吃的文化"。无论是褒是贬,这话确实有一定道理。这里我们只想对"吃"涉及的成语作一番讨论和分析,从中可以发现中国人与"吃"联系得是如何紧密,是如何由"吃"及"理",进而把"吃出来"的道理凝聚到成语中,与"吃"相关的成语又如何拓展应用到更广泛的领域,并被赋予了更深的含义,这也许才真正是中国人重视"吃"的深层原因。

毋庸置疑,饮食伴随着人的生活,一个国家一个民族的饮食文化对人们潜移默化的影响是不容忽视的,它对人们的举止行为起着至关重要的作用,甚至会形成人们某种根深蒂固的观念,在这方面中国饮食文化表现得尤为突出,许多与"吃"相关的成语就是典型的例子。在这些成语中比喻是最重要的一种方法,这也是汉语和汉民族文化注重形象表达的一个重要方面,即用具体事物代替抽象概念,以形象比喻代替抽象说理。由于成语的运用,使得所要说明的道理更含蓄,更凝练,更富哲理性,更具说服力。

汉民族的价值判断、是非判断、审美判断等很多都凝聚在成语中,而其中很多是与饮食相关的成语。有赞扬的、歌颂的、肯定的,有否定的、反对的、批判的,它彰显着我们这个古老的农耕民族和文明古国对"吃"的重视研究及其认识的进一步升华。我们不难发现,古人从"吃"中悟出的道理在数量上是非常可观的。随着人们对事物客观规律认识的逐步深化,相关成语运用得更加广泛,更加恰当和贴切。

二、与"吃"相关的成语展现了社会历史风貌,是中华文化的重要内容之一

与饮食相关的成语反映了饮食习俗、饮食内容和人们关注的重点。俗话说,民以食为天,人们在长期的饮食习俗中积累了丰富的语汇,反映饮食生活的诸多方面,体现了人们的喜怒哀乐,展现了人们的理想、追求、好恶,并寓褒贬于其中,同时也显现了汉民族善于类比和联想的思维特点。由于我们是传统的农业国,食物的种类多,食物制作复杂多样,在这一过程中,人们总结出许多感性经验并上升到理性认识,所以有关"吃"的东西被用来喻事明理的时候就会很多;正因为"吃"的制作和相关的文化在人们生活中所占的比重非常大,所以自然会积淀在语言中,并会在成语中大量涌现。而今,人们运用起来仍感到生动亲切,恰当自然,令人回味无穷。

在中国古代社会,人们的饮食观念和习俗在许多成语中有所保留。如述说人们盼望"丰衣足食""家给人足""自给自足"的幸福生活，渴望"含饴弄孙"的天伦之乐；但对"餐风露宿""箪食瓢饮"的艰苦生活人们同样能够处之泰然；"举案齐眉"在表示相敬如宾的同时让我们了解了古代的进食方式；从"沉李浮瓜"我们知道了古人的饮食习惯；"桃李不言，下自成蹊""宵衣旰食""桃李满天下"表现了人们对美好事物的赞美和肯定，足见古人以小见大，以平常"吃"叙说深刻的事理。从相关的成语中我们不仅能够了解古代社会的生活画面，还能感受到人们对饮食问题的思索。人们看到的是形象化的一幅幅社会风俗画，有声有色的成语，弥散着汉民族浓郁的文化气息。用一个个具体的饮食事理来表述一般的事理，更是与饮食相关的成语的一大特色，它当然是语言实际运用的结果，当然还有语言自身的作用，但更重要的是人们对本义和比喻义之间联系的认同，否则也不会达到这种效果和作用。

许多与饮食相关的成语既庄重诙谐又幽默调侃，既生动形象又易于理解，且回味无穷。这些成语反映了人们对饮食的功能、饮食在社会生活中的地位和作用的认识，人们对饮食的态度，对饮食的价值判断和审美判断以及由此辐射出的各种现象和事物，并扩展到很多相关领域。人们对这些成语的重视程度不亚于对饮食本身的关注，甚至于更重要（我们决不否认生存是第一需要，而饮食则是生存的基本需要）。因为它涉及精神追求超越物质追求这样一个更本质的问题，这才是对后世有深远影响的意义所在。所以饮食涉及的成语绝不简单地是"吃"的问题，更重要的是由此凸现出来的精神追求。

三、与"吃"相关的成语反映了人们的精神追求和价值判断，是超越了"吃"的更高境界

在生产力还不很发达的时代，食物的生产与获得在社会生活中占有很重要的地位，甚至它本身就是最主要的生产活动和生活内容。所以，作为物质生活的重要内容——饮食的地位当然高于精神生活，或者有时它就是精神生活具体的、直观的再现。就生存而言，食物对人们的重要性是不言而喻的。古人云：一箪食，一瓢饮，得之则生，弗得则死。因此有时一口吃的会与一个人的生命紧密相连，这种情况在语言上的反映也是十分明显的。

虽然"吃"是本能，但"吃"的境界有高下之分。"吃"涉及的成语并不只是简单地反映人们对饮食的态度，而是借物抒怀，表达自己的人生理想和追求。既有对淡泊明志的肯定和歌颂，又有对醉生梦死者的否定和讥刺。有人说，人生在世，吃喝二字，即使没有生在"侯服玉食""钟鸣鼎食"之家，做不到每日"锦衣玉食""食前方丈"，也希望自己衣食无忧。然而，在长期的封建社会中，贫富不均，广大劳动人民长期处在"嗷嗷待哺"的状况下，对

剥削和统治不满，自然会生出对"花天酒地""今朝有酒今朝醉"者的不满和痛恨，真是"朱门酒肉臭，路有冻死骨"。那些"膏粱子弟"和他们的"酒肉朋友"，一个个"肠肥脑满"，整日里搜刮"民脂民膏"，在"酒池肉林"中"一饭千金""食日万钱"，享受着那些"灯红酒绿""浅斟低唱""纸醉金迷"，结果无非是"饱食终日"，无所事事，充其量不过是些"醉生梦死"的"酒囊饭袋"，与"行尸走肉"无异。有追求的人们认为这是"率兽食人"，并不羡慕，也不会将其作为自己的追求目标。那些甘愿过"布衣蔬食""箪食瓢饮""粗茶淡饭"的生活并"甘之如饴"的高洁之士，他们体现了一种平常心态，一种乐在其中的超脱和达观。而那些心中怀有远大目标者，更会"发愤忘食""废寝忘食"，最终实现自己的理想。

　　有些成语就是体现人生态度的，在古人的观念中"吃"是极为重要的，但绝不是唯一的追求。我们从中能够窥见古人的求索和结论。与"吃"相关的成语伦理色彩浓厚，表达人们的爱憎和好恶，并与人格联系起来，强调人的尊严，"不为五斗米折腰"，不受"嗟来之食"。"吃"是与生俱来的权利，可谓"天赋人权"。所以当生存是第一位的时候，其他的都该在其次。然而，最讲究"吃"的中华民族在这方面却令世人瞠目甚至迷茫了。我们自古就既有对伯夷叔齐宁可饿死，也"不食周粟"的肯定；也有对"不为五斗米折腰"的赞扬；还有对捍卫人格尊严，宁可饿死也不受"嗟来之食"者的歌颂；当然也有"饿死事小，失节事大"这种对再嫁女子的不公正的道德评判，但它也从反面说明了"吃"的确事关重大，绝不是简单地解决"吃"和满足生存基本需要的问题，所以首要的问题是如何"吃"，而不是"吃"什么。从不受"嗟来之食""不为五斗米折腰"中，我们会看到当"吃"这一物质需要接受人格检验的时候，"吃"就会退到从属的地位，精神追求是绝对要高于物质利益的，即使关乎生命。这是中国人不容置疑的高贵品质，是一个民族的脊梁，是做人的气节和傲骨。如果一个人的精神垮掉了，即使苟活于世，也不过是个"行尸走肉"，无法得到人们应有的尊重和认同。中国文人的传统就是不受"嗟来之食""不为五斗米折腰"，这是几千年来的文化主流，是做人的尊严所在，也是令世人钦佩的根源。所以，当生存问题和人格问题摆在面前时，他们总是毫不犹豫地选择后者的。当饮食这一物质享受与精神追求发生矛盾并要求他们做出抉择时，他们也会面不改色地舍生取义的。在鱼与熊掌不可得兼时，他们绝不会是主次轻重不分的。因此，表面上热衷于"吃"，满纸贪吃言，而实质上则是以"吃"言"志"。这正是中国饮食文化在成语中的突出表现。

　　与"吃"相关的成语由此及彼，由"吃"扩展到了更广的范围。从"秀色可餐"中，真正了解中国美食的人就会体验到这种"美"是多么令人陶醉了，它比任何其他描述都更能提起人的感官注意，更令人信服。酒文化是中国饮食文化中的重要组成部分，反映在成语中也体现了人们对酒的态度和思考。"醉翁之意不在酒"，确实如此，当然，令人"醉"的已不仅仅是"酒"了，它的含义随着使用范围的扩大而变得更广，甚至用得最多的反而不是"酒"，这正是这类成语的特色。

饮食问题从一个侧面反映了社会的进步程度、社会绝大多数人的生活状况和他们的关注重点。当社会发展到较高级阶段，生产力水平有了长足发展的时候，人们就已经不会像从前那样把保证自己的物质需要作为首要着眼点了，因而人们就不会以吃饭问题作为自己所要追求的最基本的生活目标。而当已经满足了这一基本要求后，他才会有更高的精神追求。这就是古人认识到的：仓廪实而知礼节。故而与此相关的成语不只是简单地说明了某一个"吃"的道理，更重要的是它昭示着人们对真的追求，对善的肯定，对美的颂扬。社会生产力发展水平越高，人们用在生产食物上的时间就越少，"吃"也就成了不是问题的问题，与"吃"相关的成语被用做比喻义的频率就越高，它的本义用的就可能越少。我们从这一点就可观察到社会生产力的发展状况，人们就会从中发现极富哲理的且与饮食相关的成语，说明古人在饮食问题上有更多的思考和探究，即由饮食问题联系到更广泛的甚至更重大的问题。这也是中国哲学在中华民族文化中的具体表现。

四、与"吃"相关的成语反映了人们的哲学思考，包含丰富的哲理，是中国文化哲学的重要内容之一

知"味"是"吃"的一个标尺，如果仅仅停留在"吃"本身，那么这种"吃"确实没有什么值得自豪和夸耀的。只有从"吃"中品味出深意，才是"吃"的精髓所在。作为古老的文明古国，中国的饮食文化是极其丰富而博大精深的，它反映在语言中也是多姿多彩的，保留在成语中的相关内容就显现出中国饮食文化的发达繁荣及其对其他方面的影响和作用。我们既可以从中看到古代文明的兴盛，也可感受到历史上饮食文化在社会生活中所起的举足轻重的作用，并体会到中国文化的博大精深。

正因为饮食在日常生活中是最基本的，也是最重要的，所以很多道理人们才用饮食来进行比喻，这样更易被人们接受和认同，也更贴切和恰当。我们会看到人们由具体物质的"吃"联系到学习知识掌握技能。对那些并没有真正了解和领会某种事情的人，人们自然会送他们一个"囫囵吞枣"，形象地表现出"不求甚解"者的神态，而后者的意义虽然与前者并无二致，但在表达效果上则是毫无疑问地逊于前者的。对那些怀有美好愿望而一味多学多做的，人们也会好心地提醒他们不要"生吞活剥",否则会"贪多嚼不烂"。丰富的联想和形象的比喻使得这些成语产生了奇妙的效果。这是其他方式无法取代和达到的。这大概是人们乐于用"吃"这一人人都懂的事理来论证和说理的重要原因。

"煮豆燃萁"从表面上看是一种自然而然的平常的生活事件,但是其中蕴含的深意,只有真正理解了它产生的背景才能真正领会。今天,似乎很少有人去想象"煮豆""燃""萁"这些具体的场景,而更多的是感受它所表达的寓意。有的人在城市生,在城市长,很可能不知道为什么"煮豆"要"燃""萁",但是"煮豆燃萁"这一成语的比喻义是一直随着它的流传而被人们接受和认同的。"鸡肋""味同嚼蜡"将非常抽象的问题用形象、生动的实例加以说明,"枯燥""无味"是极难描述的,而"嚼蜡"用具体的实在的感觉弥补了表述上的缺项,使得人们对这一问题有了切身的感受。"留之无用,弃之可惜"这层意思用"鸡肋"来加以形象化地注解,就会使人们有了用实践经验补充义项的可能。

由饮食还联想到诸多哲理,"青黄不接"会使我们由缺少粮食联想到缺少人才;"换汤不换药""旧瓶装新酒"体现人们对貌似新事物而实质仍是老一套的讽刺;"苦尽甘来"似乎是在讲一个故事,而实际上它是蕴含了一个深刻的哲理,它的含义远远超出了"吃"的范畴,不同的人们会从中汲取力量,鼓励自己或别人去追求自己的理想和目标;"尝鼎一脔"说明人们从实践中认识到学习的规律和方法,善于从实践中不断总结经验,并善于用最浅显、最易懂、最生动的事理说明抽象的道理。人们对"金玉其外败絮其中"者历来是嗤之以鼻的;对"一人得道,鸡犬升天"的现象从来都是深恶痛绝的;那些红极一时、权倾一世的"炙手可热"者并不是人人羡慕的;对"蚕食鲸吞"的侵略者和"釜底抽薪"的破坏者,人们都是要奋起抗击的;凡事都"浅尝辄止"的人是不会真正有所作为的,"骨鲠在喉"者无一不是诤臣、诤友,聪明人都懂得"良药苦口";如果"僧多粥少"那确实是"巧妇难为无米之炊",只好"望梅止渴""画饼充饥",我们看到的是无奈;而那些企图"坐收渔利"者最终很可能是"鸡飞蛋打""自食其果",甚至"坐吃山空";而"看菜吃饭,量体裁衣"者是最懂得客观事物的规律的;那些"蚂蚁啃骨头""如饥似渴""卧薪尝胆"者决不会一事无成的;对"越俎代庖"者人们是不会心存感激的;"饮鸩止渴"的事聪明人是不会做的;人们知道"宴安鸩毒",所以决不会安心享乐的;对"临渴掘井"者人们总会告诫他们这样做的危害;"人为刀俎我为鱼肉"的险境对人无疑是最好的考验;而"扬汤止沸"是于事无补的……这些意味深长的哲理都是从"吃"中提炼出来的,被人们加以运用，收到了其他形式无法替代的效果。

真理应该是易懂的、简捷的。人是不能不吃饭的，所以由饮食问题涉及并概括出的成语蕴含丰富的哲理是最易于为人们所欣然接受的。

五、与饮食相关的成语的价值和意义

民以食为天。食是生存的重要保障之一，在获得这一保障的过程中，人们领悟到了许多真谛，并将其记录在有关成语中，以此表达人们的饮食观和饮食规律。有对诸多相关事物的类比联想，因而语言更生动，想象更丰富，使人们由具体的事物联想到更深更远的哲学，回味深长。

中国人的"吃"是意味深长的。我们的文化选择了用关涉"吃"的成语来表达人生的重大问题和平常事。成语中有我们的传统，许多仍与现实十分酷似。有些成语单从字面很难断定它的含义，必须深入其中才能通过一个个故事真切了解。历史总会有许多相似的地方，相关的成语会令我们深思和借鉴。

对一些问题的思考，建立在丰富的生活经验的基础上。对饮食的关注使得人们从中悟出诸多哲理，而这些抽象的道理又都包含在多姿多彩的饮食现象之中，有具体的形象可依，是人们熟知的，令人倍感亲切。自然这是一种形象的解读和哲理的启迪，也是一种文化的选择，有些经过时代的淘洗，使用的频率更高，更受人们的青睐。随着时间的推移，后来的人们也许已经不清楚一些成语的本义了，但他们对其比喻义却是十分熟悉、频繁使用的。

意象和哲理的紧密结合，达到了意味无穷的审美效应。这是中国文学的一种重要方法。从现象上看，似乎这些成语就是谈论"吃"以及与"吃"相关的话题。但从实质上看，它更多的是谈"吃"以外的东西，甚至看起来是谈"吃"的，实际上一点儿也没有说"吃"本身。所以是言在"吃"而"意"在彼。

人们对各种各样的人和社会现象有自己的看法和判断，并用形象生动的与饮食有关的成语表达出来。所以当我们看到与饮食相关的这些成语的时候，如果只是理解了它的表层含义将是肤浅的。我们必须看到深层的内蕴，看到它所饱含的深层哲理和人生追求。

成语特有的四字格（多数为四字格）使得语言表达精炼典雅。它特有的寓意产生了更精致、更含蓄的作用。而由于这些涉及饮食的成语的独特之处，使得语言运用的效果更生动、更鲜明、更具亲和力，给人印象更深，难以忘怀。因为它是从一个个具体的饮食的事情中发现和总结一个个道理，并逐步将这一道理拓展推广到其他范围和领域，它所要阐明的一个个道理也更具有了广泛性和普遍性。从推理过程来看是从具体到抽象，从个别到一般，但最终要表达的抽象的一般的道理却仍是运用了最初的那一个个具体的个别的事理，即是运用具体的来表达一般的。所以用来表达抽象事理的仍是生动的。

中国人讲究"吃"，追求"吃"，在"吃"出味道的同时，"吃"出了文化，"吃"出了哲理。"酒足饭饱"并不是人人羡慕的，"丰衣足食"也不是我们唯一的至高追求。令我们志得意满的未必只是"吃"的享受，虽然我们的语言中尤其是成语中涉及的"吃"如此之多。因为"吃"已经和我们的精神生活水乳交融，无法将二者截然分开。

第三节 汉语饮食类成语的界定与意义解析

一、汉语饮食类成语的界定

汉语饮食类成语是指由含有表饮食义的语素或词组成的，且与人类饮食活动息息相关的成语。所谓"表饮食义的语素或词"是指该语素或词在成语中的意义是单一的，其所指就是饮食的诸要素。如《汉语大字典》对"食"的解释共列出了20个义项，除了表示"饭食、粮食、食物的通称、吃"这四个与人们的饮食活动直接相关的义项外，还有"背弃、（享）受、亏损"等义项。我们认为有这些与饮食无关的引申义组成的成语（如食言而肥、自食其果、自食其力等）并不属于饮食成语。所谓"与人类饮食活动息息相关"是就成语的整体意义而言的，主要包括两种情况：一种是成语的意义直接反映人们的饮食活动；另一种是成语的意义是人们用从饮食活动中获得的经验概念来阐明某种道理或对与饮食有关的历史典故进行概括，如"饥不择食、味如鸡肋、甘之如饴、囫囵吞枣、因噎废食"等。黎虎先生曾深刻地指出："在人类的衣、食、住、行等社会生活中，饮食又是最基本、最重要的，人类社会生活的其他方面和领域也都是奠基于饮食生活之上的，都是由饮食生活所决定和制约的，莫不与饮食生活息息相关，互相联系。"[①]

二、汉语饮食类成语中的饮食词的意义解析

人类自告别"茹毛饮血"的生食时代进入熟食时代后，就没有停止过对

---

① 黎虎. 汉唐饮食文化史. 前言 [M]. 北京：北京师范大学出版社，1998：2.

饮食实践活动的探索。人们在长期的饮食活动中创造生产出许多物质财富，它们极大地丰富了人们的饮食生活。汉语饮食成语中记录了大量古人饮食实践的产物。它们有的至今仍存在于人们的饮食活动中，有的却随着历史的发展而消失了，不为今人所熟知，但它们很好地保留在成语当中。我们可以通过饮食成语来了解古人的饮食实践产物。同时，了解它们也有助于我们理解饮食成语的意义及其文化内涵。

（一）表食物原料的词

我国自进入农耕时代后，就一直以粮食作物为主食。在古代，粮食作物统称为"五谷"或"六谷"。至于"五谷"或"六谷"的具体所指，历来说法不一，通常认为"五谷"指"黍、稷、麦、菽、麻"，"六谷"则再加上稻。副食以肉食和蔬菜为主。古人最重要的肉食是牛、羊、豕（猪）。古人在祭祀或享宴时以牛羊猪作为三牲，三牲齐备叫太牢，是最隆重的礼。此外，狗肉、鸡肉、鱼肉、野味等也是古人爱吃的肉食。出于古代蔬菜栽培技术落后，种植的蔬菜种类很少，人们常食野菜。常见的蔬菜主要有葵、菘、韭、藿、蔓菁等等。从先秦文献的记载来看，我国果树的栽培有着悠久的历史，而且种类繁多。古代主要的水果有桃、李、梨、枣、瓜、梅、杏、柑橘、葡萄等等。

粮食

黍在古代指一种子实叫黍子的草本植物。子实比小米稍大，呈淡黄色，去皮后称为黄米，煮熟后有黏性，可用来酿酒、做糕等。它是先秦时期重要的粮食作物之一。"黍"亦可指黄米做的饭。"黍"的地位虽不及稷，但比稷好吃，因而成为普通百姓招待客人的佳品。成语"杀鸡为黍"表示准备丰盛的饭食招待客人。

粱为植物名，指粟的优良品种，子实亦称粱，为细粮。黄粱是粱中上品。粱是先秦重要的谷物之一。由于粱为良种，口感很好，所以也用粱来指代精美的主食。古代常将"粱"与"肉"连用来指称精美的饭食。成语"膏粱子弟"指过惯骄奢享乐生活的富家子弟。成语"膏粱之性"则指富贵子弟只图享乐的劣性。成语"膏粱锦绣"形容富贵人家衣食精美的奢华生活。

菽，原指大豆，亦作豆类的总称。成语"啜菽饮水"和"饮水食菽"指吃豆类、喝清水，使清苦的生活变得具体可感。成语"菽水承欢"和"菽水之欢"指子女奉养孝顺父母。即使生活不富裕，也要尽心供养父母，让父母开心。

古人还以"稻、麦、稷、麻、秫、糜"等粮食作物为主食，由于它们在饮食成语中出现的频率不高或大家都非常熟悉，所以在此不一一分析了。

蔬菜

韭,象形字,像韭菜长在地上的形状,指韭菜。韭菜叶和花嫩时可食,种子可入药。据一些典籍记载,韭菜可作为祭祀的祭品。韭菜既是烹调主菜,又可作调味品,如《礼记·内则》曰:"豚,春用韭,秋用蓼。"

菘,《玉篇》:"菜名。"自古至今"菘"都是人们经常吃的蔬菜。菘有两种:一种叫白菘,即现在的白菜;一种叫紫菘,开紫花,根像蔓菁。成语"春韭秋菘"或"早韭晚菘"指时新蔬菜。

藿就是豆叶,古代庶民常将它当作蔬菜食用,所以藿是一种粗菜。成语"菽水藜藿"指简单粗劣的食品。成语"食藿悬鹑"指以豆叶为食,衣衫破烂不堪,形容生活穷苦。

藜,《说文》:"藜,草也。"藜是一种野草,古人用"藜藿"来指代贱物、贱食。成语"菽水藜藿"泛指饮食粗劣。

蔓菁,先秦时称葑,汉魏时称蔓菁,又称芜菁,到唐代统称为芜菁。现在称大头菜,根和菜都可食用。蔓菁可替补主食。泛指蔬菜,特指穷人所食的粗菜。成语"橡饭菁羹"中的"菁"就是指蔓菁,泛指饮食粗劣。

(二)表食物加工与烹制的词

粮食作物经过不同的加工或烹制后,可做成饭、粥、糗、饼等;肉类和蔬菜经过烹制后可做成羹、脍、炙、脯等。此外,醋、酱、盐、油等调味品也是经过加工而成的。

米食与面食

饭,本义为吃饭,是一个动词,《说文》释义为"饭,食也"。"饭"也可作名词,指煮熟的谷类食物,是我国传统的主食。还可以描述为将粮食加工成饭的过程。饭的种类很多。从饭的原料来看,有麦饭、豆饭、粟饭、粱饭、橡饭、稻米饭等等。汉唐时期,粱饭和稻米饭被视为品质优越的饭,而麦饭、粟饭、豆饭则被视为粗粝之食。橡饭指用橡子做的饭,古人常将橡子作为度荒的食物。成语"麦饭豆羹""橡饭菁羹""粗茶淡饭"等都表示俭朴粗劣的饮食。成语"蒸沙成饭""炊沙作饭"都比喻白费力气,无济于事。成语"嚼饭喂人"比喻把经过改写而缺乏新意的作品塞给别人。成语"尘饭涂羹"指用尘土做的饭,用稀泥做的羹,比喻无用之物。

饼,《说文·食部》:"饼,面餐也。"凡是用水将面和在一起做出的食品都可称作"饼"。饼的种类繁多,如蒸饼、汤饼、烧饼、胡饼等。蒸饼是对馒头、包子之类的面食的通称。汤饼,又称索饼、水溲饼、煮饼等,即现在的面条。成语"热熬翻饼"比喻处事轻而易举。成语"画饼充饥"比喻虚有其名而无补于实用,也比喻用空想来安慰自己。成语"一浆十饼"比喻小恩小惠。

糗,是一种干粮。它指古代炒熟的米麦等谷物,类似于现在的炒米、炒玉米、炒豆等。炒熟后再碾成粉的也叫糗。成语"饭糗茹草"指吃干粮、野菜,形容生活简朴清苦。成语"羹藜含糗"泛指饮食粗劣。

"饵、粥、飧、糕、糜"等也是古人重要的主食,但由于它们几乎没有在饮食成语中出现过,因此不作具体分析。

第四节 汉语饮食类成语的文化内涵

一、从汉语饮食类成语透视具象思维方式

具象思维是汉族人思维方式的一个显著特征,中国古代哲学中的"观物取象"思想,即通过观察世上万事万物并取其生动形象,经过思维加工成为具有特殊象征意义的符号,以反映、认识客观世界和事物规律。韩非在《解老篇》中提到:"人希见生象也,而得死象之骨,案其图以想其生也。故诸人之所以意想者,皆谓之象也。"古代中原人很少看见活象,但他们得到死象骨头后,就按照死象骨头来推想它活着时候的样子。所以后来人们把"意想"出来的东西都叫"象"。可见"象"对人们认识客观世界的重要性。所谓"象"是人们利用已知经验通过思维加工而得到的具有象征意义的符号。

汉民族的具象思维方式有着悠久的历史,《周易·系辞下传》:"古者疱牺氏之王天下也,仰则观象于天,俯则观法于地,观鸟兽之文与地之宜,近取诸身,远取诸物,于是始作八卦,以通神明之德,以类万物之情。"古人善于观察自然界中的万事万物,从中得到经验认识或启发,并将这些认识成果储存在大脑中。当需要认识未知事物或形成概念时,人们便从大脑中提取有用信息,找到二者的相似性特征,利用相似或相关的已知事物来建构意象,从而达到认识未知事物的目的。在认识客观事物的过程中,人们常通过想象、比喻、象征、联想、类比等方式对客观事物进行整体性和具象化的把握,使之成为可以被理解的东西。我们将这种方法称为"取象比类的思维方式",即"具象思维"。"所谓'具象',或者说'取象',是指通过对事物的观察和感悟得出判断认识,然后概括提炼成意象。它既不是脱离物体形象的纯粹抽象符号,也不是仅仅对物体外在形象的简单描摹,而是一种象征,是通过对物体特征的概括

来表达其中蕴含的情和理。"① 建构意象的目的是为了表达其中所蕴含的情理。《周易·系辞上》说"圣人立象以尽意",明确提出了"立象"的目的是为了"尽意"。

语言和思维的关系是密不可分的。汉民族具象思维方式必定会对汉语产生巨大的影响。王弼在《周易略例》中说:"夫象者出意者也,言者明象者也。尽意莫若象,尽象莫若言。言生于象,故可寻言以观象。象生于意,故可寻象以观意。意以象尽,象以言著,故言者所以明象。""象"可表达"意",而"言"可解释"象","象"便成为联结"意"和"言"的中介。汉语饮食成语之所以具有丰富的内涵跟汉民族的具象思维方式是分不开的。

二、从汉语饮食成语透视古代社会级制度

中国自古就是一个宗法制国家,宗法制以宗族血缘关系为纽带,并始终与国家政治制度紧密结合。为了维护贵族世袭的统治地位和利益,统治者制定了一套完整的礼仪制度来调整约束人们的行为规范,这些礼仪规范涉及人们"衣食住行"生活的各个方面,从而形成了一系列贵贱有等、亲疏有别、长幼有序的政治伦理秩序。不同阶级中的成员由于政治、经济地位的不平等,也就决定了他们社会生活的各个方面都是不平等的。在饮食方面,不同阶级在食物、食具、排场等方面都存在明显的差异。赵光荣先生曾提出一个"饮食文化层"的概念:"在中国饮食史上,由于人们的经济、政治、文化地位的不同,而自然形成的饮食生活的不同的社会层次。从饮食文化史的角度来看,这种层次性形成了一座等级层次的社会结构之塔,我们可以称其为'食者结构'之塔,或'饮食文化'之塔。"这个饮食文化层大致包括"果腹层、小康层、富家层、贵族层、宫廷层"②。

三、从汉语饮食成语透视古代的为君治国之道

饮食向政治领域的渗透是我国饮食文化的一个重要特征,这是由于历代统治者都将饮食视为"亲宗族兄弟""礼亲四方之宾客"的政治手段,所以历代统治者都非常重视饮食活动,将其视为"礼"的重要体现。而且,历代思想家、政治家也擅长借助浅显易懂的饮食之道来论述自己的政治主张和见解。饮食与政治的这种关系在先秦时期表现得更为明显。

---

① 赵光荣. 中国饮食文化史 [M]. 上海:上海人民出版社,2006:76.
② 赵光荣. 中国饮食文化史 [M]. 上海:上海人民出版社,2006:76.

中国第一位名厨兼名相——伊尹,是"厨而优则仕"的典型代表。伊尹首先凭借着高超精湛的厨艺赢得了商汤的信任。然后又利用烹饪菜肴的原理来比喻君主治国安邦之道,从而实现了自己的政治抱负。《吕氏春秋·本味篇》中有一段伊尹和汤论烹饪与治国关系的精彩对话。"凡味之本,水最为始。五味三材,九沸九变,火为之纪。时疾时徐,灭腥去臊除膻,必以其胜,无失其理。调和之事,必以甘、酸、苦、辛、咸。先后多少,其齐甚微,皆有自起。"由于当时主要的烹饪方法就是煮,所以伊尹说"凡味之本,水最为始",意为水是实现一切味道的基础,"九沸九变,火为之纪",食物在鼎中烹煮,水多次沸腾,味道也一直在变,这都是因为火的缘故。而要去除食物的腥臭并使其味美的关键在于火候和调味。伊尹借助烹饪时对水、火和调味的掌握来比喻得天下的关键。他以烹饪原理说明君主治国应当和烹饪一样,懂得"调和之事"。

《尚书·说命下》曰:"若作和羹,惟尔盐梅。"意思是说要想调好和羹,关键在于对咸酸的掌握,也就是要懂得调和味道。用以比喻国君和重臣应该懂得协调各种利益和政治势力。《诗经·商颂·烈祖》:"亦有和羹,既戒既平。"郑玄笺:"和羹者,五味调,腥熟得节,食之于人性安和,喻诸侯有和顺之德也。"

春秋末年,齐国贤相晏婴为了讽谏齐景公,就以烹饪之道来阐述君臣之间的关系应该是"和而不同"的。《晏子春秋·外篇第七》云:"和如羹焉,水火醯醢盐梅,以烹鱼肉,燀之以薪,宰夫和之,齐之以味,济其不及,以泄其过,君子食之,以平其心。君臣亦然。君所谓可,而有否焉,臣献其否,以成其可;君所谓否,而有可焉,臣献其可,以去其否。是以政平而不干,民无争心……先王之济五味、和五声也,以平其心,成其政也。……若以水济水,谁能食之?若琴瑟之专一,谁能听之?同之不可也,如是。"[①] 意为"和"是五味通过水火的作用而相济成美味的,君王吃这样的羹,会觉得特别适口,从而内心安定。君臣相处也应该是这样的,为了取悦于君主而一味地屈从迎合只是表面上的"同",对于治国是无益的。而那些敢于直言进谏,不苟合取安的大臣才是国家和谐富强的关键,是国君定国安邦的重要辅助力量。这也是儒家所提倡的和谐君臣关系。所以,人们常用"调和鼎鼐"来比喻处理国家大事,也多指宰相的职责。用"盐梅相成"来比喻济世的贤臣。用"盐梅之寄"来比喻可以托付重任。

老子对于治国之道也有自己的见解,他曾说"治大国若烹小鲜",《韩非

---

① 汤化. 晏子春秋[M]. 北京:中华书局,2011:460.

子·解老》明确地解释说"烹小鲜而数挠之则贼其泽，治大国而数变法则民苦之，是以有道之君贵静，不重变法"，故曰："治大国者若烹小鲜。"[①] 所以老子认为圣明的国君应该懂得何为治国安邦之道，主张国君"贵静""不重变法"，制定的决策必须稳定准确，不能朝令夕改，这样百姓才能休养生息，也就是主张"无为而治"。老子还曾说过"五色令人目盲，五音令人耳聋，五味令人口爽"。"五味令人口爽"是说过于追求滋味反而会伤害人的口味。因此，老子又有"为无为，事无事，味无味"之说，王弼注曰："以恬淡为味，治之极也。"老子借用烹饪之道来阐述道家无为而治的政治主张。

---

① 韩非．韩非子［M］．上海：上海古籍出版社，1989：50—51．

第五章　音乐文化视角下的汉语成语研究

语言不是一个独立存在的系统，它是社会生活和人类思维的一面镜子，人类生活的各个方面在语言中都可以找到反映，人类的思维方式和认知模式也在语言中留下了无法磨灭的痕迹。音乐与人类息息相关，西周时期儒家就提出系统的"以乐治国"的理论，周公"制礼作乐"以治国平天下。可见，早在西周时期音乐就发挥了巨大功用。西方赋予中国"礼乐之邦"的美誉，足以看出我国有着丰富的音乐文化遗产。之所以选择成语这个平台，是因为成语是语言中最具民族特征的语汇，在形成过程中经历多次筛选与锤炼，最能言简意赅地反映出汉民族的文化底蕴。成语是文化的载体，不同时代呈现的文化内涵不同，成语的意义不同程度地保留了当时的文化意蕴。

第一节　古代音乐的特征

一、乐器与乐律

1. 品类丰富的乐器

乐器是最能证明音乐存在的实物证据。1986—1987 年在河南舞阳县贾湖发现了远古乐器——骨笛，共有 18 支，均为七音孔、八音孔，其中保存较完整的还能吹出一些曲调，根据考古测定这些骨笛距今已有 8000 年，这是迄今为止中国音乐文化可追溯的最早年代。中国古代乐器种类是很丰富的，早在西周时期所使用的乐器就已达近七十种。

成语"八音迭奏"出自《晋书·乐志下》，原文说："八音迭奏，雅乐并作"，意为八类乐器轮番演奏，表示器乐齐全，演奏场面十分盛大，"八音"即是古代对乐器的统称。按制作材料的不同，古代乐器可分为：金、石、木、革、土、丝、竹、匏八类，这就是中国最早的乐器分类法，又称为"八音"。

其中"金"指用金属制作的乐器，如钟、铙、钲；"石"指用石头或玉石制作的乐器，如磬；"木"指木制的乐器，如柷、敔；"革"指用动物皮革制作的乐器，如鼓；"土"指用陶土制作的乐器，如埙、缶；"丝"指用丝弦制成的乐器，如琴、瑟、筝等；"竹"指用竹子制成的乐器，如箫、笛、笙篥、篪（古代两端封闭的笛子）；"匏"指用葫芦制成的乐器，如笙、竽等。编钟、磬这两种乐器所发出的音响清脆明亮，被称为"金石之声"，是官方认可的"最高雅的声音"。现在所说的丝竹就是丝音和竹音的简称。古代乐器主要有埙、缶、筑、排箫、箜篌、筝、古琴、瑟等，乐曲一般缓慢悠扬，主要是为了适合宫廷生活或宗教的需要。

沿用至今的成语中含有金类乐器的有：金声玉振、金鼓齐鸣、鸣金收兵、钟鼎人家、钟鸣鼎食、黄钟大吕、黄钟毁弃、瓦釜雷鸣、黄钟瓦缶、掩耳盗铃、金石弦丝、金石丝竹、巧舌如簧、一簧两舌、紧锣密鼓、钟鼓喤喤、钟鼓馔玉、声出金石等。

含有石类乐器的成语有：笙磬同音、金石弦丝、金石丝竹、金声玉振、声出金石、掷地作金石声等。

含有革类乐器的成语有：一鼓作气、旗鼓相当、大张旗鼓、偃旗息鼓、紧锣密鼓、晨钟暮鼓、金鼓齐鸣、一鼓一板等。

含有土类乐器的成语有：黄钟瓦缶、如埙如篪、埙唱篪应等。

含有丝类乐器的成语有：琴心剑胆、琴棋书画、琴瑟之好、琴瑟相调、琴瑟不调、对牛弹琴、琴断朱弦、琴歌酒赋、胶柱鼓瑟、弹丝品竹、鸣琴而治、焚琴煮鹤、破琴绝弦、琴剑飘零、人琴俱亡、琴挑文君、坐上琴心、蔡邕救琴、卖剑买琴、瑟弄琴调、彭泽横琴、丝竹管弦、丝竹之音、弄管调弦、弄丝弹竹、哀丝豪竹、丝竹陶写、春诵夏弦、急管繁弦、金石弦丝、金石丝竹、丝不如竹、锦瑟年华、悲歌击筑、铜琶铁板、抱瑟不吹竽、犹抱琵琶半遮面等。

含有竹类乐器的成语有：弹丝品竹、丝竹管弦、弄丝弹竹、哀丝豪竹、丝竹陶写、箫韶九成、吴市吹箫、弄玉吹箫、丝不如竹、如埙如篪、埙唱篪应等。

含有匏类乐器的成语有：滥竽充数、笙箫管笛、笙磬同音、抱瑟不吹竽等。

2. 五音与六律

反映中国古代音律特征的成语有"五音六律""引商刻羽""黄钟大吕""含商咀徵""以宫笑角""移商换羽""一片宫商""五音不全"等。

成语"五音六律"语本《孟子·离娄上》："不以六律，不能正五音。"《尚书·益稷》也说："予欲闻六律、五声、八音，在治忽；以出纳五言，汝听。"其中的"五音"是指宫、商、角、徵、羽五个音阶；律，即定乐器的标准，共有十二个，各有固定的音高和名称，分别为黄钟、大吕、太簇、夹钟、姑洗、中吕、蕤宾、林钟、夷则、南吕、无射、应钟，合称十二律。区分开来，奇数（阳）称六律，偶数（阴）称六吕，合称律吕。相传黄帝时伶伦截竹为简，按照简的长短分别乐音的高下清浊，以此定五音。"五音六律"既指古化音律，现在也泛指音乐。

宫、商、角、徵、羽五个音阶，各有其特质，带给人不同的感受。正如《管子·地员》所言："凡听羽如鸣马在野，凡听宫如牛鸣窌中，凡听商如离群羊，凡听角如雉登木以鸣，音疾以清。"

成语"引商刻羽"则体现了中国音律自身的规定性。商声在五音中最高，称"引"；羽声等较细，称"刻"。这个成语最早见于战国时宋玉的《对楚王问》："客有歌於郢中……引商刻羽，杂以流徵，国中属而和者不过数人而已；是其曲弥高，其和弥寡。"后来"引商刻羽"就指曲调高古，讲求声律，造诣很深的音乐演奏。

如果乐曲美妙，声律悠扬令人陶醉，人们就用成语"含商咀徵"来形容这种沉浸于优美乐曲之中的美好感觉。"含商咀徵"亦作"含宫咀徵"。如果乐曲庄严、正大、高妙、和谐，则用"黄钟大吕"来形容。"黄钟"是六种阳律的第一律，"大吕"是六种阴律的第一律。"黄钟大吕"语本《周礼·春官·大司乐》："乃奏黄钟，歌大吕，舞云门，以祀天神。"郑玄注："以黄钟之钟，大吕之声为均者，黄钟阳声之首，大吕为之合。"在对音乐的审美基础之上，人们还将这种美好的感觉扩展应用到文学作品上。五代孙光宪《北梦琐言》卷七载："前进士沈光，有《洞庭乐赋》，韦七座岫谓朝贤曰：此赋乃一片宫商也。"成语"一片宫商"由此得来，形容如同音乐那样和谐悦耳的文辞现在，人们唱歌时如果有人唱得不搭调，走了音，则会被戏称为"五音不全"。如果自认为唱歌不好听，也可以用"五音不全"作为谦辞。除了与音乐紧密结合在一起之外，人们还将"五音"广泛用于社会生活实践之中。例如，北齐刘昼《新论·文武》说："今代之人，为武者则非文，为文者则嗤武，各执其所长而相是非，犹以宫笑角，非适才之情，得实之论也。"从这段对时人评论之语中产生了一则成语"以宫笑角"，其字面意思是拿宫调讥笑角调，比喻拿自以为是的偏见去讽刺、否定别人。另有成语"换羽移宫"（亦作"移商换羽"）原指乐曲换调，后也比喻事情的内容有所变更。

二、音乐风格与地域特征

音乐其实和文字一样，记录着不同时代、不同地方、不同人与物的思想和情感。不同的地方产生的音乐，其风格也必然存在差异。音乐风格与地域特征是紧密地联系在一起的。因为地理环境决定了人的生活方式，也熏染了人的性格气质，这必然会反映到音乐创作上来。现代作家沈从文曾说："云有云的地方性，中国北部的云厚重，人也同样那么厚重。南部的云活泼，人也同样那么活泼。"① 中国地域辽阔，南北纵横遥远，地理及气候差异显著，由此带来音乐风格的迥然不同。如四川的音乐透着机智、勇敢和诙谐；西北黄土高原的音乐在悠远深长中带着几分苍凉；江南地区的音乐细腻委婉，曲调美丽动人；东北音乐干脆利落，活泼风趣……

从汉语成语来看，中国音乐在古代即具有明显的地域性特征。体现这种不同风格及地域性差异的成语如："郑卫之音""桑间之音""亡国之音""北鄙之音""靡靡之音""正始之音""南风不竞""秦筝赵瑟""燕歌赵舞""齐钟卫鼓""钟仪楚奏""楚丝燕歌""四面楚歌"等。

"郑卫之音"，即郑、卫两国（今河南中部与东部）的民间音乐。这一地区早期是商民族聚居区。周武王伐纣灭商后，将其一分为二，分别建立诸侯国，以监视殷商遗民，防其作乱。但武王死后，三国勾结叛乱，周公旦率军镇压，并将该地分封于康叔（武王之弟），永久监管。因此，可以说"郑卫之音"，实际上就是保留了商民族音乐传统的"前朝遗声"。由于它表达感情的热烈、大胆和奔放，且内含某种团聚意识，因而使独宗"雅乐"的周王室及其维护者常常加以排斥和否定。

"桑间之音"义同"郑卫之音"，指淫靡的音乐。语本《吕氏春秋·音初》："世浊则礼烦而乐淫，郑卫之声，桑间之音，此乱国之所好，衰德之所说。"

"桑间之音"的近义词有"亡国之音"，语本《礼记·乐记》："亡国之音哀以思，其民困。"原指国家将亡，人民困苦，因此音乐也多表现为哀思的曲调，后多指颓靡淫荡的歌曲。书中又说"桑间濮上之音，亡国之音也，其政散，其民流"，将"亡国之音"与"桑间之音"并提，指出其音乐风格上的一致性。

"北鄙之音"指殷纣时的音乐。《史记·乐书》记载道："纣为朝歌北鄙之音，身死国亡……夫朝歌者不时也，北者败也，鄙者陋也，纣乐好之，与万国殊心，诸侯不附，百姓不亲，天下畔之，枚身死国亡。"所以后世也将"北鄙之音"视为"亡国之音"。

"正始之音"有两种含义。当它用于音乐时，是指纯正的乐声。白居易

---

① 沈从文. 云南看云 [J]. 语文教学与研究，2011 (30).

《五弦弹》诗曰:"正始之音其若何,朱弦疏越清庙歌。一弹一唱再三叹,曲淡节稀声不多。融融曳曳召元气,听之不觉心平和。"表达了这种纯正的音乐风格带给人的平和感受。另一种含义是指魏晋时期的玄谈风气。

成语"南风不竞"指南方的音乐声调柔弱。"风"指音乐,"竞"意为强劲。语本《左转·襄公十八年》:"晋人闻有楚师,师旷曰:'不害。吾骤歌北风,又歌南风,南风不竞,多死声,楚必无功。'"师旷是春秋时晋国乐师,深谙音乐之性,觉察出来自南方楚人的音乐中于战不利的失败征兆。在古代,乐师参与军事是一种制度。军队出征,先令乐师执弓劲呼,据此判断军情。《周礼·春官·大师》有"太师,执同律以听军声而诏其吉凶。"师旷歌北风、南风便是其体现。"南风不竞"初比喻楚国军队战斗力差,后词意发生变化,比喻竞赛中失利或势力弱小。

"秦筝赵瑟"指秦国的筝和赵国的瑟,泛指名贵的乐器。"秦筝"是古秦地(今陕西一带)的一种弦乐器。形似瑟,相传为秦国大将蒙恬所造,故称"秦筝"。"赵瑟"即指瑟。因这种乐器战国时流行于赵国,渑池会上秦王又要赵王鼓瑟(见《史记·廉颇蔺相如列传》),故名。

成语"燕歌赵舞"告诉我们战国时期燕赵人十分擅长歌舞。唐代诗人卢照邻《长安古意》诗:"罗襦宝带为君解,燕歌赵舞为君开。"后"燕歌赵舞"泛指美妙的歌舞,也用以形容文辞美妙。

三、独特的艺术感染力

古代的"音"与"乐"是有别的。《礼记·乐记》曰:"凡音之起,由人心生也。人心之动,物使之然也,感于物而动,故形於声。声相应,故生变,变成方,谓之音。比音而乐之,及干戚、羽旄,谓之乐。"后浑称"音乐"。音乐是人们抒发感情、表现感情、寄托感情的艺术,不论是唱、奏或听,都内含着关联人们千丝万缕情感的因素。它通过旋律的起伏、节奏的松弛、力度的强弱、音色的变化等音乐所独有的"语言"来表达细腻、变化的情感,这是其他艺术形式所不及的。所以古人说:"情动于中而形于言。言之不足,故嗟叹之,嗟叹之不足,故歌咏之。"(《诗经·大序》)

在因材质不同对乐器而作分类的"八音"之中,不同的乐器音色可以传达人们不同的感情诉求。《史记》卷二十四《乐书》曰:"钟声铿,铿以立号,号以立横,横以立武。君子听钟声,则思武臣。石声硁,硁以立别,别以致死。君子听磬声则思死封疆之臣。丝声哀,哀以立廉,廉以立志。君子听琴瑟之声则思志义之臣。竹声滥,滥以立会,会以聚众。君子听竽笙箫管之声,则思畜聚之臣。鼓鼙之声讙。以立动,动以进众。君子听鼓鼙之声,则思将帅之臣。君子之听音，非听其铿锵而已也，彼亦有所合之也。"八音之声，诸多差异，音质色彩，各不相同。可有一点是共同的，它们都能激发人们情感的波动，引起听者共鸣，并为之受到感染。诗人杜甫的《醉为马坠诸公携酒相看》中写道："酒肉如山又一时，初筵哀丝动豪竹"，就表达了音乐带来的真切感受。从这句诗中提炼出来一则成语"哀丝豪竹"，意思是弦乐哀婉，管乐豪壮。之后宋代陆游将其写入诗句"哀丝豪竹助剧饮，如巨野受黄河倾。"（《长歌行》）

音乐的审美价值客观存在，其对人的感染力不容忽视，有时甚至是巨大的。孔子对音乐十分重视，他不但喜爱音乐，而且精通音乐，自己既会唱歌，还会鼓瑟、弹琴、吹笙。孔子对待音乐的态度很认真，他说听音乐可以使自己完全投身其中，融汇到音乐的意境里。"子在齐闻《韶》，三月不知肉味！曰：不图为乐之至于斯也！"（《论语·述而》）成语"不知肉味"生动地描绘了孔子对韶乐的心醉神迷，从而传神地表达了音乐强大的艺术感染力。音乐之美，音乐之感染力，令人"叹为观止"。据《左传·襄公二十九年》记载，吴国公子季札在鲁国观赏音乐舞蹈，"见舞《韶箾》者，曰：观止矣！若有他乐，吾不敢请已。'"这就是成语"叹为观止"的由来，赞美韶乐好到了极点。

中国古人演唱的声乐技术也十分高超，能够达到"余音绕梁""声振林木，响遏行云"的效果。《列子·汤问》记载了这样一个感人的故事：春秋时韩国有位民间歌女韩娥，唱歌声音圆润，吐字清晰，善于表达真实而丰富的感情，听起来非常动人。一次，韩娥到齐国去，路上断了粮。她在雍门以唱歌求食，听的人非常多。韩娥走了以后，人们觉得她那优美的歌声还在房梁间回荡，一连三天都是如此（"余音绕梁，三日不绝"）。韩娥路过一家旅店时受人欺负，感到委屈便拖长声音哀哭起来。附近的人听到哭声都落了泪，整整三天吃不下饭。后来人们发现韩娥离开了旅店，感到十分遗憾，便把她请回来，希望听她唱一首欢快的歌。韩娥即当众引吭高歌，听者无不高兴得手舞足蹈，忘记了先前的悲哀。大家很感谢韩娥，给她凑出路费，送她上路。后来，人们就用"余音绕梁"或"绕梁三日"来形容优美的歌声或精彩的文章、诗词等文艺作品给人留下深刻印象，令人回味无穷。

成语"声振林木，响遏行云"也出自《列子·汤问》。战国时期秦国歌手薛潭向歌唱家秦青拜师学艺，经过一段时间的学习，薛潭有了很大进步。他自以为已经学到了老师的本领，就向老师辞行。秦青没有挽留，在郊外设宴为他送行。席间，秦青打着拍子，唱了一曲十分悲壮的歌曲，那高亢的歌声使周围的树木都颤动起来，天空中的流云都停了下来（"抚节悲歌，声振林木，响遏行云")。薛潭觉得十分惭愧,于是请求留下继续学习,不再言归。如今,人们用"声振林木""响遏行云"形容歌声或乐器声高亢洪亮。美妙的音乐还能产生"回肠荡气"的效果。三国时曹丕《大墙上蒿行》写道:"女娥长歌,声协宫商,感心动耳,荡气回肠。"曹丕首创"荡气回肠"形容他所听到音乐激动的感觉,后来也用于形容文辞婉转动人。不同的音乐能抒发不同的情感。西楚霸王项羽在垓下遭刘邦率领的汉军重重围困之时,夜里听到汉军四面都唱楚歌,以为汉军已经攻占楚地,"于是项王乃悲歌慷慨,自为诗曰:'力拔山兮气盖世,时不利兮骓不逝。骓不逝兮可奈何!虞兮虞兮奈若何!'歌数阕,美人和之。项王泣数行下。左右皆泣,莫能仰视。"(《史记·项羽本纪》)一世枭雄项羽遭遇英雄末路,以悲壮的歌唱抒发内心激动的感情,这便是成语"悲歌慷慨"的由来。项羽虽然最终兵败而自刎于乌江,但他的英雄气概却感动激励着无数后人。晋陶渊明《怨诗楚调示庞主簿邓治中》言:"慷慨独悲歌,钟期信为贤。"著名女词人李清照亦作诗"生当作人杰,死亦为鬼雄,至今思项羽,不肯过江东"(《夏日绝句》)表达对英雄项羽的敬佩与思念之情。

基于音乐的这种抒情功能,宋代郭茂倩从音乐理论角度出发,评论说:"悲歌可以当泣,远望可以当归。"(《乐府诗集·杂曲歌辞·悲歌》)后人便从中提炼出成语"长歌当哭",意思是:用长声歌咏或写诗文来代替痛哭,借以抒发心中的悲愤。它与"悲歌慷慨"可谓有异曲同工之妙。

动听的音乐不仅扣人心弦,使人深受感动,甚至能使自然万物都受到感染,正如成语"百兽率舞""六马仰秣""响遏行云"所描述的那样。古人在社会生活实践中还创造了很多成语来直接或间接地表达对音乐的赞美,这些都是音乐感染力的体现,如:"尽善尽美""一串骊珠""一片宫商""珠圆玉润""高唱入云""轻歌曼舞""抑扬顿挫""鸾歌凤舞""鸾吟凤唱""龙言凤语""凤鸣鹤唳""一字一珠""石破天惊""穿石裂云""击节叹赏""不绝如缕""天籁之音"等。

其中成语"石破天惊"出自唐代李贺的《李凭箜篌引》:"女娲炼石补天处,石破天惊逗秋雨。"李凭是唐代优秀的伶人,善奏箜篌。诗人李贺用华丽的辞藻,巧妙的比喻,引经据典,使李凭出神入化的演奏跃然纸上。"石破天惊"形容箜篌的乐声高亢激越,有惊天动地之势,后多用以比喻某一事物或文章议论新奇惊人。

四、音乐美学思想

音乐境界,从其本质上来说,应该是一种独立于音乐的社会功能之外的纯粹的审美。中国古人对音乐境界的追求于成语"尽善尽美""哀而不伤""大音希声""天籁之音""此时无声胜有声""弦外之音""曲终奏雅""余音绕梁"中得到不同层面的体现。

"尽善尽美"表达了孔子在美善关系问题上提出的具有深远意义的看法。其语本《论语·八佾》："子谓《韶》尽美矣，又尽善也。谓《武》尽美矣，未尽善也。"《韶》是反映尧、舜德治的乐舞，《武》是表现周武王讨伐商纣王的乐舞。"美"是属于艺术的范畴，"善"是属于道德的范畴。① 孔子认为《韶》乐实现了道德标准与艺术形式的完美结合，所以堪称"尽善尽美"；而《武》乐虽形式完美但内容方面道德力量欠缺，故未尽善。孔子的"善"包含着"仁"的精神内核，所谓"依于仁，游于艺"，"仁"是"礼""乐"的前提："人而不仁如礼何，人而不仁如乐何。"面对春秋时期的"礼坏乐崩"，孔子提出仁化的音乐美学思想，希望通过礼乐教化实现他所崇尚的理想社会制度。所以他认为，乐舞的政治、道德标准"善"不同于艺术形式标准"美"。因为从善的观点看是完满的东西，从美的观点却可能是不完满的。美具有独立存在的价值，"尽善"并不等于"尽美"。但是孔子又认为，美同善相比，善是更根本的。美虽然能给人以感官的愉快，但美必须符合"仁"的要求，即具有善的内涵，才有社会的意义和价值。因此他主张既要"尽美"，也要"尽善"，美与善要实现完满的统一。可见，孔子既看到美与善的联系和一致，又注意到美与善的矛盾和区别，并以美与善的完满统一，作为艺术追求的理想目标。这是孔子对中国美学思想发展的一个历史性贡献②。孔子之后，"尽善尽美"就成了儒家学派对音乐、舞蹈以及其他艺术的审美理想。

孔子的音乐审美倾向于"哀而不伤"的"中和"美。《关雎》乐而不淫，哀而不伤，意即音乐情感的表现要有节制，适度而不过分，要使音乐审美的内在情感体验与外在表现都保持在"中和"的状态，这样的音乐才是优美雅致的。孔子"哀而不伤"的音乐审美观与其"和而不同"的哲学思想、过犹不及的"中庸"处世态度是一致的。③

古人认为最大最美的声音乃是无声之音，也就是说达到极致的东西是不可捉摸的。正所谓"大音希声"，这是老子提出的对音乐境界的审美追求《道德经》言："大方无隅，大器晚成。大音希声，大象无形。"王弼对其的注解是："听之不闻名曰希，不可得闻之音也。有声则有分，有分则不宫而商矣。分则不能统众，故有声者非大音也。"（《王弼集校释》）"众"即全体，"分"即

---

① 徐复观. 中国艺术精神 [M]. 桂林：广西师范大学出版社，2007：11.
② 彭立勋. 孔子与柏拉图美学思想比较研究 [J]. 广东社会科学，1997（02）.
③ 毕鑫. 儒家音乐美学思想述评 [J]. 湖北广播电视大学学报，2010，30（01）.

部分；人们听到的宫音或商音等，都只是部分，而非全体。意谓有了具体、部分的声音之美，就会丧失声音的自然全美。老子认为最美的音乐是自然全声之美，而非人为的、部分之美，这和他的"道可道，非常道；名可名，非常名"（《道德经》）的见解，以及他的"无为自化"（《史记·老庄申韩列传》）的思想，是完全一致的。

因此可以说"大音希声"是老子的哲学思想和社会美的观点在音乐艺术中的反映。"大音"，指音乐本身、音乐的本源——"道"；"希声"并不是指没有声音，而是指人们听不到音响，"听之不闻，名曰希"（《老子·第十四章》）。这里老子用音乐本身"听之不闻"，比喻"道"既属感觉范围的对象，又不能为感觉所直接把握，从而揭示了一切美与艺术的既诉诸感性，又超越感性的特点。所以在音乐欣赏中，他倡导应追求一种超越对声音的直接感知的"大音希声"的境界，即无声胜有声的境界。老子"大音希声"可以说是他修身哲学的一种阐释，注重无声之"大音"就是追求自然素朴的人生境界，依照人应有的本性存在和生活。晋代陶渊明曾手抚"无弦琴"来寄托自己的意愿，恰是以实际行动说明了老子"大音希声"所体现的人生哲学。[①]

因为老子"大音希声"的音乐思想具有一种理论的延伸力，所以对后世的音乐美学思想产生了深远的影响。庄子继续发挥了老子的这一观点，推崇"天籁之音"为最高的音乐境界。在《齐物论》中，庄子把声音之美分为"人籁""地籁""天籁"三种。"人籁则比竹是已"，即箫管之类，属下等；"地籁则众窍是已"，即风吹窍穴之声，属中等；"天籁"则"吹万不同，而使其自己也，咸其自取。"即块然自生的自然之声，为上等。庄子认为"天地有大美而不言"（《知北游》），并进一步论述了"天籁"的特点："听之不闻其声，视之不见其形，充满天地，苞裹六极。"（《天运》）郭象注："此乃无乐之乐，乐之至也。"这实际上就是老子所提倡的"大音希声"，意思都在于反对以部分的、有限的声乐，破坏或代替自然全美之声。但庄子并没有完全否定有声之乐，而是提出"中纯实而反乎情，乐也"（《缮性》）的命题，希望不拘于人为的礼法，用音乐来表达人的自然性情。作为一则成语，"天籁之音"指得自然之趣、给人以精神享受的乐音。

唐代诗人白居易《琵琶行》中有"嘈嘈切切错杂弹，大珠小珠落玉盘……别有幽愁暗恨生，此时无声胜有声"诗句。其中"此时无声胜有声"后用为成语，它与"大音希声"的境界十分接近。但如果没有"嘈嘈切切错

[①] 李昊. 从对"大音希声"的误释析老子音乐美学思想的本质 [J]. 天津音乐学院学报，2005(03).

杂弹,大珠小珠落玉盘"的有声,也许就不会显出"无声"之胜。因此,有无相生,即便就音乐而言,有声和无声也是相反相成、相得益彰的。

古代音乐还追求"声有尽而意无穷"的效果,认为好的音乐应该余音悠远,正如成语"弦外之音""余音绕梁"所描绘的那样,能有令人回味无穷的效果。

第二节 汉语音乐类成语的界定与内容

一、汉语音乐类成语的界定

此处研究对象音乐类成语是汉语成语语义聚合的一个类别。物体规则震动发出的声音,且这种声音是用来反映现实生活、表达思想感情的一种艺术门类就是音乐。所谓音乐类成语,不仅仅是成语用字中含有与音乐相关的语素,而且包括成语本身表现音乐的成语,如"珠圆玉润""六马仰秣""石破天惊""抑扬顿挫"等。其中,既包括来源于音乐领域的成语,也包括最初产生于别的领域,后借用来表示音乐领域的成语,凡是能体现中国传统音乐文化的成语都在本文讨论的范围中。

"中国传统音乐"是近现代出现的概念,是指1840年鸦片战争以前古代传承下来的音乐。有些汉字的义项并不是唯一的,与音乐相关的语素对应的汉字有时表示几个不同的意义,本书的研究范围是表示音乐意义的语素,如"金"这个字在《现代汉语词典》的释义为:1. 一种化学元素;2. 金一类的,具有光泽、延展性,容易传热和导电的固体的通称;3. 钱;4. 古时兵器或金属制的打击乐器;5. 中国古代乐器八音之一;6. 像金子的颜色;7. 中国朝代名;8. 姓。[①] 本书研究范围为义项4和5,比如成语"金声玉振""掷地金石"等,而其余义项就不在本书的研究范围,比如成语"金兰之交""金屋藏娇""金玉良言"等。结构的凝固性是汉语成语的基本特征,但是随着历史的发展,也在不停地发生变化,从而形成成语的同义现象。例如《汉语成语源流大辞典》中"哀丝豪竹"又作"哀丝急管""哀丝苦竹""哀丝怨竹""哀弦危柱""哀弦怨柱""悲丝急管""脆管哀弦""豪竹哀丝""激管哀弦""急

---

① 现代汉语词典(第6版)[M]. 北京:商务印书馆,2012:673.

管哀弦""苦竹哀丝""危柱哀弦""管咽弦哀""丝竹哀豪",有 16 种同义的变体。① 为了数据统计的有效性和准确性,数量上算作 16 条,但由于是同义的成语,在意义分析举例的时候不全部列出。

二、汉语音乐类成语的内容

(一)音乐理论

音乐理论简称为乐理,是音乐学习者入门的基础知识。音乐理论包括很多概念,包括音律、节拍、音程、和弦、调式等等。成语中体现出了两处,分别是:音律和节拍。

1. 音律

音律是指"五音六律",五音指宫、商、角、徵、羽,六律指我国古代的律制,是音乐演奏中各乐音在频率高低上所遵循的规律。音律起源于何时何地已无法考证,根据文献记载,春秋时已有十二律的称谓。《管子·地员》篇记载:"凡将起五音,凡首,先主一而三之,四开以合九九,以是生黄钟小素之首,以成宫。三分而益之以一,为百有八,为徵。不无有三分而去其乘,适足以是生商,有三分而复于其所,以是生羽。有三分去其乘,适足以是成角。"大意是令黄钟宫音的弦长为 $3×3×3×3=81$,则徵音弦长为 $81×4/3=108$,商音弦长为 $108×2/3=72$,羽音弦长为 $72×4/3=96$,角音弦长为 $96×2/3=64$。三分损益法得出的五声音阶实际是由许多相差五度的音组成的,是我国最早的律制。五声体系的各音之间音程过长,随着乐器的发展和对演奏技巧的提高,律制也不断改进,渐趋复杂,出现了七声音阶,加入了变徵和变宫两个半音。后来,间隔更加细密,产生了十二律,又称六律六吕,依次为:黄钟、大吕、太簇、夹钟、姑洗、仲吕、蕤宾、林钟、夷则、南吕、无射、应钟。"引商刻羽""黄钟大吕"等 11 个成语都是和音律相关的。

2. 节拍

节拍是指相同时值的强拍和弱拍有规律的交替出现。成语"击节叹赏"中"节"原为乐器,用来配合乐曲的演奏,"击节"就是"打拍子"的意思。成语"一拍即合"也是和节拍相关的,是指拍一下就合于乐曲的节奏。常见的节拍有 1/4、2/4、3/4、4/4 等,上方数字是指每小节的拍数,下方数字是指每拍的时值。例如,2/4 表示以 4 分音符为 1 拍,每小节有 2 拍。一首音乐

---

① 刘洁修. 汉语成语源流大辞典 [M]. 北京:开明出版社,2009:13.

作品的节拍是作曲时就确定的，之后不会随演奏者的表演而改变。中国古代记音是用"板""眼"表示的，一板或一眼都是一拍。一般而言，板、眼的位置与上述强拍、弱拍位置相当，"有板有眼""一板一眼"等10个成语都是和节拍相关的。

(二) 音乐形式

音乐形式采用传统音乐研究体系中"民族音乐五类论"的观点。这是中国最早提出，也是最普遍的分类方法，包括民歌和古代歌曲、歌舞与舞蹈音乐、说唱音乐、戏曲音乐和民族乐器五类。[①] 其中没有成语体现说唱音乐文化，暂不列举，只讨论其余四种。

1. 民歌和古代歌曲

民歌是总称，是劳动人民集体创作的口头诗歌，它具有特殊的节奏、音韵、曲调等形式特征。早在《周易》时就有产生于商代的民间谣谚，《诗经》中《国风》和《小雅》记录了周初到春秋中期的民歌，它们都是从民间采集来的。可见我国的采集民间歌谣活动起源很早，历史悠久，成语"采风问俗"就记录了这一现象。成语有很多来源于古代歌曲的曲名。例如宋玉《对楚王问》："客有歌于郢中者，其始曰《下里》《巴人》，国中属而和者数千人；其为《阳阿》《薤露》，国中属而和者数百人；其为《阳春》《白雪》，国中属而和者不过数十人。"宋玉将当时传唱的歌曲分为三类：《下里》《巴人》相当于通俗的歌曲；《阳阿》《薤露》比较通俗；《阳春》《白雪》为高雅歌曲。成语"下里巴人""阳春白雪"源于此典故，成为通俗艺术和高雅艺术的代名词。此外，像"高山流水"借《高山》《流水》两首曲名表现知音难求，"别鹤离鸾""单凫寡鹄"借《别鹤》《离鸾》《单凫寡鹤》表现孤独悲凉的感情，"阳关三叠"借用《阳关曲》的曲名和曲式"三叠"的结构，表达离别，"桓伊三弄"借《梅花三弄》的曲名表达孤高的识音者为人奏乐不拘俗套，"一声何满"借《河满》的曲名表达悲歌哀乐，"广陵散绝"借用《广陵散》的曲名表达各种学问、技艺无人继承。

2. 歌舞与舞蹈音乐

歌舞与舞蹈音乐成语涉及歌舞形态、歌唱形式、舞蹈服饰和道具、歌舞场所等等。成语"手舞足蹈""浅斟低唱""对酒当歌""载歌载舞""轻歌曼舞""酣歌醉舞""莺歌燕舞""舞态生风"等是描写歌舞时的形态。还有成语描述了歌唱中"唱和"这种形式，如"唱予和汝""一唱三叹""一唱一

---

① 中央音乐学院中国音乐研究所. 民族音乐概论 [M]. 北京：北京音乐出版社，1964：12.

和""此唱彼和""夫唱妇随"等。

中国古代的舞衣以长袖为特色，一般要求女子束腰。束腰以求体态婀娜柔美，长袖以求舞蹈时纷繁多姿，飘逸轻盈。故有成语"长袖善舞"。成语"舞衫歌扇"是指歌舞时常以轻薄的扇子作道具，借长袖展现轻盈的身姿。在古代舞蹈中，常借助服装道具来抒发感情，强化舞蹈效果，完成舞蹈形象的塑造。成语"舞榭歌台"中"榭"是建在高台上的敞屋，这里指歌舞伎表演的场所。这种原始的露天歌舞场，可以看作是古代最早的剧场。随着歌舞戏曲不断的兴盛，催生和繁衍出了大量华丽辉煌的建筑。"秦楼楚馆"是指风月场所，历来都是歌舞升平之地。

3. 戏曲音乐

戏曲是中国传统文化的瑰宝，综合了音乐、舞蹈、武术和杂技等多种表演方式，表演形式集"唱念做打"于一身，非常程式化。戏曲包括乐器部分的伴奏、声乐部分的唱腔曲调、化妆艺术和服饰、表演艺人等等，这些都在成语中有体现。锣和鼓是戏剧伴奏的重要乐器，如成语"开台锣鼓""紧锣密鼓"都源于戏曲。戏曲演员需要深厚的声乐功底，不仅要曲调准确，还要唱腔圆润，如成语"南腔北调""字正腔圆"，不能"荒腔走板"。戏曲演员平时台下练功非常辛苦，必须下大功夫，"拳不离手，曲不离口"说的就是戏曲演员练功要持之以恒。戏曲还讲究夸张的化妆艺术。成语"粉墨登场"指的就是化妆艺术，"粉""墨"是化妆用品。戏剧脸谱是形、神、意兼备的艺术，取形要传神，性格化。脸谱也是象征手法，具有夸张性，寓褒贬，别善恶。戏曲的行头（服装道具）还有基本固定的式样和规格。成语"袍笏登场"指的就是行头的一种。"袍"是指古代的官府，"笏"是古代大臣上朝手里拿的手板，原指扮演官员演戏。成语中也出现了对戏曲演员专门的称呼。成语"梨园弟子"原是唐玄宗时培养和选拔的音乐人才，代表了当时技能较高的水准，后泛指戏曲演员。成语"优孟衣冠"指表演乐舞、杂戏的艺人，后泛指戏曲艺人。

4. 民族乐器

我国乐器艺术丰富多彩，周代时期见于记载的已有七十多种。"八音"的说法最早见于西周《周礼·春官·大师》："皆播之八音——金、石、土、革、丝、木、匏、竹。"《尚书·尧典》："三载，四海遏密八音。"所谓"八音"，是古代根据制作材料的不同，将乐器分为八个类别。这种用材料指代乐器的命名方式，是人类转喻思维的体现，是在同一认知域内用易感知、易理解的部分代替整体。"八音"是最早的乐器体系的科学分类法。在以上八类乐器中，金革类的打击乐器和竹制的吹管乐器数量最多，品种也较丰富，两者占乐器总数的一大半，对成语数量的分布有一定影响。

此外，成语用字中含有乐器部件的成语，如丝属乐器上的"弦"和"柱"，竹类乐器上发音的簧、革类乐器的桴。柱的排列如雁行，有时也用"雁"来代替"柱"，如"筝雁年华"。还有，成语用字中含有乐器演奏方式的成语，如"两部鼓吹""鸾歌凤吹"的吹，"大吹大擂""自吹自擂"中的"吹"和"擂"，"古调不弹"的"弹"，"目送手挥"的"挥"等。

（三）音乐风格

成语中还有很多用来描述不同音乐的风格，如高亢明亮、哀婉低迷、悠扬圆润、变化多端等等，在表达不同风格的时候还融入了人们的情感体验和哲学命题。例如"穿云裂石""声振林木""高唱入云""峨峨洋洋""响遏行云""响彻云霄""洋洋盈耳""引吭高歌""声动梁尘""绕梁遏云""石破天惊"等17个成语都是形容音乐高亢奔放，嘹亮悦耳，有很强的穿透力和感染力。"哀感顽艳""不绝如缕""靡靡之音""哀丝豪竹""狗马声色""四面楚歌""亡国之音""紫色蛙声""艳曲淫词"等23个成语都是描述哀婉柔弱的音乐，使人颓废低迷，萎靡不振，还有的音乐表现为国家灭亡，人民困苦，音乐是哀思的曲调。"龙言凤语""累珠妙曲""鸾凤和鸣""一串骊珠""一字一珠""珠圆玉润""清耳悦心""喉清韵雅""钧天广乐""戛玉敲冰""穷极要妙"等21个形容音乐悠扬圆润、艺术水平精妙，成语"六马仰秣""游鱼出听""老鱼跳波""余音袅袅""余音绕梁"5个成语则是从侧面表现音乐的精妙绝伦，美妙动听。"跌宕多姿""百折千回""千回万转""抑扬顿挫""一落千丈"5个成语则是表现了音乐变化丰富多端，音调和节奏让人无法揣度。古人还发现声音有表情达意的作用，常常在音乐中融入了自己的情感体验，如成语"声情并茂""感心动耳""慷慨悲歌""荡志移情"等。此外，还有成语"大音希声"可以发现音乐艺术已经融入了哲学的命题。

（四）其他

1. 雅乐与俗乐

雅有"正"的含义，指专用于隆重庄严的场合，典雅平正的音乐。成语"正声雅音"说的就是雅乐，它一般在朝会宴享等礼仪活动中演奏，具有庄严肃穆、缓慢平和的风格特征，只有所谓能登"大雅之堂"的封建统治阶级才有资格享用。雅乐强调教化意义，用以配合道德的宣扬，注重教育性。统治者的目的是音乐在道德教育上起潜移默化作用，理想的音乐应该追求声音的道德境界，把雅乐看作道德的升华，如成语"曲终奏雅"。

而俗乐是相对雅乐而言的，泛指民间音乐与宫廷中非典礼性的宴享音乐。早期的俗乐是以春秋时期的"郑卫之音""桑间濮上"为代表的。《礼记·乐礼》："郑卫之音，乱世之音也；桑间濮上之音，亡国之音也。其政散，其民流，诬上行私，而不可止也。"这个地方的音乐热情奔放、生动活泼，富有浪漫气息，表现出欢快的人生态度，与周礼精神不合，受到儒家的抨击，认为是社会动乱的因素。诸如此类的成语还有"南风不竞""紫色蛙声"等。唐代以后，随着雅乐的衰落，俗乐也失去了专指的意义。成语"雅俗共赏"出自明朝，"雅""俗"已经没有雅乐和俗乐的意思了，这里指文化水平高和没文化的人。

2. 历史制度和历史人物

历史的进程伴随着制度的发展演变，音乐艺术也有涉及制度的变迁，成语中可以体现的音乐制度包括礼乐制度和乐官制度。如成语"衣冠礼乐"指封建社会各种等级的穿戴服饰及各种礼仪规范，是一套典章礼仪制度，这种礼乐治国的制度被儒家推崇，在一定程度上维持了统治秩序。但随着封建社会的没落，又出现了"礼崩乐坏"等成语。此外，为了更好地发展音乐艺术，统治者还设置了乐官的制度，如成语"一夔已足"中的"夔"、"才谢钟仪"中的"钟仪"都可以体现出来。

中国古代出现了很多音乐艺术家，成语中也有很多反映这些历史人物的成语出现。比如成语"顾曲周郎"是说周瑜业于音乐，成语"羊体嵇心"是指南朝宋国人嵇元荣和羊盖两人都精于琴艺，深得琴师心法和技巧，成语"伯牙绝弦""牙生辍弦"是指俞伯牙和钟子期知音难求的故事，成语"一声何满"是指唐玄宗时期的歌者河满，成语"桓伊三弄"是指东晋著名音乐家桓伊，代表作是《梅花三弄》等等。

第三节 汉语音乐类成语的文化内涵分析

一、文化内涵的静态分析

音乐成语呈现出了古人的音乐美学观念，建立了美的三种关系，探索出以"和"为美、以"悲"为美、表情达意的审美意识。

(一) 以"和"为美

在中国音乐审美意识中,"和"一直是人们崇尚和追求的一种审美境界,也是最理想化、最具现实特征的审美范畴。音声之和、乐与人和、天人之和,体现着"和"的不同层次和内涵。

(1) 音声之和

在音乐审美意识的建立过程中,人们执意依据自己的音乐听觉审美尺度,不断追求和谐感。《晋书·律历志上》:"和声:宫、商、角、徵、羽也。"这是音阶谐和审美观念的直接反映。古人在管弦乐器的制作和演奏过程中,发现了音高和数字的关系,即音高与管(弦)长度成反比,运用数学计算,掌握了三分损益律,这是中国最早的律法运用。在音乐实践中,人们找到了不同音高之间的谐和关系。成语"八音克谐""八音迭奏""八音遏密"都是从乐器角度来说,各种乐器常常一起演奏,如琴瑟、埙篪、笙磬,场面宏大,声音和谐,又如管弦乐合奏并称"丝竹"。

(2) 乐与人和

音乐审美活动中,乐与人和不仅体现在音乐与人的谐和,还体现在音乐活动中人与人之间的谐和。音乐的活动形式各有不同,但"和"的体验皆表现在内在的愉悦和谐,与社会地位、享乐条件和地域文化无关。成语"琴瑟友之""钟鼓乐之""琴心相挑""弄玉吹箫"乐器发出谐和的声音,以此为比赋,象征男女情人终成眷属。乐声之和到婚姻爱情之和,呈现出乐与人和的音乐审美观。

(3) 天人之和

在先秦文献中,涉及"五音""十二律"起源的说法,都浸染着"大乐与天地同和"(《礼记·乐记》)的天人相和的观念。如《左传·昭公二十五年》对"五声"的阐述为:"则天之明,因地之性,生其六气,用其五行,气为五味,发为五色,章为五声。"意思是说天地之气生成了"五味""五色""五声"。在中华文化中,"五音"和"四季""五方""五行"有相互配合的关系。

(二) 以悲为美

《列子·汤问》中所述秦青歌唱事,透露了历史上风靡一时的声乐演唱中以"悲"为美的审美意识,"响遏行云""声振林木""余音绕梁"等描写,是对审美心理的形象化描述。从历史的长河中,以"悲"为美的审美意识是一种普遍现象,在先秦已有征兆,如《韩非子·十过》中记师涓鼓琴,《吕氏春秋·先识览》中记"中山之俗""歌谣好悲"。以"悲"为美的审美成为普遍倾向是在汉末以后，并且在歌唱艺术领域最为突出。这种风气可能与整个社会处于衰乱之世的情感心理相关。"悲歌"并不是现代人理解的音调低沉下行，而是"声振林木"这样的声音质量。汉代文献对"悲"情感表述的描述，并非低沉无力，反而具有高亢的情绪特点。说明当时音乐"悲"情的体现，确实有激昂的一面。这对于乱世之人心理上的情感的宣泄，或许是有帮助的。只有当社会带给人们苦难和悲伤，并且需要通过某种途径将情感引导出来时，才会产生以"悲"为美的审美风尚，成为一种感性体验、情感宣泄的意识。"响遏行云"效果的文学描述，其实就是一种审美心理的反映。高亢美妙的歌唱不仅吸引了人们的注意力，连缓慢行动的云也因听觉心理上的专注而停止。"余音绕梁"同样也是对审美心理效应的描写，在听觉感知给人深刻印象的音乐，的确会在听觉心理上留存一段时间。以上这类成语的文学性描述，实际是对悲这种审美心理的揭示和形象化的描写，也反映了古代对于这类审美意识的认识具有一定的美学意义。

（三）表情达意

《乐记》全文开首之言："凡音之起，由人心生也。人心之动，物使之然也。感于物而动，故形于声；声相应，故生变；变成方，谓之音。比音而乐之，及干戚羽旄，谓之乐。"乐的产生实现过程是"物—心—音声—乐"。"感于物而动"这个命题已经触及情感如何通过音声表现、音乐如何产生等美学问题，这种认识要比音乐源于对自然声音的模仿层次更高。人对音乐的审美，既要使人获得感性上的愉悦之情，又要使人精神上领悟某种理性启迪。

《尚书·舜典》关于"诗言志，歌咏言，声依永，律和声。八音克谐，无相夺伦，神人以和"的记载，如果只是从诗歌审美角度，"诗言志"似乎只是对诗歌审美本质的理解，即诗歌是用来表达心志的。但若将其中提到的"诗""歌""声""律"，作为"乐"的存在的不同构成要素来看待，其中的"志"，不但需要通过歌唱来表现，并且还要通过"八音"的伴奏。"志"作为一个稳定概念，它的美学意义是不变的，首先体现的是一种与审美表现和体验相关的心志，同时也包含音乐要体现的意象性内容。音乐创作者除了内心先存"志"，还必须有一个通过声音或乐器的艺术形式表现出来的、能被感性把握的"象"。比如"高山流水"是俞伯牙在琴曲中表现高山和流水，钟子期都能感受到，这也意味着音乐不必借助于文字，也可以独立进行艺术创造。这就是音乐艺术的最高境界，具有表情达意的功能，所谓"声情并茂"。

二、文化内涵的动态分析

(一) 成语对物质文化史的动态反映

语言是现今仍然活着的古代遗物。研究语言应该是研究各期各地物质文化的一些残存遗产的基本补充工作。物质文化的发展演化遵守循序渐进的规律，无论形式还是内容的变化都会在语言中有所体现。这在很大程度弥补了其他学科研究手段的不足，更真实地重现往日物质文明的图景。我们不仅可以把已知的音乐文化史知识作为依据，用语言材料进一步证明相关知识的准确性，而且还可通过考察语言材料探索未知的音乐文化的变迁史。下面以乐器发展为例，包括乐器装饰文化，来看成语对物质文化史的动态反映。

先秦钟属音乐产生，钟、鼓、磬是最古老的乐器之一，如"磬人为磬"出自《周礼》，"室如悬磬"出自《国语·鲁语上》，"金（钟）声玉（磬）振"出自《孟子·万章下》。汉代鼓吹乐兴起，在宫廷中常用作军乐、宴会等仪式，如"两部鼓吹"出自《南齐书·孔稚珪传》，指古时仪仗乐队的乐器合奏。魏晋古琴音乐、琵琶音乐兴起，宋元时期，被文人雅士、知识阶级所偏好，如"一琴一鹤"出自宋·沈括《梦溪笔谈》，"焚琴煮鹤"出自宋·胡仔《苕溪渔隐丛纂集》，"铜琶铁板"出自宋·俞文豹《吹剑续录》。魏汉时期的"相和歌"主要是由丝竹伴奏的声乐演唱，宋代已有多种丝竹乐的乐器组合形式。如"丝竹陶写"出自南北朝《世说新语·言语》，"品丝弹竹"出自宋·无名氏《张协状元》，"哀丝豪竹"出自宋·秦观《西池宴集》。唐宋以后，人们更注重乐器的装饰工艺和精美程度。如"玉箫金琯"出自唐·李白《江上行》，"朱弦玉磬"出自唐·刘禹锡《令狐相公见示杨少尹赠答兼命继声》，"鹍弦铁拨"出自宋·苏轼《古缠头曲》，"朱弦翠管"出自宋·晏殊《连理枝》，"金丝玉管"出自宋·柳永《玉楼春》，"凤管鸾笙"出自明·廷讷《狮吼记·访友》，"凤管鸾箫"出自明·兰陵笑笑生《金瓶梅词话》，"凤箫龙管"出自清·黄永《龙衣舟行》。

(二) 成语对制度文化史的动态反映

物质文化是人类文化总体的一部分，是文化的制度层次，是人们改造社会活动方式及其全部产物，是人们在社会生活中形成的风俗、制度以及相关的规范、理论等。人类始终处在一种社会系统中，也总是在形成自己的行为模式。语言产生之后，人们逐步学会用语言表述和记录制度。社会的发展需要语言产生新词表达和概括制度文化现象，以适应交际的需求。社会制度文化的发展变化，不断丰富了语言的词汇系统。从词汇系统标识的社会组织、社会历史和政治表述等，我们可以探索到社会制度文化的历史遗迹及其特征。

周朝为了维护奴隶主贵族的阶级统治建立的"宗法制"，反映在音乐上便是雅乐的等级化，这种礼乐制度是不能随意僭越和破坏的。但周平王东迁之后，周天子的地位一落千丈，周王室风雨飘摇、大厦将倾。这种现象反映在文化上，便是"礼崩乐坏""礼废乐崩"，出现了"王子朝奔楚""八佾舞于庭"等现象。虽然礼乐制度不能成为统治者长久治理的有效手段且延续下去，但却控制了我国封建社会的音乐格局。

成语"一夔已足"中"夔"是舜时的典乐官，《韩非子·外储说左下》和《吕氏春秋·察传》都有记载这个成语，喻指真正的人才有一个人就够了；成语"才谢钟仪"中"钟仪"是春秋时楚国的乐官，是具有史书记载的最早的古琴演奏家，世代都是宫廷琴师。钟仪被郑国俘虏，后被献给晋国，但凭借自己的才略摆脱了险境，成语出自《左传·武公九年》。可见，我国很早就有了管理音乐的机构和制度出现，宫廷音乐机构"乐府"最早可以追溯到春秋战国时期。成语"梨园弟子"最早是指唐玄宗培训的歌伶舞伎，出自唐代白居易《长恨歌》。可见，隋唐时期就出现了宫廷管辖的音乐机构——教坊和梨园。

（三）成语对精神文化史的动态反映

精神文化是人类精神生产的全部成果，是对客观世界的反映，如哲学、科学、道德、教育、法律、文学和艺术等，音乐艺术也属于精神文化范畴。精神文化作为观念形态的东西，离不开人类语言的记录。语言是一种精神文化现象，但又不同于其他的精神文化现象，因为它没有阶级性，不属于上层建筑。语言是整个文化结构形成的基础，它不仅作为人们精神活动的凝聚体，使文化得以产生和发展，而且它把文化凝固在自己的系统之内，实现了文化的符号化，使得文化得以交流和传播。当然，语言也不是文化唯一的载体和传播手段，但却是文化最准确、最直接、最全面的传播手段。语言与精神文化密切相关，主要表现在语言记录、体现、象征着文化。任何民族的语言都充分体现了该民族的文化，反之，任何一种精神文化都会在语言中留下痕迹。通过语言的研究，可以追溯一个民族的精神文化史。

以音乐形式的发展演变为例，黄翔鹏在北京"亚太地区传统音乐研讨会"上提出史学断层论，历时性三段论包括先秦钟鼓乐、中古伎乐和近世俗乐。[①]

---

① 袁静芳. 中国传统音乐概论[M]. 上海：上海音乐出版社，2000：13.

先秦是以"钟""磬""鼓"为代表的乐舞阶段。钟属乐器的出现与我国当时的青铜制造工艺的成熟密不可分,此外,乐律科学的完善,使人们更加注重节拍节奏,乐器伴奏以打击乐器为主。如"黄钟毁弃"(战国·屈原《楚辞·卜居》)、"黄钟大吕"(《周礼·春官·大司乐》)、"金声玉振"(《孟子》)、"鸣金收兵"(荀子《议兵》)、"窃钟掩耳"(战国《吕氏春秋》)、"金鼓齐鸣"(《吕氏春秋》)、"钟鸣漏尽"(汉·崔寔《政论》)、"钟鸣鼎食"(汉·司马迁《史记》)、"金声玉润"(汉·班固《东都赋》)。

中古是指从魏晋南北朝的相和大曲到隋唐的歌舞伎乐,是以歌舞大曲为代表的伎乐阶段。如"缓歌缦舞"(唐·白居易《长恨歌》)、"清歌妙舞"(唐·宋之问《有所思》)、"一串骊珠"(唐·白居易《寄明州于驸马使君》)、"歌台舞榭"(唐·吕令问《六中古城赋》)、"舞鸾歌凤"(宋·胡仔《苕溪渔隐丛话后集》)、"歌莺舞燕"(宋·苏轼《锦被亭》)、"珠歌翠舞"(宋·周邦彦《尉迟杯·离恨》)、"舞榭歌台"(南宋·辛弃疾《永遇乐》)、"载歌载舞"(南宋·郭茂倩《乐府诗集》)。

近世是指约束戏曲规范的形式,不再具有歌舞大曲的表演特点,是以戏曲音乐为代表的俗乐阶段。如"粉墨登场"(明·张岱《琅嬛文集·六·祭义伶文》)、"袍笏登场"(清·赵翼《数月内频送南雷述庵淑斋诸人赴京补官戏作》)、"南腔北调"(清·赵翼《檐曝杂记》卷一)。

第六章 数字文化视角下的汉语成语研究

在中华文化历史的长河中，数字成语也是文化发展的产物之一。本章从数字文化的视角出发对汉语成语进行了探索，主要内容包括汉语数字的文化内涵、汉语数字成语的基础知识以及汉语数字成语的文化意义。

第一节 汉语数字的文化内涵

一、汉语数字体现物质文化

与精神文化、制度文化相比，物质文化则较具体直观，属于表层文化，直接对应着人类的物质生活需要，我们可透过数字成语所蕴含的文化信息探究人们的服饰、饮食、建筑等，进而推求不同时代人们的生活方式和生活内容。

(一) 动植物、矿物中的数字

古人由于重五而喜欢运用五数，在将许多具有某种共同性的具体事物进行统括时，往往将他们归并为五类，或者从中选取五种。在这种心理支配下，各类事物以五统称、提要选五者数不胜数。例如：

动物中被视为"王者之嘉瑞"的有"五灵"：麒麟、凤凰、乌龟、龙、白虎。五种有毒的动物称"五毒"，指蝎、蛇、蜈蚣、壁虎、蟾蜍。与人类生活相关的有五畜即牛、羊、猪、鸡、狗。植物类食物有五谷：黍、稷、麦、菽、稻，也有说有麻无稻；五果：《灵枢经》的解释是枣、李、栗、杏、桃；五菜：《灵枢经》中指葵、藿、薤、葱、韭。矿物有五金：《汉书·食货志》指金、银、铜、铅、铁，后以锡代铅；五玉：古代祭祀用的黄琮、青圭、赤璋、白琥、玄璜（《周礼·春官·大宗伯》）；五石：道家用来冶炼服食认为可延寿的丹砂、雄黄、白矾、曾青、慈石。

有些五数总名已失去五的数量意义,或者向类名转化,如五谷是一切粮食或各种主粮,五金是常见的金属别名;或者不够五种也称五,如南方没有蝎子,过端午节洒雄黄水也说祛五毒。无论变得多于五或是少于五都继续说五,说明至今人们对于五仍是喜闻乐见的。

(二) 身体中的数字

人类首先认识的是人体自身,并通过对人体自身的认识来认知世界,这是语言中的一种普遍想象。例如,对山的认识,山的顶部称为"山顶",山的中部称为"山腰",山的底部称为"山脚"。汉语数字中与人自身联系密切的是"五"和"七"。

在古人心目中,五是与人的身体形态和生命奥秘息息相关的神奇之数。以躯干为中心,头部加双手、双腿之和为五,人主要靠头部和四肢进行运动。以手掌和脚掌为根基,手有五指,脚亦有五趾,正是依赖手指、脚趾,人才能够握取东西,制作和操作工具,以及直立行走。以鼻子为轴心,上有双目,旁有两耳,底下有口,口中有耳、目、口、鼻、舌构成了"五官",这些器官,是人感知、饮食和生存之所必需。古人认为,人体外有五官,听、视、尝、嗅、触,内有心、肝、脾、肺、肾五脏,其机能的盈亏决定人的健康与疾病。[①] 有一些描写人体外表、动作和心理的成语,至今仍借助于"五……"的表述形式,如"五短身材"说人矮小,躯干四肢均短;"五大三粗"形容人高大粗壮,身材魁梧;"五官端正"说人脸部各器官匀称,大小合宜;"五体投地"即指两手、两膝和头一起着地,这是佛教一种最恭敬的行礼仪式,比喻佩服到了极点;"五内俱焚"是说伤心得一切内脏如被焚烧,表示极度哀痛。

人体、心志有七窍(眼、耳、口、鼻共七孔)、七情(《礼记·礼运》:七情:喜、怒、哀、惧、爱、恶、欲。后来也有说是喜、怒、忧、思、悲、恐、惊)、七尺之躯等说法和总括。苏联科学家发现,"七"与人的一生划分阶段非常吻合:从出生到七岁为婴幼儿时期,由此到二七——十四岁为儿童时期,由此到四七——二十八岁为青年时期,由此到七七——四十九岁为中年时期,由此到七九——六十三岁为更年时期。[②] 多数人的健康、精力和才智都以七年为一个周期。我国《内经·素问》中关于女子以七为生命基数,男子以八为生命基数的观点,与当今科学的发展也是相当接近的。

[①] 吴慧颖. 中国数文化 [M]. 长沙:岳麓书社,1996:37.
[②] 甄香兰. 汉语数字的文化内涵探析 [D]. 济宁:曲阜师范大学,2010.

(三) 服饰中的数字

古代一种有五根横脊的礼冠，称为"五梁冠"，即进贤冠。《后汉书·法雄传》："伯路冠五梁冠，佩印绶，党众浸盛。"《晋书·舆服志》："进贤冠，古缁布遗象也，斯盖文儒者之服。前高七寸，后高三寸，长八寸，有五梁、三梁、二梁、一梁。人主元服，始加缁布，则冠五梁进贤。"《宋史·舆服志四》："一品、二品冠五梁，中书门下加笼巾貂蝉。"此外，皇帝的龙袍要绣满九条龙，称为"九龙袍"。

从民国初年以来，中国服装兴起了中山装。中山装上衣衣袋和纽扣数量的选择都有着明确的政治思想观念的印记：四个外露凸现的衣袋，分别代表着中华民族传统文化中的礼、义、廉、耻；五粒纽扣象征着"五权分立"的政治体制，两袖中各有三粒扣子，隐喻的是中华民国主导思想中的民族、民权、民生的"三民主义"的理念。

由此可见，服饰中数字的选择不仅有美观、实用的要求，其中也蕴藏着深刻的思想追求和深厚的文化含义。

(四) 饮食中的数字

中国菜肴有五味、五色和五香之说。古人把甜、酸、苦、辣、咸定为五味，这是就口感、味觉而言；也有把醋、酒怡、蜜、姜、盐作为五味，那是就物质而言。五色，西方是以红、黄、蓝作为原色，而我们中国是把红、黄、蓝、白、黑作为正色，其他为间色。五彩缤纷的菜肴可以经过眼神经传到大脑，同样能刺激味觉中枢，引起食欲，这就是条件反射的作用。因此，中国菜历来注重色彩鲜明、和谐、悦目。五香，通常指烹调食物所用的茴香、花椒、大料（八角）、桂皮、丁香等五种主要香料，即芳香类调味品。它的功能是把有腥味、骚味、膻味的食品变得无异味，进而使食品清香扑鼻。

此外，日常饮食中与数字有关的还有"三鲜"（多种鲜美的做菜或馅的原料，如虾、鸡、鱼、海参等）、五花肉、八宝饭、八宝菜、腊八粥。关于腊八粥的来历，源于佛家的一段故事：相传释迦牟尼成道前，有牧女向他进献乳糜，于是他精神大振，走到毕波罗树下，潜心思考，终于觉悟成道。腊八节当天是佛祖释迦牟尼成道的日子，为纪念佛成道，寺院僧人在每年农历腊月初八这一天要举行诵经供养大会，并煮粥供佛。大约到宋代，腊八节已在民间普及。这一天家家户户要吃用干果五谷煮成的"腊八粥"。

二、汉语数字蕴含制度文化

（一）行政管理制度

在行政管理制度方面，使用频繁的数字分别是三、六、九。最具代表的就是三公九卿制。三公九卿是辅佐皇帝的高官显贵。周朝的九卿是少师、少傅、少保、冢宰、司徒、宗伯、司马、司寇、司空，它们的官署称"九寺"。秦朝的九卿为：负责宗庙礼仪的奉常，侍卫郎的首长郎中令，管宫廷守卫任务的卫尉，管皇室车马的太仆，管皇族事务的宗正，负责少数民族朝觐的典客，管理山林池泽税收和手工业的少府，负责租税和财政的治粟内史，管刑罚的廷尉。

汉代京城管辖三辅为京兆尹，左冯翊，右扶风。不少典章制度和政治措施也尽量按三数设置和规定。例如，中央掌军政大权的有三公（周为太师、太傅、太保，秦为丞相、太尉、御史大夫，西汉为大司马、大司徒、大司空，东汉为太尉、司徒、司空）。《周礼》把执政大臣分为六官：天官冢宰、地官司徒、春官宗伯、夏官司马、秋官司寇、东官司空，亦称六卿。唐以后改为吏、户、礼、兵、工、刑六部，是分管六大事务的中央机构。《周礼·考工记》说"国有六职"：王公、士大夫、百工、商旅、农夫、妇功，这是我国最早关于身份和职业的分类法。

古代行政区划上有"九州"，官位亦有"九品"，分定等级自古以来也习惯用九。《尚书·禹贡》中将田地和田赋等级分为上上、上中、上下、中上、中中、中下、下上、下中、下下九等。《汉书·古今人物表》把人分为从上上的圣人到下下的愚人共九等。三国时期魏的陈群便依此创议建立九品中正制，将人才高下分为九等来评定，这是魏晋南北朝实行的从世族地主出身的人中选拔官吏的制度。南北朝弈棋亦将棋手技艺分为九品（九格），这便是今日围棋九段的渊源。

（二）军事制度

古时军队组织、人员编制方面用得较多的数字是五和十。宋杜佑《通典》记载："五人为列，二列为伙，五伙为队。"《南史·卜天兴传》："第天生少为对将，十人同伙。"由此两条记载，我们可以知道，古时军队编制，五人为一列，十人为一伙，二十五人为一队，队又称行，《木兰辞》中"同行十二年，不知木兰是女郎"，"同行"是说伙伴与她编在同一个人数大约相当于现在的排的名叫"行"的单位中。军队编制既有五人为伍，又有二十五人为行，所以后来当兵出身又称"行伍出身"。

关于军队编制中的"十",《尉缭子》中有"十人为什"。《新唐书·兵志》有"十人为火,火有长",即十人为一火,共灶起火,火长一人管炊事,相当于现在管生活的副班长,同火吃饭的战士称火伴,后写作伙伴。据《管子》记载,春秋时齐国户籍也是"十家为什",建立居民的基层单位。两汉县以下的建制是十里为亭,十亭为乡。军事、民政组织合一的匈奴,建制也以十为单位,"各自置千长、百长、什长"(《汉书·匈奴传》)。东汉以十家为一什,五家为一伍(见《后汉书·百官制》及李贤注)。

(三)礼法制度

中国历史悠久,拥有五千年文明,号称礼仪之邦。古代社会与国家管理方式既非法制社会,也非通常人们认定的人治社会,而是礼法社会。礼法是礼制与法律相结合的概念,融入哲学家的思想、法学家的智慧和政治家的实践。礼制是德治梦想的具体化,通过礼仪定式与礼制规范塑造人们的行为与思想;通过法律的惩罚维护礼法的绝对权威。

成书于东周时代的《仪礼》(又称《礼经》)十七篇讲述了十七种礼仪,《大戴礼记·本命》把它归并为"九礼",即冠礼(二十岁时举行加冠礼,即成人礼)、婚礼、朝礼(诸侯朝觐天子,天子接见诸侯之礼)、聘礼(国君派大臣去他国进行礼节性访问之礼)、丧礼(治丧、安葬之礼)、祭礼(祭祀祖先之礼)、宾主礼(待客之礼)、乡饮酒礼(基层行政组织定期举行以敬老为中心的酒会之礼)、军礼。《周礼·春官·大宗伯》和《秋官·大行人》还各有"九仪",前者是对九种命官的授命仪式,后者是天子接待九种不同名位等级的来朝者的不同礼节。行礼动作,《周礼·春官·大祝》有九拜:稽首、顿首、空首、振动、吉拜、凶拜、奇拜、褒拜、肃拜。其中,稽首是九拜中最隆重的拜礼,常为臣子拜见君王时所用,后来推广到一切隆重的场合。行礼时,施礼者屈膝跪地,左手按右手,拱手于地,头也缓缓至于地,头至地需停留一段时间,手在膝前,头在手后,顿首,俗称叩头。行礼时,头碰地即起。因其头接触地面时间短暂,故称顿首。通常用于下对上及平辈间的敬礼。

再来看一下婚礼。古代的婚姻,据说要经过六道手续,叫作六礼。第一是纳采,男家向女家送一点小礼物(一只雁),表示求亲的意思;第二是问名,男家问清楚女子的姓氏,以便回家占卜吉凶;第三是纳吉,在祖庙卜得吉兆以后,到女家报喜,在问名纳吉的时候也要送礼;第四是纳征,这等于宣告订婚,所以要送比较重的聘礼,即致送币帛;第五是请期,这是择定完婚吉日,向女家征求同意;第六是亲迎,也就是迎亲。以上所说的六礼当然只是为贵族士大夫规定的,一般庶民对这种六礼往往精简合并。

古时丧礼的着装也值得一提。丧礼中有五服，即按照同死者不同的亲疏关系分别穿斩衰、齐衰、大功、小功、缌麻五种丧服，服五种不同期限的丧。现用于指家族关系的远近，有所谓出五服、未出五服之说。

礼仪中数字九和五的频繁出现，也处处体现了九五之尊的等级观念。由此可见，古代礼制是通过规定人与人的之间的关系礼法，来维护一个稳定的社会统治秩序，最终的目的仍是为了维护统治者的统治。其成功之处是在于用较小的投资换来了较大规模的领土和人口，通过树立皇帝的决定权威从而达到巩固统治的目的。

三、汉语数字折射精神文化

精神文化覆盖了中华民族宗教、政治、哲学、艺术等意识形态领域，是人类精神生产的成果，它反映的是人类对世界的认识和理解，是人类心理和观念的体现。一个社会群体有特定的物质环境和社会组织模式，这些物质和制度的东西对人类的心理和观念的形成起着决定性的作用，形成了该社会群体所特有的文化精神。一个人从小到大，会自觉不自觉地适应整个社会共同的观念和心理，也就是对社会精神文化的适应过程。

（一）数字入文

中世纪早期著名希腊哲学家、数学家普罗克拉斯说"哪里有数，哪里就有美！"[①] 数字在文学中的应用，或精巧，或雅致，或有趣，真可谓"妙趣横生"，充分显示了它的神奇功效。中国文学与数字之间存在着千丝万缕的联系，最突出的表现有四个方面。

1. 在结构上，各层次之间常有定数关系

最具代表性的是唐诗宋词。唐以后的五、七言律诗，分作首联、颔联、颈联、尾联四联，每联两句，部分作品形成起、承、转、合的诗意结构；宋词中，除字数很少的小令不分段，大多数词都分作两段，称为双调。

2. 在用词上，大量和巧妙地使用数字，形成某些作品的显著特点

这里要说的，是在超常状态下大量使用数字，用得非常巧妙，颇见技巧，饶有趣味，用数字成为整篇作品或某一章节的特色，成为作品艺术性的主要成分之一，在诗歌和对联中这种情况尤为多见。

3. 在词序上，巧妙地排字布阵，使句篇产生增数效应

修辞中有回文格，文学作品中有回文诗、回文词、回文联……，这是从写

[①] 吴慧颖.中国数文化[M].长沙：岳麓书社，1996：318.

法和读法上界定的。如果我们从作品存在的方式来看，回文就进入了数量关系。即回文作品外观是一篇，内里还隐藏着另一篇，合起来是两篇；回文句子，乍看是一句，实际上是两句，甚至包含着好几句。所以我们可以尝试从另一角度给回文下定义：回文也可说是能够产生增数效应的作品。

4. 在内容上，以七事设喻进行讽说，一度出现"七"体

西汉枚乘作《七发》，首创了辞赋的"七"体，这是古往今来唯一只以数字命名的文体，是赋中的一种定型的主客回答的文体。枚乘《七发》篇中虚拟"吴客"去看望生病的"楚太子"，指出腐化享乐、安逸懒惰是贵族子弟的病根，此病非药石所能治，便说音乐、美味、驰射、游观、田猎、观涛、要言妙道七事来启发他。前六事在于希望太子改变生活，驱散懒惰习惯，结果未能奏效，最后听了"论天下之精微，理万物之是非"之言，才"涊然汗出，霍然病已"。

《七发》在写作上的特点是：设主客对话客以七事进行讽劝，其辞铺张渲染，"虽始之以淫侈，终之以居正，然讽一劝百，势不自反"（《文心雕龙·杂文》）。以后不少作家群起仿效这种写法，篇名亦冠"七"，如傅毅的《七激》、张衡的《七辩》、曹植的《七启》等，这种赋体的出现促进了汉代辞赋的发展。

(二) 数字入诗

中华文化博大精深，诗词歌赋，姹紫嫣红，而数字诗则是其中的奇葩。谢榛《四溟诗话》把这种将数字一至十依序巧妙地嵌入诗中的体裁，称为"十数体"，俗称"十字令"。

在一首诗中嵌入十个数字，并且运用精当、妙趣横生的当属宋代理学家邵雍节的一首五绝《山村咏怀》：

一去二三里，烟村四五家，亭台六七座，八九十枝花。

这首诗不过二十字，数字就占十个，独领半边风骚，正所谓平中蕴奇，一幅清新别致、恬静宜人的田园风景画跃然纸上。由于此诗短小质朴，读来令人耳目一新，后世翻新模仿者不胜枚举。

跟其他诗歌种类一样，爱情、婚姻也是序数诗的一个重要题材。最著名的当推汉代司马相如和卓文君的"两地书"。据说蜀中才子司马相如赴长安，官运亨通，被拜为中郎将，自觉得身份不凡，便兴起了休妻的念头。他到长安五年之后，才给妻子卓文君寄回一封"信"，上面只写着"一二三四五六七八九十百千万"一串数字。聪慧的卓文君看后，马上悟出了此信的谜底：这一串按顺序排列的数字唯独少了一个亿字，"亿"谐"忆""意"，无"亿"即无

"忆"、无"意"也。卓文君痛定思痛后也借用这十三个数字，巧妙地回了一封信：

一别之后，二地相悬，只说三四月，又谁知五六年，七弦琴无心弹，八行书无可传，九连环从中折断，十里长亭望眼欲穿，百思想，千系念，万般无奈把郎怨。

万言千语说不完，百无聊赖十倚栏，重九登高看孤雁，八月中秋月圆人不圆。七月半烧香秉烛问苍天，六月伏天人人摇扇我心寒，五月石榴如火偏遇阵阵冷雨浇花端，四月枇杷未黄我欲对镜心意乱，急匆匆，三月桃花随水转，飘零零，二月风筝线儿断。唉！郎呀郎，巴不得下一世你为女来我为男。

这首诗两段文字把对司马相如的思念和怨气表达得淋漓尽致，充分展示了卓文君的才情。据说司马相如读罢信后惊叹不已，夫人的才思敏捷和对自己的一往情深都让他深感内疚，终于打消了休妻的念头，高车驷马，亲自回家乡把妻子接到长安。

第二节 汉语数字成语概述

一、汉语数字成语的含义

数字成语是指一个成语里面含有数字（一个、两个或两个以上）的一种成语。数字是汉语的基本词，在中国古代的甲骨文中已随处可见。可见数字影响之深广，在汉语中占有很重要的地位。汉语中有相当数量的成语运用了数字，甚至有一些成语全部由数字组成，形成了汉语的一大特色。

成语中大量的数字语素是虚指的，不是表示实际应用的数目，不具有"数"的客观实在性，而是表示虚化的带有一定主观色彩的抽象义。从现代汉语来看，成语中共用了十三个不同的数字：一、二、三、四、五、六、七、八、九、十、百、千、万。汉语成语中的数字组合搭配格式多种多样，数字在这些各种各样的搭配形式中也形成了各种各样的特点。

二、汉语数字成语搭配形式的特点

（一）汉语数字成语搭配的结构形式

数字进入成语之后，由于所处的位置不同，因此形成了不同的结构形式，有联合结构、主谓结构、动宾结构、偏正结构、动补结构等。下面将详细论述。

1. 联合结构

一草一木　一年一度　一清二白　一来二去　接二连三
三言两语　朝三暮四　四书五经　四通八达　五颜六色
七手八脚　千呼万唤　千军万马　千言万语　万水千山

从以上例子可以看出，构成联合结构成语中的数字大多处于第一、三字的位置上，处于第二、四字或者其他位置上的很少。

2. 主谓结构

一字千金　一分为二　一日三秋　一身五心　一口三舌
一波三折　一日千里　一目十行　三十而立　九九归一

3. 动宾结构

一掷百万　略知一二　二三其德　三顾茅庐　包罗万象

4. 偏正结构

一孔之见　二八佳人　五尺童子　九五之尊　九世之仇
十万火急　十年寒窗　百年大计　百万雄师

5. 动补结构

一泻千里　一举千里　流芳百世　入木三分　退避三舍

(二) 汉语成语中数字搭配格式的特点

汉语成语中数字搭配格式主要分四种情况来论述：一是只有一个数字的成语；二是有两个数字的成语，这点又将从七小类来分析；三是有三个数字的成语；四是都是数字组成的成语，即严格意义上的数字成语。

1. 只用一个数字的成语

一技之长　缺一不可　二姓之好　不二法门　三思而行　绕梁三日
四面楚歌　四海为家　五体投地　五味俱全　六神无主　六亲不认
七窍生烟　七步成诗　八面玲珑　八方风雨　九霄云外　九世之仇
十恶不赦　十行俱下　百年偕老　千里迢迢　千钧重负　万事如意

数字"一、二"都可分别出现在成语的任何位置；数字"三"除了在第二个字上不出现外，其余位置都可以；数字"四、五、八、九、十、百、千、万"出现在第一字或第三字上；其他数字只出现在成语的第一字上。

2. 两个数字出现在成语中，共有七种情况

第一种：同一个数字在成语中出现两次，位置在第一、第三字上；这类成语中的数字共有五个，即"一、九、十、百、万"，而在这五个数字中，"一"

在这种成语中出现的频率最高。举例如下：

一针一线　一草一木　一心一意　一生一世　九纵九擒
十全十美　百战百胜　百依百顺　百发百中　万事万物

第二种：同一个数字在成语中出现两次，位置在第二、第四字上。这类成语的数字共有两个，即"一、三"，这种类型的成语非常少。例如：

说一是一　拿三道三

第三种：两个数字，一小一大；小的在前，大的在后，出现在第一、第三字上。这是常见的一类。例如：

一干二净　一穷二白　三年五载　三皇五帝　四通八达　四书五经
五颜六色　五脏六腑　七手八脚　千呼万唤　千秋万代　千端万绪

第四种：两个数字，出现在第一、第三字上，但有双倍或三倍关系。例如：

一来二去　一波三折　三头六臂　三姑六婆　三教九流
三跪九叩　四面八方　四通八达　四平八稳　五光十色

第五种：两个数字，一小一大；小的在前大的在后，出现在第二、第四字上。这种成语不算少。例如：

独一无二　数一数二　举一反三　以一奉百　接二连三
朝三暮四　低三下四　横七竖八　杂七杂八　成千上万

第六种：两个数字，一大一小；大的在前小的在后，出现在第一、第三字上。这种成语也不少见。例如：

三位一体　三心二意　四海一家　五湖四海　五大三粗
七情六欲　九死一生　九牛一毛　十拿九稳　百不一存
百死一生　千篇一律　千方百计　万无一失　万众一心

第七种：两个数字并列，或小数在前，或大数在前（以小数在前居多），出现的位置有三种情况：第一、第二字上；第二、第三字上；第三、第四字上。这类成语不多。例如：

略知一二　二三其德　三五成群　三十而立　乱七八糟
九五之尊　十万火急　百万雄师　感慨万千　气象万千

3. 三个数字连用

三个数字连用的成语很少。例如：

一掷百万　三六九等　七老八十　九九归一　十有八九

4. 四个数字连用

这是汉语成语中数字搭配的一种特殊情况，反映了数字对汉语词汇影响的一个重要侧面。例如：

一五一十　三三五五　十十五五　千千万万　万万千千

三、汉语数字成语的修辞作用

（一）语言简练，表意精确

成语的出现正符合汉语追求"语言经济性"的目标，用较少的语言来表达丰富的内容。这也是成语最突出的修辞特色之一。例如，"三心二意"与"一心一意"是两个表示反义范畴的成语，前者表示"又想这样，又想那样，犹豫不定。形容心思不专一，意志不坚定"；后者表示"一个心思，一个意念。形容专一地从事某种活动，没有其他念头。也指没有其他的打算和要求"。这两个表示人的感情的成语，很明显都具有文约意丰、形象逼真的特点。又如，"形容色彩繁多，光艳夺目"的成语有"五颜六色"，它比"颜色多种多样"的表述简洁、形象、优美多了；相类似的还有"五光十色"，"形容色彩光泽鲜艳明亮，花样繁多"。再如表示人们的言语、行为的数字成语有"七嘴八舌"，形容"人多嘴杂，议论纷纷"，类似的还有"说三道四"指"随意议论别人"，与这两个成语意义相反的有"众口一词"，表示"所有的人都说同样的话，形容对某事物大家的说法都一致"等，这些数词成语的意义都表现出简洁、明确的特点。

（二）手法多样，鲜明生动

1. 采用夸张手法构成的数字成语
（1）扩大性数字夸张
这类成语中的数字是将客观事物及其动作行为、性质状态等的一般情况往大的方面作夸张性的描述，极言数量之多，范围之广，程度之重等。例如：

三思而行　三令五申　四分五裂　五颜六色　九霄云外　百孔千疮
千方百计　千门万户　万象更新　万劫不复　万水千山　万紫千红

这些数字成语中的数词都含有"很多、极多、无数"的意思，强调不可胜数。相似的例子还有"百川归海"中的"百川"是指很多江河；"万马奔腾"中的"万马"是指无数的马匹；"万古长青""万古流芳"中的"万古"都指久远的年代；"五花八门"是形容花样繁多或变化多端；"五光十色"是形容色彩鲜艳且式样繁多；"千变万化"是极言变化之多，"千言万语"是极言话语之多，"千叮万嘱"是指反复叮咛，"千恩万谢"是指再三感谢等。再如：

三教九流　四海升平　四面八方　六神无主　六街三市　七情六欲

这些成语中的数字是极言范围之广的扩大性夸张，含有"一切、任何、所有"的意思，强调没有例外。相似的例子还有"五彩缤纷"中的"五彩"，原专指青、黄、赤、白、黑，现泛指各种颜色；"六畜兴旺"中的"六畜"，原专指猪、牛、羊、马、鸡、狗，现泛指各种家畜家禽；"四面楚歌"中的"四面"，后用以泛指周围；"六亲不认"中的"六亲"，后用以泛指亲属。

（2）缩小性数字夸张

这类成语中的数字是将客观事物及其动作行为、性质状态等的一般情况往小的方面作夸张性的描述。其中最常用的数字是"一"，此外还有一个"半"（它不是本章论述的范围）。用它们同其他的词或词素搭配，组合成一些形式固定的表达格式，在此构造出具体成语。例如：

一丝一毫　一朝一夕　一手一足

这类成语中的"一"是最小的正整数，含有"小、少"义。"一丝一毫"中的"一"是"形容数量的渺小"；"一朝一夕"中的"一"是说明时间的短促；"一手一足"是表现力量的单薄，都含有明显的缩小性夸张的意味。

还有从程度的深浅方面来进行缩小性夸张。例如，"一孔之见"是形容见解的狭隘；"一席之地"是比喻极小的一块地方或一个位置；"一日之雅"是描写交情的浅薄；"一得之功"是指一点儿微小的成绩。再如：

一钱不名　一毛不拔　一尘不染　一筹莫展
一窍不通　一丝不苟　一丁不识　一介不取

这些成语中，"一 N（"一"加名词）"表示微小或极少的事物，它跟"不 V（"不"加动词）"相呼应，表示一种普遍性的否定意义，即连如此微小或极小的"一 N"尚且"不 V"，其他大量的乃至全部的同类事物就更不用说了。例如，"一钱不名"是指一点儿钱都没有，形容十分贫穷；"一尘不染"形容环境非常清洁或物体十分干净，一点儿灰尘都没有；"一窍不通"没有一窍通悟，比喻什么都不懂；"一丝不苟"形容工作态度认真，丝毫不马虎；"一毛不拔"是说连一根汗毛都不肯拔出，比喻极其吝啬。

（3）对比性数字夸张

这类成语中的数字是由对比和夸张两种修辞手法来表现夸张性的意义内容的。从对比项之间的关系看，它主要有下面两个小的类型：

分母和分子的对比：成语中的两个数字分别代表分数的分母和分子，它们与在数量上存在某种比例关系的两个事物或现象相联系，在相互比较、彼此映衬中表现成语的夸张意义。例如，"十拿九稳、十室九空"中的"十"为分母，是最小的十位数；"九"为分子，是最大的个位数。两相比较，分子比分母仅少一个，表示在总数中所占的比例极大，几乎涉及所述事物的全部对象，因而具有夸张性。再如"百里挑一、百无一失、千载一遇、万世一时"中的"百、千、万"是较大的数,充当分母;"一"是最小的正整数,充当分子。两相比较,数值相差悬殊,表示在较大的总数中所占的比例极小,只涉及所述事物中的微不足道的个别对象,因而也具有夸张性。

大数和小数的对比:成语中的两个数字都是整数,它们一大一小,分别与有关的两个事物或现象相联系,通过对比手法表现成语的夸张意义。这部分成语中对比项的确定可以是多种多样的。例如:

一本万利　一日三秋　千钧一发　九死一生　九牛一毛

这几个成语是密切关联的两种事物现象在数量上的对比,如"一本万利"是用少量本钱和巨额利润作对比,比喻花费少而收获大。又如:

一呼百诺　举一反三　杀一儆百　挂一漏万

这些成语是密切关联的两个动作行为在数量上的对比,如"一呼百诺"是用"一人"呼唤和"百人"应诺作对比,形容权势盛而侍从多。又如:

一诺千金　一言九鼎　一字千金　一刻千金

这些成语是事物数量之少与价值之高、作用之大的对比,如"一诺千金"是用"一诺"的数量之少与"千金"的价值之高作对比,形容绝对讲信用。再如:

一目十行　一谦四益　一树百获　一举千里　一掷千金

这些成语是动作次数之少与效率之高、成就之大的对比,如"一目十行"是用"一目"的次数之少与"十行"的成效之高作对比,形容看书速度快。

2. 采用比喻手法构成的数字成语

一贫如洗　一败如水　一孔之见　一箭之地　一场春梦　一毛不拔

比喻这种经常运用的修辞手段,出现在文艺作品的各个方面。例如,谜语、对联、相声、小品等。另外,比喻手法的运用也突出表现在创造词语方面,尤其是成语,由比喻手法构成的成语也为数不少。因为比喻的运用具有加强语言的形象性,增强语言美,提高艺术效果的功能,所以我们随时随处可以看到它的"身影"。用比喻构成的成语也取得了与众不同、锦上添花、形象生动、通俗易懂的效果,使人过目不忘,铭刻于心,如"一贫如洗",意思是"穷得像被水冲洗过一样,形容一无所有";"一败如水"的意思是"形容失败惨重,就像水泼到地上那样不可收拾";"一孔之见"意思是"从一个小窟窿所见到的,比喻狭隘片面的见解"。

3. 采用反复手法构成的数字成语

同一个数词出现在成语中,有交错出现的,有连用出现的。前者例如:

一心一意　一生一世　一言一行　一手一足　一丝一毫

— 111 —

一唱一和　一举一动　十全十美　百依百顺　百发百中

后者例如：

九九归一　三三五五　十十五五　千千万万　万万千千

连用同一个数词"一"的成语，反复强调事物的类似的情况，通过重叠和意义的反复，使被叙述和解说的事情的形象更加突出，感情色彩更加鲜明。例如：

一草一木　一丝一毫　一言一行　一模一样

再如，"一唱一和"，表明两个动作配合得很好，彼此和谐；"一举一动"中数字"一"的重复是用来强调每一个动作的；"十全十美"是用来形容事情的完美无缺，也表达了中国人民一向对美好幸福生活向往的心态。"百依百顺"是用来形容一切都顺从别人，含贬义；"百战百胜"是用来形容善于指挥作战，每战必胜，所向无敌；"百伶百俐"用来形容非常聪明乖巧；"百发百中"用来形容射箭技术高超。

（三）结构美

1. 声调抑扬的错落美

汉语是很讲究平仄和语言的音乐性的。闻一多先生曾对格律诗提出过三美的要求，即"音乐美、绘画美、建筑美"[1]。"声调抑扬的错落美"以及后文将要谈到的"同字相连的叠音美"都形成了成语的"音乐美"，成语中运用的摹状、对偶、对比等手法又构成了成语的"绘画美"。例如：

水天一色　一泻千里　一草一木　十羊九牧　横七竖八　九霄云外

这些成语都会给人以无限遐思，让人展开想象的翅膀，充分感受如诗如画的美感。

成语的两个音段的节奏点一般是平仄相反，两个声调大类互相交替转换，形成音高方面抑扬顿挫的错落变化。下面将从成语中平仄这两个方面的搭配情况来具体阐述这个问题。

平平/仄仄：

三番五次　朝三暮四　低三下四　千方百计

平平/平仄：

三年之艾　三灾八难　七颠八倒　十全十美

---

[1] 潘伟斌，何林英，刘静. 现代汉语言文学研究的多维视角探索［M］. 长春：吉林大学出版社，2019：116.

仄仄/平平：
四面八方　四海为家　五彩缤纷　万水千山
平仄/平仄：
一泻千里　三占从二　七上八下　千载一遇
还有平仄仄平、平仄平平、仄平仄平、仄平仄仄等组合形式，形成了数字成语"声调抑扬的错落美"，读起来节奏起伏变化，朗朗上口，增强了语言的节奏感和音乐美。

2. 同字相连的叠音美

同字相连而形成的叠音，可以强化单音的色彩韵味，使之或者更响亮铿锵，或者更低微婉转，从而朗朗上口，悦耳动听，造成具有音乐感的情趣。数字成语中的叠音主要具有的特点是双音相叠。例如：

三三五五　十十五五　千千万万　万万千千

也有其他叠音形式。例如：

六六大顺　九九归一

相同音节的字反复出现，造成了声音上的回环往复、绵延不尽的音韵美，取得了一波三折、引人入胜的音乐美感；同字相叠又缓冲了语气，延长了语调，使语气变得柔和、委婉。

第三节　汉语数字成语的文化意义分析

一、含"一"的汉语数字成语的文化意义

数字"一"在成语中的地位与其他数字是截然不同的，这与"一"的哲学意义是密不可分的。我国第一部字典《说文解字》中对"一"做出了如下的解释"一，惟初太始，道立于一，造分天地，化成万物。"可以看出我国古代传统文化中对"一"的解释完全是从哲学思维的角度来进行的，这与数字的基本性质是不相符合的，但是也更加凸现出一在数字中的特殊地位以及其丰富的哲学内涵。古人认为天地万物本为一体，也可以将这个统一体称之为混沌，混沌初开化生万物，而在混沌开辟之前宇宙就是"一"，一可以说是万物的起源，万物都是从"一"中诞生的。

由此可见，"一"在我国传统文化中有着重要的哲学意义和内涵，但这并不是决定"一"在成语中大量使用的根本原因。"一"相对于其他数字而言具

有更加丰富的内涵，具体而言"一"在《古汉语字典》中就有11项含义：

(1) 最小的数字。第一，第一次。成语：一鼓作气。
(2) 最初。《史记》："一市人皆笑信，以为怯。"
(3) 一样。《荀子》："百将一心，三军同力。"
(4) 统一。《韩非子》："法莫如一而固，使民知之。"
(5) 专一。《汉书》："守职不挠，可谓诚一矣。"
(6) 一体。《过秦论》："合纵缔交，相与为一。"
(7) 一概。《岳阳楼记》："而或长烟一空，皓月千里。"
(8) 一旦。《吕氏春秋》："一闻人之过，终身不忘。"
(9) 才，表示时间。《资治通鉴》："初一交战，操军不利。"
(10) 或者。《礼记》："一张一弛，文武之道。"
(11) 加强语气。《石壕吏》："吏呼一何怒，妇啼一何苦！"

综上所述，"一"的内涵从最初的表示数量和次序逐步发展为十一项引申义，这一过程是随着古代汉语言的发展而逐步形成的，丰富的含义是"一"被大量应用与成语的重要基础条件。按照《中国成语大词典》中数字成语的数量统计结果分析，包含一的成语遥遥领先于其他数字。

按照成语大词典的统计结果，435个以"一"开头的成语中有131个是褒义词。[①] 以131个褒义词作为分析对象，可以看出在成语中"一"的含义除了其基本意义也就是表示数量之外，主要表现为"最初"的意思，如"一如既往"；"整体"的意思，如"一力承担"；"统一"的意思，如"一匡天下"；"同样"的意思，如"一模一样"。这些意义也代表了人们心中对美好生活的向往。其中，"一"有表示"最初，开始"的意思，这是因为"一"是所有数字的起点，因此人们用"一"来比喻开始。而良好的开端是人心中美好的"一"，因此才有"一见如故""一见钟情"等表示良好开端的成语。

而"一"作为最小的数字又带来了新的引申义也就是圆满，这也体现出古代朴素的辩证思想。《庄子》云："至大无外，谓之大一，至小无内，谓之小一。"这是对"一"最完美的辩证解释，体现出了"一"矛盾统一的内涵，至大和至小都可以体现为"一"，因此"一"可以表示圆满、大、完全，成语中如一路平安、一心一意都体现了这一引申义。由圆满的含义又引申出了"统一"和"相同"的含义。由此可见，数字"一"并不含有贬义的含义，但是按照统计结果分析表示贬义的含有"一"的成语却占了大多数。

[①] 陈晓杰. 含数字成语的语法、语用分析及在对外汉语教学中的策略 [D]. 南宁：广西师范大学，2013.

分析结果显示，含有"一"的成语如果表示贬义的话，则在该成语中一般都会包含另一个表示反面含义的字，"一"本身在该成语中并不体现出贬义，当然也有个别的成语由于其有特殊的典故也能表示否定意义，如"一败涂地""一贫如洗""一筹莫展"等。

通过对含"一"之成语的褒义和贬义色彩进行的对比分析，可以得出结论：我国古代文化中对数字"一"的喜爱程度是其他数字所不能比拟的，甚至可以说"一"在我国古代文化中已经超越了数字的角色地位，特别是道家思想通过数字"一"得到了完美的体现和传承。

二、含"二"的汉语数字成语的文化意义

"二"作为最小的偶数在成语中的数量却是最少的一个，但是应当对此有一个正确的认识，"二"在成语中使用频率低并不意味着它的重要性不如其他数字，而事实上，"二"这一数字对我国传统的审美理念有着不可替代的重要影响。我国古代哲学思想中蕴含着朴素的辩证思想，而这种思想对于审美观的形成又起了决定性的作用，崇尚偶数和以偶数为吉祥如意的象征就是传统审美观念对辩证统一思想的最好体现。古人认为阴阳结合是产生宇宙万物的唯一途径，这种对宇宙起源的理解和哲学观念体现在审美观方面就是强调以偶数为审美标准，比如我国传统文化中以对偶和对称形式作为美的重要表现形式，在诗词创作、艺术品造型、建筑等方面都有重要的表现。

"地之数也，从偶一。"是《说文解字》对"二"的解释，这一含义中体现了"二"和宇宙的联系。而"二"的含义往往体现出比"一"低一等的含义，或者表现出低劣的引申义，如"二流子"等还有贬义的词语。"二"还有"分歧"和"不忠"的意义，这也是与"一"表示"统一""专一"等含义相对的，如"臣无二心，天下之制也。"等。"二"的这两个义项也在成语中有明确的表现，如"二三其德"。尽管"二"在传统文化中具有重要的地位，但是含有"二"的成语更多地表现为贬义色彩，因为"二"与"一"的相对关系导致其往往代表了地位低下和不专一、不统一等，这是与汉语的发展密不可分的。因此可以说偶数虽然能表示吉祥，但也能体现出一定的贬义。

三、含"三"的汉语数字成语的文化意义

在日常生活中我们常常会听到用到火冒三丈、接二连三、三足鼎立等含有"三"的数字成语。那么我们不禁会问，为什么"火冒"是"三丈"，"鼎"要用"三足"，它们有什么特殊的意义吗？这就要从"三"特有文化意义说

起,"道生一,一生二,二生三,三生万物。万物负阴而抱阳,冲气以为和。"是老子《道德经》的学说中一段重要的论述,其基本含义是解释世界万物的起源的变化规律。老子的学说得到了宋代学者王安石的继承和发展。"道立于二,成于三,变于五,天地之数。"(《老子》)也是道家学说中著名的论断,"三"和"五"两个数字非常受到道家思想家的推崇,在很多道家著作中都将这两个数字看作是世界的起源。这两个数字和"七""九"统称为阳数,虽然阳数在道家学说中的明确意义已经无从考证,但是成语中对阳数的使用状况分析,可以看出古人对阳数的喜爱之情。

"三"也引申出众多的意义,如"三朋四友"泛指各种朋友;"三思而行"指经过反复思考,然后再去做;"三纸无驴"形容写文章废话连篇,不得要领。再如三令五申、三缄其口、三人成虎等,由此看来,"三"在古代运用的非常广泛,奠定了它在中国文化中的重要地位。

四、含"四"的汉语数字成语的文化意义

包含"四"的数字成语如四壁萧然、四大皆空、四方八面、四方云扰、四方之士、四方之志、四分五裂、四海安危、四海鼎沸、四海困穷、四海飘零、四海为家、四荒八极、四面八方、四面出击、四面楚歌、四面受敌、四平八稳、四通八达等,从上我们可以看出"四"有"方正""安稳"的含义,这与中国古代的宇宙观有关。

上下四方曰宇,古往今来曰宙,"四"这一数字在古代宇宙观中具有重要的地位,因此"四"也在古代哲学中有不可替代的重要意义。"四"在周易中代表先天八卦中的"震"卦,有积极向上的含义;同时,后天八卦中第四卦是巽卦,代表自由。"四"在成语中体现为一个概括性、整体性的代表数字,如四通八达等表达通达、广阔含义的数字大多含有"四"。《周易·系词》曰:"天地生两仪,两仪生四象,四象生八卦。"简直是无所不容、无所不包。在古代存在着天圆地方之说,既然古人认为地是方的,而大地承载着一切,所以"四"具有"安稳""平定""和谐"的意思。如:"四海升平"指天下太平;"四平八稳"原指物体位置很平稳,后用以形容人举止稳重,现形容说话办事照顾到各个方面,非常稳当;"四通八达"形容四面八方都有路可通,形容交通便利。由此看来,"四"在中国传统文化中的涵义都是吉祥和褒义的。

五、含"五"的汉语数字成语的文化意义

包含"五"的成语中往往表现出和人类身体的紧密联系。古人发现自身的身体构造中蕴含着很多与"五"相关的方面，如五短身材、五大三粗，在这之后对"五"认识又扩展到空间（五湖四海）和时间（五黄六月），这一认识给"五"这一数字蒙上了一层神秘的色彩，因此在古人的观念中对"五"有一种崇拜的情绪蕴含其中，并以此为根源产生了大量与"五"有关的词语，这些词语大多是用以阐述人的生命以及世间万物的发展规律，如五脏六腑、五体投地等。"五"的这种含义被古代哲学家进一步的发展，用来解释各种自然现象和社会现象，如五风十雨、五常三纲。综上所述，"五"是古人阐述宇宙起源和自然规律的一个重要符号。

六、含"六"的汉语数字成语的文化意义

现代很多人都非常喜欢"六"，不知从什么时候开始"六"有了顺的意思，但若查其根源，不管是在字音上，还是在字义上，"六"都与"顺"似乎都没有必然的联系。在包含"六"的成语中，褒义的和贬义的几乎是各站一半。如带有褒义色彩的："六出奇计"泛指出奇制胜的谋略；"六畜兴旺"的"六畜"指马、牛、羊、猪、狗、鸡，指这六种家畜繁殖生长得很快，形容畜牧业繁荣兴旺；"六合时邕"中的"六合"指上下和东西南北四方，泛指天下或普天之下；"六街三市"泛指城市中的闹市。

带有贬义色彩的："六亲不认"中的"六亲"指父、母、兄、弟、妻、子，一说指父、母、兄、弟、夫、妻，指所六属。形容不通人情世故，跟任何亲属都不来往。有时指坚持原则，对任何人都不讲情面；"六神无主"中的"六神"是道教的说法，指心、肝、脾、肺、肾、胆各有灵神主宰，成为六神。形容心慌意乱，张皇无措；"六马不和"中的"六马"是说古代有的车用六匹马驾驭，"和"的意思是和谐，六匹马的步调不齐，比喻不和谐，不协力，事业不能成立。由此可以看出，带有"六"的成语表示好与坏的含义都有，即使是带有褒义的成语，也没有顺的意思，"六"代表顺利应该只是人们的主观臆想，并没有客观依据。

七、含"七"的汉语数字成语的文化意义

"七"在成语中的使用大多是表示贬义，褒义词只有两个，即"七步之才"和"七步成章"，二者的基本含义是一样的，同样都是产生于一个著名的三国典故：魏国皇帝曹丕逼迫一奶同胞的亲弟弟曹植在七步之内作一首诗，否则就要杀头，大才子曹植才有了"煮豆燃豆萁，豆在釜中泣"的千古名句，这两个成语也成为这一典故的附属品而流传下来。另外，包含"七"的成语大多也包含"八"并且和成语本身的感情色彩没有明显关系,同时含有"七""八"的成语大多表示凌乱混杂,如"七拼八凑""七手八脚""七零八落"等等。综上所述,含有"七"的成语基本上都是表达一些消极负面的含义。可见,"七"在成语中的含义基本都是贬义,因此"七"这一数字不能实现人们希望通过吉祥数字讨一个好兆头的心理愿望。

八、含"八"的汉语数字成语的文化意义

包含"八"的数字成语,大抵有两种意思,与"四"连在一起使用时,"八"大都解释为全面、完美、圆满、通达的意思,多有褒义色彩,如八拜之交、八方呼应、八方支援、八观六验、八门五花、八面见光、八面玲珑、八面威风、八面圆通等。不过与"七"连在一起使用时,表达的意义大多都是"凌乱混杂"的意思,如"七病八痛"指各种各样的疾病;"七死八活"形容人遭受折磨,半死不活的样子;"七高八低"形容高低不平;"七长八短"形容长短不一;"七张八嘴"是议论纷纷。

现代人对于"八"字给予了美好的个人意愿,将其与发财之意联系起来。因此产生一种说法要将"七上八下"之中的"八"字剔除,因为在当前的语境中通常将这一数值与完美和发达结合起来,并通过和与之有倍数关系的"四"字联合使用,来体现出肯定的含义。例如,"四平八稳"以及"四通八达"。在这个意义上来讲,"八"字确实体现出了较多的肯定含义,极少出现含有这一数字而表达贬义的成语。综上所述,"八"字确实在很多情况下体现出顺利与完美之义。

九、含"九"的汉语数字成语的文化意义

"九"在传统文化中被称作"极阳数",是全部阳数中最大的一个,因此"九"在成语中的重要义项为"多"和"极致",如九鼎大吕、九五之尊等。在封建社会中,帝王作为统治阶级的最高权力拥有者,常采用"九"这个"极阳数"来彰显自己的至尊地位。皇帝用的椅子叫九龙宝座,皇城有九道城门,掌管九道城门的官员称之为九门提督,甚至城门上的铜钉也是排列成九排九列,寓意九九归一,一统天下的意思。蕴含帝王之气的"九"在成语中只有一个贬义词即"九死一生",即便是这唯一的一个贬义词也只不过是用来描写客观环境的凶险,而与人没有任何关系。综上所述,含有"九"的成语无法和"不吉利"的事物产生一丝一缕的联系。

十、含"十"的汉语数字成语的文化意义

"十"字在很多时候体现出圆满的美好含义。这一深刻内涵来源于我国古代文明对于这一数字的理解,"一为东西,二为南北,则四方中央备矣。"也就是说,这一数字的整体结构分布较为均匀对称,并且具有明确的中心点,进而在很大程度上体现出汉字在审美取向上的终极表达。在这个意义上来讲,这一数值将我国文化中的圆满与和谐淋漓尽致地体现出来。在具体的成语运用实践中,有很多例子可以作为佐证,如"十全十美"。然而由于这一数值并非个位数,所以在实际运用中涉及较少,因而也就没有被深入而广泛的界定,但这并没有在根本上影响到这一数值的运用,因而具有极高的文化价值。

第七章 动植物文化视角下的汉语成语研究

　　作为世界上古老且又发达的语言之一，汉语有着丰富的词汇和形式多样的固定词组，成语也是其中之一。汉语成语结构固定，言简意赅，具有一般词语不能比拟的表达力，因此，目前汉语成语被广泛地运用于书面语和口语表达中。在众多的汉语成语中，有一些特殊且文化意义深远的汉语成语，即含有动植物的成语。有的动物或者植物直接在成语中体现，有的动物或者植物的含义隐藏在成语之中，但字面上并没有动物或者植物名称词语的出现。本章首先分析了动物文化视角下的汉语成语，接着分析了植物文化视角下的汉语成语，最后分析了《诗经》成语中的动植物文化。

第一节 动物文化视角下的汉语成语

一、常见动物的汉语成语文化分析

（一）"羊"有关汉语成语的文化分析

　　"羊"的语言文化分析羊在汉语文化中是一种吉祥的动物。它凝聚着中国人崇尚善良、美好、温顺、吉祥的情结。为"三阳开泰"，由于古时"羊"与"阳"谐音，所以三只羊仰望太阳的图案就象征着吉祥、安泰。同时，"羊"与"祥"二字通假，所当然成了祥瑞之物。但是另一方面，往往又是猛兽的猎物，因而羊也就有了在这个弱肉强食的动物世界里"懦弱"的一面。在"顺手牵羊""亡羊补牢""羊毛出在羊身上""十羊九牧""歧路亡羊"这些成语中，"羊"总是以牺牲者的形象出现，汉语语言中以羊来喻指弱者。另外，还有成语"羊踏（破）菜园"，源自三国魏·邯郸淳的《笑林》，说有人尝食蔬茹，忽食羊肉，梦五脏神曰"羊踏破菜园。"其后其用来比喻偶贪荤食而至腹疾。这个成语含有讥嘲之意。

此外，还有一种羊，即绵羊，其在汉语语言文化中的意义是憨厚、驯服、善良、任人宰割的，所以我们语言中有"可怜的小绵羊""替罪羊"等俗语，表达了中国人对绵羊的爱怜与同情。

有的羊还有角，比如公羊和羚羊。角作为它们生活中的工具，有时候会很有用，但是有时候可能会起反作用。"羚羊挂角"这个成语原来是禅宗用语。传说羚羊夜宿时将角挂在树上，脚不着地，猎狗无迹可寻。因而用来比喻义理或旨趣不着痕迹，只能领悟而不能拘泥于语言文字。"羝羊触藩"则是公羊顶撞篱笆（挂住了角），后来用来比喻进退两难。

除此之外，还有一个成语"红羊劫年"是和年份有关的，与之前我们研究的羊的语言文化意义有所区别。古人以为丁未是容易发生灾祸的年份，丁属火，色红，未属羊，因以丁未为红羊。所以"红羊劫年"是指国家遭受灾难的岁月。

(二)"马"有关汉语成语的文化分析

在《汉语成语考释词典》中，"马"单独出现在成语中有72个，是所有动物成语中最多的一种动物。例如，"鞍前马后""按图索骥""白驹过隙""兵荒马乱""兵强马壮""车殆马烦""车辙马迹""大马金刀""单枪匹马""东风（吹）马耳""孤蹄弃骥""害群之马""汗马功劳""横戈跃马""金戈铁马""金马玉堂""渴骥奔泉""快马加鞭""老骥伏枥""老马识途""厉兵秣马""悬崖勒马""马不停蹄""马到成功""马革裹尸"等。

马，不仅是在所有动物单独出现的成语中次数最多的，也是所有动物在动物成语中出现次数最多的。其中最重要的原因应该就是马在中国古代社会中的重要地位，它作为最重要的交通和作战工具，是一个国家强与弱的重要方面。我们之前提过祭祀用的动物，原本牛、猪、羊、鸡、狗这五种，如果再加上马，正好为六畜。但是我们所说的牲物并不取马，因为在那个时代，马不仅关乎军队的战斗力，还代表国力——故有"千乘之国""万乘之国"的说法，炫耀国力夸耀马多，而不说其他家畜，这就证明了马的价值，也就不会用如此有价值的动物去做祭祀之物。这也证明了马对应的成语个数在所有动物中遥遥领先也是有原因的。而且在这么多关于马字的成语中取马的交通和作战工具的意义的成语占了总数的百分之八十以上。

在取"马"其他意思的成语中，我们要指出的成语是"露出马脚"。其实，这个成语和马是没有任何关系的。"露出马脚"原作"麒麟皮下露出马脚"，语意或本于冯贽《云仙杂记》中唐杨炯每呼朝士为麒麟楦，或问之，曰："今假弄麒麟者，必修饰其形，覆之驴上，宛然异物，及去其皮，还是驴耳。无德而朱紫，何以异是？"《太平广记·二五六·盈川令》引《朝野佥载》，"及去其皮"以下文字作"及脱皮褐，还是驴马。无德而衣朱紫者，与驴覆麟皮何别矣。"所以后来用"露出马脚"比喻隐蔽的事实真相或内情无意中泄露出来。

另外，"马"字出现在成语中还有一个因素是象棋中的马。就如"马后炮"，原来是象棋术语，是跳马之后，有炮来进攻给对方以威胁的一个绝招；后转用来指过后无济于事的举动。

（三）"虎"有关汉语成语的文化分析

早在原始时期，古人就按照虎的外形，仿效虎的吼声，创造了汉字可爱的形象——"虎"字的雏形。虎很早就走入先人的心灵，现世的猛虎携着灵异的蛟龙，虎啸龙吟让人无法回避。龙虎结合在一起成为祥瑞繁荣的象征、成为权力与威严的典式，因此与龙虎有关的成语在动物成语中所占比例不小。

《周易·乾卦》中有"云从龙，风从虎"的说法。在先民的图腾中，虎与龙一样是一些部落最重要的崇拜对象。在这些部落里，现实世界中的猛虎与想象世界中的青龙一起繁衍不息，演绎了一场吉祥昌盛的千年故事。

虎一方面是原始图腾崇拜的动物，另一方面也是人类斗争的重要对象。这是因为，人类进入农耕时代以后人口大量增加，与此同时，虎族也在繁衍，老虎增多，人与虎为了争夺相对短缺的资源，矛盾日趋突出；而且虎也已经对人的生命安全形成巨大的威胁。原来的原始形态的虎图腾崇拜逐渐淡薄，取而代之的是对虎的惧怕与对抗。这一特点在"虎"字成语表现得很明显。

在实际的研究中，虎在中国语言文化中占有重要的地位，例如，"饿虎扑食""不免虎口""放虎归山""不入虎穴，焉得虎子""调虎离山""放虎自卫""虎口拔牙""虎视眈眈""虎啸风生""两虎相斗""如虎添翼""三人成虎""谈虎色变""为虎傅翼""畏敌如虎""笑面虎""养虎遗患""纸糊老虎"等。从这些成语中，我们不难看出虎的语言文化象征意义：

1. 虎象征着力量、勇猛、权威

东汉王充在《论衡·书解篇》中有"龙鳞有文，于蛇有神；凤羽五色，于鸟为君；虎猛，毛蚡蚁；龟知，背负文"之说。龙为四灵之长，凤为百鸟之冠，虎为兽中之王，龟为甲虫之首。龙、凤、虎、龟各因其特性而成为动物界的能者，虎因为它的威猛，从而成为大虫之神。

虎可以成为百兽之王、大虫之神，是与它的身体条件密不可分的。虎凭借自己巨大的身型、无穷的力量、威猛彪悍的性格、如雷的吼声，使百兽震恐，因此古人常以虎来比喻势力强大的事物，或者作为威猛勇武的象征。像之前总结的成语中"虎啸风生""两虎相斗""如虎添翼"这些词语都可以直接从正面表现出虎的勇猛与力量；而"纸糊老虎"这个成语很好地从侧面印证了虎的这个象征意义。

2. 虎象征凶狠、残暴

虎的勇猛一方面使人类敬爱，而当它袭击人畜时，又使人憎恶。因此，虎又有了凶狠、残暴的语言文化意义。在有关虎单独出现的成语中，不乏有表示对虎的凶狠、残暴的表露，如"帮虎吃食""不免虎口""不入虎穴，焉得虎子""饿虎扑食""放虎归山""放虎自卫""虎口拔牙""虎口余生""虎视眈眈""虎尾春冰""骑虎难下""谈虎色变""为虎傅翼""为虎作伥"。这些成语很好地说明了人们对虎的畏惧，更将像虎一样残暴的恶人形象刻画得淋漓尽致。

3. 虎象征霸权

每只虎都有属于自己的领地，在其领地范围内它要有绝对的权力。因此虎又是霸权的象征。"两虎相斗""坐山观虎斗"直观地说明了一山不容二虎的百兽之王的霸气。

二、禽类动物的汉语成语文化分析

禽，亦称鸟类，其含义有广义和狭义之分。广义的禽类包括飞禽和家禽；狭义的禽类只包括飞禽。在我们的研究中，含有家禽动物名称的成语很少，其中最主要的一种家禽"鸡"已经归入"十二生肖"之列，因此，为了减少分类的繁杂，减轻研究的难度，我们将其他家禽，如"鸭"，归入禽类，取禽类之广义。下面我们来分别研究出现在《汉语成语考释词典》中单独含有禽类动物的有关成语及其语言文化。

鹤在中国传统文化中被视为神仙的坐骑之鸟，又被称为"仙鹤"，由于神仙是长生不老的，因而人们认为仙鹤也是长生不老的。"鹤"就成了长寿的象征。在传统的图画中，人们习惯将松和鹤放在一起寓意如"松鹤延年"象征着长寿。"鹤"在汉语文化中具有的"超凡脱俗、健康长寿"等诸多寓意，像"鹤发童颜"形容老年人脸色红润、精神好；"孤云野鹤"形容清雅闲逸，超脱世俗的人；"鹤鸣之士"指还没有出来做官而有名望的人；"梅妻鹤子"表示孤身隐士的超脱清高；"云中白鹤"比喻超尘绝俗、品格高洁的人；"一琴一鹤"表示为官清廉；"杳如黄鹤"比喻人或物一去不返、下落不明；"不舞之鹤"用以自谦，指无能的人；"焚琴煮鹤"比喻粗鲁、庸俗的人糟蹋破坏美好的事物，令人扫兴；"风吹鹤唳"形容疑虑恐惧、自相惊扰；"华亭鹤唳"

指遇害者生前所依恋的事物;"腰缠骑鹤"形容既想拥有巨资,又想成为神仙、位居高位的痴心妄想。

大雁(亦称为鸿)和天鹅(亦称鸿鹄)都是善于远走高飞的候鸟,所以二者都常被比喻为志向远大的人。"鸿鹄之志"比喻远大的志向;"鸿飞冥冥"比喻脱离羁绊,远走避害。"惊鸿"总是和美女有关,"惊鸿艳影"用惊起的鸿雁形容女子体态轻盈,也指代美女;"翩若惊鸿"体态轻快的好像受惊了的鸿雁,后用来比喻体态、动作轻盈的美女。在中国传统文化中,大雁被视为传书递简的使者,"衡阳雁断"比喻音信阻隔。"雪泥鸿爪"比喻往事遗留的痕迹;"雁过长空"比喻往事已过,没有留下痕迹。对于两者的毛,都是极其微小的东西,如"千里鹅毛"比喻礼物轻微而情谊深厚;"轻于鸿毛"比喻事物的价值极小;即使价值小,也有"雁过拔毛"者,比喻手段苛刻,对经手的事情毫不放松,非要捞到好处不可的人。此外还有,"鸿鹄将至"比喻心思旁骛,另有所求;"水尽鹅飞"比喻人财两失,落得个一无所有;"目送归鸿,手挥五弦"形容手眼并用,得之于心而应之于手;"雁塔题名"表示考中进士;"指雁为羹"指着天上飞的大雁当成一份菜,比喻以不落实的事情来自我安慰。

孔雀在我国语言文化中是吉祥的象征。人们认为孔雀开屏是大吉大利的事。成语"雀屏中选"指被选为女婿。

鹰和鹏都有搏击风云、翱翔长空的威武雄姿和本领,汉语语言文化把它们作为英雄的象征。它们都不安心于被人们饲养,它们的世界都在广阔无垠的天空。成语"鹏程万里"比喻前程远大;"养鹰飏去"比喻怀有野心的人不易控制,当其得意之时就不再为主人所用;"鸢肩火色"是指像鹰之飞扬双肩上耸,如火之腾焰面呈红光,这是旧时相术指的飞黄腾达的象征。

鸳鸯是中国特有的一种候鸟,它的羽毛绚丽、生活悠然自得、雌雄偶居不离,以喻指夫妻、情侣、忠贞不渝的爱情等。卢照邻《长安古意》一诗中曾咏道"得成比目何辞死,愿作鸳鸯不羡仙"汉语中以"鸳鸯"为喻体的比喻,大都与"爱人、配偶、情投意合、成双成对"等寓意密切相关。例如"鸳鸯戏水""棒打鸳鸯""乱点鸳鸯"。

燕子是一种季节性很强的候鸟,人们称它"报春归来的春燕""报春燕"等。自古以来人们总是把燕子和春天联系起来,象征着吉祥。和燕子有关的成语有"劳燕分飞"比喻离别,多用于夫妻、情侣;"燕巢幕上"比喻置身于非常危险的境地;"燕翼贻谋"指善于为子孙后代打算。

雀作为日常生活中常见的一种鸟,汉语中许多成语也是和它关系密切。因其数量多,价值小,在汉语中雀是卑微弱小的体现,成语"门可罗雀"形容门庭冷落，宾客稀少；"明珠弹雀"比喻做事轻重倒置，因而得不偿失；"掩目捕雀"比喻做事盲动，徒然自欺，不可能达到目的。

乌鸦因为其外表和叫声都不讨人喜欢，所以被人们认为是一种邪恶之鸟，不祥之兆，所以基本上属于遭贬斥一类。汉语用"乌师"指称在妓院教唱或者伴奏的乐师；用"乌鸦嘴"比喻说话讨厌的人。"天下老鸦一般黑"多用于贬义，比喻世界上的同类人或事物大致都有相同的特性；"乌合之众"比喻临时杂凑起来无组织纪律的一群人。在汉语文化中，乌鸦也作为一种孝鸟的形象出现，"乌鸟私情"源自旧的传说，小乌鸦翅膀长成，就能衔食以尽反哺之情。所以"乌鸟私情"比喻侍养尊亲的孝心。

在中国传统文化中，猫头鹰也称"夜猫子"，是一种不吉祥的鸟，因为它在深夜发出凄厉的叫声，因而人们把它的叫声与灾难和死亡相联系，说猫头鹰叫孝。谁要是在树林中听见了猫头鹰的叫声，就预示着家里可能有人会死。因此在民间故事中，它的出现常与厄运联系在一起，如"夜猫子进宅，无事不来；夜猫子抖搂翅，大小有点事儿"的说法，人们把猫头鹰看作是厄运的象征。与猫头鹰有关的成语有"见弹求鸮"鸮就是猫头鹰，这个成语是用来比喻联想得太远，预计得太早。

鹦鹉是一种漂亮机灵的鸟，可以模仿人类发音，颇受主人宠爱，但是它只会模仿，故有"鹦鹉学舌"之说，含有贬义，比喻人无主见，别人怎么说，也跟着怎么说。

除以上飞行动物之外，我们研究中还出现了野鸭、莺、鹌鹑、雕等。含有这些动物的成语的如"趋之若鹜"比喻很多人争先恐后地追逐某一个事物，这个成语都含有贬义。"草长莺飞"形容江南明媚的春景；"鹑衣百结"形容衣服破烂不堪；"一箭双雕"比喻一举两得。

此外，研究中还出现了三个现实中不存在的是传说中的鸟：金翅鸟、精卫和鸩。"金翅擘海"比喻笔力、气魄雄壮；"精卫填海"比喻心怀怨愤，立志必报；也比喻不畏艰难，奋斗不懈。"宴安鸩毒""饮鸩止渴"中的"鸩"都是毒酒。

三、兽类动物的汉语成语文化分析

兽类与人类的关系并不如人类与十二生肖或与六畜的关系那样亲密，兽的野性更多的时候使人们敬畏、惧怕，进而敬而远之。这可以从含有兽类动物名称的成语中有所体现。值得提出的是，"驴"在汉语语言文化中占有一席之地的一种动物，它既不属于"十二生肖"，又不属于家畜，为我们的分类带来难度，为研究的简便，我们将其归入兽类。此外，"猫"也因为分类的未明原因也我们将其并入兽类。

熊在汉语文化中因为和"雄"音同，因此"梦熊"是生男孩子的吉兆"熊罴入梦"表示生男之兆，也用来贺人生子。当帝王梦见飞熊，则与生男孩无关而是得贤臣，所以"飞熊入梦"，比喻帝王将得到贤臣辅佐的征兆。

狮子在西方童话故事中，被尊为百兽之王。狮子的形象是勇敢、有气势、威严的。但是狮子在汉语中却没有这样丰富的内涵。这可能是因为狮子在我国不是人们熟悉的动物，因此不易产生各种联想。狮子在中国人们印象中最深刻的应该就是多用来嘲笑怕老婆的人的"河东狮吼"，用来比喻悍妒的妻子大吵大闹。

驴虽然和马在外形上十分相近，但反映在汉语中却远不如马的名声好。在汉语文化中，"驴"象征愚蠢、笨拙、固执。含有"驴"的成语也都含有嘲讽、鄙视的意味。"博士书驴券"是讥讽人写作、说话言辞烦琐，废话连篇，不得要领；"骑驴觅驴"用于广泛比喻某种事物就在跟前，却舍近求远，到别处找；"黔驴之技"也作"黔驴技穷"，比喻仅有的一点本领也用完了，是消极的意思。

鹿在汉文化中是一种吉祥动物，因其与"禄"读音相同，人们常常将鹿与蝙蝠放到一起，取"福禄"之意。"鹿死谁手""中原逐鹿"中的"鹿"都是指政权；"覆蕉得鹿"被用来比喻把现实存在过的事情当成梦幻；"即鹿无虞"指并不具备条件就贸然从事；"鹿死不择音"比喻在危急的情况下无法考虑所采取的行动是否适当；"小鹿心头撞"形容心脏剧烈地跳动，也可以表示万分惊恐或提心吊胆；"折五鹿角"指口才锋利，能把当代著名辩论家驳倒。

狼是一种为人们熟悉而又使人恐惧的动物。这是可能是因为自古以来狼的危害和那些广为流传的关于狼的故事已经深入人们脑海的缘故。狼在汉文化中一直是一个反面的角色，凶狠而狡猾。长期以来，狼被公认为是害兽，被视为人类的"敌人"。人们对狼的认识是嘴尖、口阔、眼斜、耳竖；性情贪婪、狡诈、凶暴。这样的形象使人毛骨悚然，所以狼在各种各样的文本中，通过放大了的隐喻，成了防不胜防的恶魔。

汉语中以"狼"构成的成语全都带有贬义，无一例外。如狼作为一种单一动物出现的成语："狼烟四起"，指边境不平静，到处都动荡不安，战争纷起；"狼子野心"，比喻残暴的人贪婪无厌，恶性难改；"引狼入室"，用来比喻把敌对分子或坏人引入内部，并且会给自己招来祸患；"中山狼"，比喻那些毫无良心，恩将仇报的人；"鬼哭狼嚎"用来形容哭叫声十分凄厉，贬义较之"鬼哭神号"更加明显。

狐狸在人们的印象中是十分狡猾的一种动物，人们还将那些诡计多端的狡猾之人称作"狐狸",又将那些使用各种伎俩勾引男人的女性称作"狐狸精"。所以,狐狸在汉语中就被赋予了狡猾、善于迷惑人的文化特性。同时,狐狸生性多疑,所以俗语中有狐疑之说。对应以上的意象相关成语有:"狐狸尾巴""狐埋狐搰""狐媚魔道""两脚野狐""满腹狐疑""野狐外道""犹豫狐疑"。

此外,单独关于狐狸的成语还有形容夜晚荒野一派阴森恐怖景象的"鬼火狐鸣";比喻人死于异地尸体一定要返葬故乡的"狐死首丘";指未成年的孤儿的"六尺之狐"和比喻跟对方谋求的事情有损于对方的利益,绝对办不到的成语"与狐谋皮"。

猫是常见的一种动物,汉语中有关它的词语多为贬义,如"三脚猫"比喻蹩脚的、不中用的人或者事物。

除了以上列出的动物,《汉语成语考释词典》中还提到了豹、貉、吉光、貂、大象和骆驼。豹,在《说文》中的解释是"似虎圆文"。"豹死留皮"后面跟的一句是"人死留名",比喻人死后留下好名声。"管中窥豹"比喻只看到事物的一小部分;"一丘之貉"多用于贬义,比喻都是一样的坏人;"吉光片羽"比喻残存的极其珍贵的诗文、字画或者其他文物;"金貂换酒"表示名士狂放旷达,恣情纵酒,不以仕进萦怀;"盲人摸象"比喻对事物的认识仅凭片面了解或局部经验就妄加评断,以偏概全等。

第二节 植物文化视角下的汉语成语

一、植物类汉语成语的类型

(一) 音节类型

成语以四字格为主要标志,讲求平仄韵律变化,植物类汉语成语亦然。成语之所以以四字格为最主要的形式,其主要有如下几点原因:

(1) 汉民族讲求庄重典雅,"以四言为正"的审美情趣。四言成语既可以一次四分,也可以两次偶分,完全符合汉民族"以偶为佳"的审美观。

(2) 四字成语用四个语素表达四个意义单位,在音节上通常采用两两划分的断句方法,使音节有了高低错落,听觉上抑扬顿挫,动听悦耳。加之四字格成语字数较少,读起来短促有力,也显得富有韵律感。

(3) 汉民族的历史沿袭性也是成语以四言为主的一个重要因素。自最古老的典籍《诗经》起，汉民族先民们一直乐于用四字格堆砌成文，来表达思想感情，后有《千字文》《百家姓》等启蒙读物都是四言，这样的四言传统在民族心理中的影响也成就了成语以四字为主的现状。但是就所搜集的语料来看，除了四字格植物成语，也不乏非四言植物成语。例如，

五言成语：

轻尘栖弱草

油干灯草尽

疾风知劲草

七言成语：

树欲静而风不止

柳暗花明又一村

无可奈何花落去

八言成语：

桃李不言，下自成蹊

百花齐放，百家争鸣

八公山上，草木皆兵

涸泽而渔，焚林而猎

十言成语：

一年被蛇咬，三年怕草索

(二) 结构类型

成语通常由四个语素组合而成，作为一类特殊的语汇存在于汉语语汇系统中，所以它的结构类型也有别于一般双音节词语，通常可以按照两个不同层级划分，例如：

瓜//田/李//下：第一层由"瓜田"和"李下"两个并列结构组合而成，第二层分别由"瓜"和"田"与"李"和"下"两个偏正结构构成。

所以，分析植物成语的结构类型，我们首先按照第一层划分，可以分为以下几个不同的类型：

1. 并列结构

在植物成语中，绝大多数汉语成语都是并列结构，然而根据第二层级的不同结构类型，我们还可以把这类成语分成以下几类：

(1) 两偏正结构并列类

草衣木食　浮石沉木　桂薪玉粒　败柳残花

（2）两主谓结构并列类

豆剖瓜分　瓜熟蒂落　桑落瓦解　柳绿花红　柳绿桃红　柳暗花明

（3）两述宾结构并列类

移花接木、依草附木、含英咀华　煎豆摘瓜　寻花问柳

2. 偏正结构。

偏正结构的成语如：

草木愚夫、诽谤之木、风木之悲、风木之思、连理之木

偏正结构的植物成语数量相对较少，我们从选取的例子可以看出，绝大多数都是以"之"字衔接修饰语与中心词，形成偏正结构。而类似于"草木愚夫""榆木脑袋"等虽然没有明显的偏正连接词，但是可以理解为"像草木一样的笨人""如榆木一样不开窍的脑袋"，故也是偏正结构的成语。

3. 主谓结构

主谓结构的植物成语大致可分为两类：

第一类在进行结构切分时，是二二分，例如：

杨柳/依依、柳眉/倒竖、柳絮/才高、兰桂/齐芳、桂子/飘香

此类成语前一层多为以植物语素为中心语的偏正结构，后一层多为以动词语素为中心语的动宾或者状中结构。

第二类是一三分，例如：

杨/穿三叶、人/非土木、身/非木石

在此类成语中，前一部分为名词性语素，后一部分多为动宾结构。

4. 述补结构

立木南门　鸣于乔木　迁于乔木　失之东隅，收之桑榆

述补结构的植物成语数量相当少，而且均为以动词语素为中心的动补结构，没有以形容词语素为中心词的形补结构。

通过以上的分析举例，我们不难看出，在植物成语的各种结构类型中，并列结构的植物成语数量占绝对的优势，我们认为，这主要是因为植物作为一种生物类型，虽然具有生命力，但是却不同于人和动物，它们没有行为的能力，不能有意识地去进行主观活动，只能被动地"被活动"，所以植物成语多为植物意象的并列堆砌，通过这样的组合方式，借用植物本身的某些形态或者特质来表达人的某些形态或者性格特征，达到一定的表意效果。

其次，在数量上占优势的结构类型是主谓结构。这种结构的成语在数量上占优势的原因是植物成语虽然表面上描写对象是植物本身，实际上语言终究是为人服务的，人们创造和使用各色各样的成语最终是为了阐释人的特性，而植物成语也是用植物本身的特性来形容人的某些性格特点或者行为习惯，或者表

达人们对世界的某种看法,而主谓结构的本质就是用谓语的部分来阐释描写主语,所以植物成语中主谓结构占一定的优势也就不难解释了。例如"桂子飘香",人们对桂花最普遍最直接的认识就是它不同于其他植物的阵阵清香,用这样四个语素进行组合形成的主谓结构的成语正简洁明晰地表达了人们的这种认知。又如"杨柳依依",其中,"依依"表示不舍的样子。由于古人们认为杨柳是离别时的礼物,而"柳"字与"留"字又谐音,所以才有了折柳赠别的风俗,在这个成语中,也是用谓语"依依"恰如其分地表达了杨柳在人们的认知中所蕴含的特殊的人文意义。再次,偏正结构中几乎均为定中结构而少状中结构。我们认为,这也是由植物语素显著的名词性性质决定的。定中结构中中心词一般为名词性成分,同时名词性成分也同样可以作为定语成分出现,所以定中结构就为植物语素的出现提供了条件。而状中结构一般中心语多为谓词性成分,状语也多由副词或形容词性成分承担,名词性强的植物语素没有栖身之所,所以偏正结构的植物成语几乎均为定中结构。

最后,述补结构的植物成语也屈指可数。我们可以搜集到的几个该结构的成语都为动补形式,并且均为动词性成分加表示地点方位的补语。述补结构的中心语一般为动词性成分或形容词性成分,植物语素均不符合该条件。而补语的部分是对中心语进行补充说明,多为具有修饰补充意义的成分,也是副词形容词性成分为主,也有介词加表示地点或时间的名词性成分来补充中心语发生的时间地点。但植物成语作为事物性名词语素,本身并不具备表示时间或地点的功能,在搜集到的语料中也是进行了活用,从而加上介词表示地点。但是这种用法毕竟是偶然的一种活用现象,所以这也就解释了植物成语中述补结构不占优势的原因。

二、植物类汉语成语的文化内涵

在人类漫长的历史发展进程中,人与自然相互依存,通过生产劳动和社会实践活动,认识了周围的环境和事物。植物,在人类早期的发展阶段中,与人的关系尤为密切。汉民族是一个感性的民族,是有着丰富形象思维的民族,常常容易触景生情,移情于物,借物咏怀,将物人格化。所以相比西方民族,汉民族对植物所产生的感触更为深刻,联想意义也更加丰富。汉语成语中出现的植物,在汉民族人民心目中,是具有灵魂、具有鲜明人格的一个群体。我国的传统文化历史悠久,人文积淀博大精深,是承载中华民族精神和感情的载体。植物类汉语成语寄托了汉民族对崇高精神的赞颂和对生命永恒的向往,彰显了汉民族以物喻人的感性思维和物我相融的情感体验,积淀着深厚而丰富多彩的汉民族文化。

(一) 植物类汉语成语体现了人们对崇高精神的赞颂

在汉民族文化中,"梅兰竹菊早已成为一种特有文化现象,具有重要的审美人格"①,被统称为"四君子"。人们心目中的君子常常是品性高洁,人格崇高,并为世人所景仰称颂的人物。既然这四种花木被人们以"君子"统称之,可见它们在人们心中的地位,也反映出这几种花木都是具有特定的文化含义,即象征人的美好品质和崇高精神。

梅,历来是汉民族所推崇喜爱的植物。梅的形态有一种特殊的美,枝条横斜,树影婆娑,树皮质地粗糙,身影很瘦却在寒风中给人以一种遒劲、傲然挺立之感,它那看似枯老的枝条上竟能开出如此美丽鲜嫩的花朵,花香清新淡雅,让人神清气爽,陶醉不已。要说梅之所以为世人称许,还在于它宝贵的品质和崇高的节操。梅耐严寒,临寒独自开,迎风而立,笑傲冰雪,不与群芳争春斗艳,这种特质更是让古往今来的文人骚客传颂不已。陆游的《卜算子·咏梅》一词就歌颂了梅的高尚品格:"驿外断桥边,寂寞开无主。已是黄昏独自愁,更著风和雨。无意苦争春,一任群芳妒。零落成泥碾作尘,只有香如故。"诗人以梅花不愿争春斗艳,任凭群芳嫉妒的清高姿态,以梅花被碾作尘埃化入泥土却仍然保持芳香的特性,表现了诗人忠贞不屈,宁可粉身碎骨也不改变其节操的高贵品质。在这里,诗人以花喻人,将梅的特质与人的人格美融为一体,相得益彰。历代咏梅的诗作也有不少,其中十分著名的有诗人林逋所做的《山园小梅》,他的"疏影横斜水清浅,暗香浮动月黄昏"这一名句就将梅的形态特征和清幽神韵刻画得淋漓尽致,将梅的清雅风韵展露无遗。诗人林逋是爱梅的典范,诗人独居,以鹤为子,以梅为妻,过着平静淡泊的隐逸生活,可见梅在他心中是多么特别的了,这其实也象征着诗人清廉高洁,洗尽铅华的高尚品格。除了众多的诗文写梅颂梅之外,成语中也有一些是关于梅花的成语,如"暗香疏影""驿寄梅花""驿路梅花""驿使梅花""岁寒三友""梅妻鹤子""雪胎梅骨"等,虽然描写梅花的成语不算多,但是梅的倩影和高贵的品质的确已经深深地印刻在人们心中。梅不畏环境的艰苦,始终保持自我本色的高洁之气质让人深爱不已;梅有着花的芬芳,有着花的鲜嫩,却无众芳之娇弱,生就一副傲骨,具有独特的魅力和人格美,花中君子,自然当之无愧。

兰,叶绿修长,花色素雅,香气清纯,给人以清新脱俗之感,汉语成语"空谷幽兰"就描绘了兰的美好品质,也常用来表现人的清新优雅和纯洁的气

---

① 陈水根.论梅兰竹菊的人格美 [J].江西社会科学,2000 (8).

质。兰生于幽谷之中，人迹罕至之处，花盛之时无人观赏，但兰不为争妍而开，不为博宠而芳，而是自生自落，不改其芬芳，为大自然增添了一份清新淡雅之情趣，故人们认为兰花也是花中的君子，也常常用兰来比喻品行高洁的君子。兰一直深受人们的喜爱，著名的爱国诗人屈原善于以芳草美人自喻，以显示自己的高洁品质，他就曾以兰自喻——"纫秋兰以为佩"，用佩戴兰草来表明自己有兰那样美好的品质。屈原不同流合污，不改其节，终究以生命报国，这的确是君子之行，以兰喻之，自然当之无愧。孔子也曾经对兰推崇备至，在《孔子家语·在厄》中说道："芝兰生于深林，不以无人而不芳；君子修道立德，不为穷困而改节。"孔子对于兰的人格美是说得很清楚的，把兰与君子对举，可见他将兰的人格美的基调定得很高。成语"空谷幽兰""蕙心兰质""芝兰玉树""兰桂齐芳"等都是以兰花来喻人的，或是以兰所具有的品性来赞美有修养且气质高雅的君子，以及优秀的人才、子弟，此外还有"春兰秋菊""桂殿兰宫""桂馥兰香""契若金兰""芝兰之室""吹气胜兰""谢庭兰玉""披榛采兰""兰芝常生""澧兰沅芷""迁兰变鲍"等，这些成语中"兰"的形象也都是美好高尚的，是优雅纯洁的代表。

竹自古以来在汉民族的生活中一直都占据着极其重要的地位。苏东坡曾说："食者竹笋，庇者竹瓦，载者竹筏，爨者竹薪，衣者竹皮，书者竹纸，履者竹鞋，真可谓不可一日无此君也耶。"竹不仅代表着汉民族的物质文化，而且也蕴含着汉民族的精神文化。"竹子高耸挺拔，质地坚硬，中空有节，它的特点容易使人联想起高风亮节和谦逊好学的品质。"[①] 成语"高风亮节"语出宋胡仔《苕溪渔隐丛话后集》卷一："余谓渊明高风峻节，固已无愧于四皓，然犹仰慕之，尤见其好贤尚友之情也。"高风，高尚的品格；亮节，坚贞的节操。形容道德和行为都很高尚。

菊也是花中四君子之一。菊花在深秋霜冷、草木衰落、百花凋零之际迎寒而放，因此也被人们视为品格独具的一种花，历来为人称道。说到菊花，陶渊明可谓与之关系甚为密切。陶渊明生逢乱世，但不愿为五斗米折腰，不与世人同流合污，便毅然辞官归隐。他在《饮酒》中写道："采菊东篱下，悠然见南山。"表现出了诗人在归隐后恬淡平静的田园生活和高雅闲适的生活情趣。诗中所体现这种物我相融的意境令人神往，菊的特质与陶渊明高洁的品格便浑然一体了。菊之高洁更加凸显了五柳先生之高洁，陶渊明之君子品性又使得菊更具君子之气质，两者相互映衬，这种天然契合的关系，让后世之人称颂不已。所以"陶菊""东篱菊"等词也常被文人们用来表达他们归隐的愿望和对田园

---

① 杨元刚，张安德. 英汉植物词文化联想意义对比分析 [J]. 语言教学与研究，2002（4）.

生活的向往，菊花也就成为"隐逸"的一种象征。此外，菊花不畏风霜，不逐春华，清香淡雅的珍贵品质，也吸引着文人常以菊自喻，从而表现他们在寂寞中安然自得，在浊世中淡泊守志，不肯趋炎附势，不愿随波逐流的坚贞人格。菊的这些特性岂不与君子隐士之品性相契合？虽然描写菊的汉语成语并不多，如"春兰秋菊""明日黄花""黄花晚节""孤标傲世"等，但是菊花的高洁品性已经深入人心。菊喻君子，君子爱菊，两者相伴相随，人们将菊人格化之后就更显其特质了，菊也就更加具有灵气。

在汉民族文化中，松柏也是被看作高洁的人格和品性的象征。松柏傲霜斗雪，坚毅不屈，万物依四季变迁而历经荣枯变化，但是松柏却始终不改其苍翠。"松柏独特的自然属性被人格化，被赋予了道德伦理的内涵，从而成为高洁品性和高尚人格的代表。"① 语出《世说新语》的"松柏之志"这条成语，就是指坚贞不屈的志节。该成语有个典故：东汉末年，宗世林看不起曹操的为人，总不想与他交往。曹操深为恼火，直到担任司空总揽朝政事务时，来问宗世林能否交往了吗？宗世林回答说："松柏之志犹存。"

（二）植物类汉语成语体现了人们对生命永恒的向往

人的一生，虽然生命的厚度不尽相同，但生命的长度却总是相似。人的生命是有限的，而且在古代，生产力低下，生活艰苦，人们抵御自然灾害的能力也十分有限，医疗水平也远不如现代社会，所以人们的生命更为脆弱，寿命更是短暂。人们渴望长寿，于是将这种内心的渴望寄托于天地，寄托于自然。人们逐渐意识到，其实大自然在赐予树木生命之时更为慷慨，它们栉风沐雨，历经寒暑交替，阅尽人间风云变幻，却能够长久地屹立不倒，其中，松柏便是这样的长寿树种。"松鹤延年""松龄鹤寿""松鹤长春""松柏之寿""松柏之茂""松乔之寿""鹤骨松姿""鹤发松姿""鹤骨松筋"等成语，就是将人类对生命永恒期盼寄托在松柏身上了。汉族人民对松柏的喜爱，不仅仅在于它们的苍劲挺拔，以及在恶劣环境之中的傲然不屈之态，还在于松柏所代表的"永恒"，这种"永恒"正好契合了人们心中对于生命常青的追求。松柏树龄长久，经冬不凋，因而常常被用来祝人长寿。松柏的形象是崇高伟大的，我们曾见到过悬崖峭壁上的松树，根植于刚硬的山岩之间，伸展枝叶，仰吸日月之精华，它们历经风霜雨雪和岁月枯荣，但在那皲裂粗糙的树皮上，一种生命的顽强和刚健之感让人慨叹。千年古松，其形象不仅不会让人感到苍老，反而让

---

① 李莉，邹国辉，董源. 论中国传统文化中的"松柏情结"[J]. 北京林业大学学报（社会科学版），2005（2）.

人体会到它经历风霜磨砺后所积聚的天地之灵气和一种生命延续不衰之伟大。

在汉语成语中出现的菊也有长寿的寓意。在姚宽的《西溪丛语》中提到："牡丹为贵客，梅为清客，……菊为寿客。"菊是秋季盛开的花卉，重阳节登高赏菊是中国独有的风俗，重阳节又称"老人节"，而菊在古时候也叫作"黄花"，成语就有"黄花晚节"，比喻人晚年时仍保持着高尚的节操。"黄花"象征着人的年老，也可象征女子容颜的衰老，也就是说人进入了人生中的秋季，因此民间还称菊花为"长寿花"，暗含"寿考"的内涵。此外，菊花可以酿酒，还可以入药，我们知道菊花茶就有清热明目的功效。据《荆州记》云，南阳有菊水，其水源旁都是菊，水极为甘馨，菊水旁有居民三十家，不挖井，平时饮用水即取此菊水，居民上寿者百二十、百三十，中寿者也可达百余岁，七十岁而亡的则被认为是夭亡。当然该段记载的真实性有待考究，或许确实是有夸大虚构之成分，但这也反映出了人们认识到了菊花的药用效果很好，对人的身体健康有好处。菊虽然不如树木松柏的寿命长久，但它的药用价值也可以助人健康，所以菊也被人们视为一种长寿的象征。

（三）植物类汉语成语体现了人们以物喻人的感性思维

汉民族人民喜欢以物喻人，也擅长于以物喻人。人们常常是在发现了动植物身上所具有的某些性质特点之后，进而将这些特质与人的品性和气质联系起来，从而达到人与物内在本质上的一种契合。中国人还十分注重形象思维，讲求含蓄之美；中国人擅长感性思维，善于观察周围的事物，似乎并不太喜欢进行寻根究底的客观分析，好比写意画，更加注重勾勒出事物的神韵而非形态，也更能直接地抒发作者的情感。自古以来，由于汉族人民有着认知事物的特殊思维方式和独特的文化心理，所以中国的文人多喜欢借物抒怀，将物人格化，这一特点我们从众多的诗文作品中就可以发现，而且人们往往还十分喜爱使用比喻，在作诗时尤爱使用赋、比、兴的手法。因此，人们在描写人物之时，也常常会采用许多植物来比喻或进行形象的描绘，细致入微，含蓄隽永，让人感受颇为形象生动，也使人印象十分深刻，汉语成语中就有许多典型的植物词是比喻或描写人物的，因而这些喻词也就具有丰富的文化意蕴。

桃是常用来描写女子娇美面貌的一种植物，含有"桃"的成语如"桃夭新妇""杏脸桃腮""桃羞杏让""人面桃花""艳如桃李""桃夭柳媚""桃腮粉脸""浓桃艳李"等，都是以桃或桃花来形容女子美貌的。桃花在和暖柔美的春天绽放，娇嫩鲜艳，粉红娇羞，好似正处在人生春季中的年轻女子白里透红的肌肤，清纯美丽。例如，在《警世通言》中对杜十娘的美貌就有"两弯眉似远山青，一泓清潭秋水润，面似桃花，齿如排玉"的细致描写。人的面容颜色本来难以用简单纯粹的字词描绘，而桃花是人们常见之物，以花喻人，将人物的容貌特点加以具象化的凸显，使人更显娇羞灵动，姿态可爱。唐代诗人崔护就曾写到："人面桃花相映红"，用桃花来比喻女子的容颜，使桃花的艳丽与女子的容颜交相辉映，真可谓妙喻。还有唐代诗人刘禹锡在《竹枝词》其二中写道："山桃红花满上头，蜀江春水拍山流。花红易衰似郎意，水流无限似侬愁。"在这首诗中，以满山开遍桃花的背景给人以热烈的感觉，好似火热的爱情，也用来衬托青春美貌、面若桃花的女子；以红花易衰来比喻女子青春易逝，容颜易老，从而引起了对男子爱情易逝的担忧，女子内心忧愁，更惹人怜惜。此外，鲜桃也可以用来描绘清纯少女的美貌，桃白里透红，鲜美多汁，正好形容女子的皮肤白里透红，水润细嫩，如"杏脸桃腮"就是说女子的腮嫩红如鲜桃般美丽可爱。此外，女子也多喜爱头戴鲜花，从气质形貌上来说，女子与花似乎本来就有着天然的联系，人们多以花朵来比喻美人，这也体现了汉文化中的内敛含蓄之美。

柳也是常用来描绘女子身段外貌的植物之一，如"桃夭柳媚""桃腮柳眼""柳夭桃艳""柳腰花态""柳娇花媚"等。柳树的外形柔美多姿，下垂的枝条细长而柔软，叶片细长，随风起舞，颇有种婀娜多姿、风流可爱的神韵，给人以柔弱之感，让人自然而然地联想到美丽柔媚的年轻女子的倩影。"腰若柳枝""樱桃樊素口，杨柳小蛮腰"都是描写女子身材苗条、腰肢细柔的。曹雪芹先生是刻画人物的高手，《红楼梦》中，当贾宝玉初见林黛玉时就有一段精彩的外貌描写："闲静时如姣花照水，行动处似弱柳扶风。"以弱柳在风中的姿态风韵来描写黛玉的身姿，可见她是多么的娇美柔弱了，以柳写人，形象生动，让人印象十分深刻，自然不俗。汉语成语中还有一些带有"柳"字的成语，如"寻花问柳""眠花宿柳""残花败柳""花街柳巷""柳陌花丛"等，这些成语中的"柳"与"花"都是用来虚指古时的艺妓或说是风尘女子的，所以在此都有了特定的感情色彩，其实这也是抓住了柳的特点，以柳的姿态来描写风尘女子的妩媚风姿，且先不论"柳"在此的褒贬色彩如何。总而言之，古人以柳写人体现了人们对事物的观察入微和较强的联想能力。

兰用来比喻女子，不仅可喻其外貌，还可体现女子高雅脱俗的气质，这样的比喻似乎更为形象，使女子更具灵气。兰的叶子翠绿细长，花色素雅，气味幽香，给人以清新之感，正如娴静美丽的女子那样让人感到温婉舒适。兰花幽香芬芳，恰似女子散发出来的迷人香气，但兰又恐萧瑟秋风，不胜霜寒，而古代的一些女子往往也是知书达理，行动优雅柔缓，深居闺阁，不沾俗气，常是弱不禁风的，所以她们的形象与兰的一些特点也是十分契合的，即清丽淡雅，惹人怜爱，体态柔弱，身体娇贵。所以女子的居室也常常以"兰"字来称，如"兰房""兰室""兰闺"等，有时还以"兰"为她们的芳名，或者用兰来熏衣被，使居室气味芳香。兰不仅因其外在形态而招人喜爱，兰的美好品质也可比喻女子的高雅贤惠，如成语"蕙心兰质""芳兰竟体""空谷幽兰"，就是对具有美好心灵和高洁品性的女子的称赞。

成语中的植物还有莲花也可用来比喻女子。莲花又称"芙蓉"，芙蓉娇艳清纯，清新可爱，成语"出水芙蓉"比喻女子清纯脱俗，当然也还可以指诗句的清新脱俗。周敦颐在《爱莲说》中曾赞美道："出淤泥而不染，濯清涟而不妖，中通外直，不蔓不枝，香远益清，亭亭净植，可远观而不可亵玩焉。"所以"莲花"也被人称为花中君子，比喻女子或君子则表现了不染纤尘的美貌和高洁自持、清廉正直的品质。

(四) 植物类汉语成语体现了人们物我相融的情感体验

汉语成语中的植物词或用来比喻高洁的品性气质与崇高的人格精神，或寄托人们对生命常青、年寿延绵的渴望，抑或是以物喻人，以花木来描绘女子的美好容姿等。无论何种寓意，何种文化内涵，都体现出了汉族人民细腻真挚的情感，体现了人们对大自然细致入微的观察与真切的热爱，以及物我相融的和谐观。而这种观念又为独具魅力的汉民族文化的形成和发展，起到了重要的指引和推动作用。如果没有这些情感上的体验和共鸣，那么人们也就难以将植物人格化，并凸显出它们的人格美了。

中国地大物博，物产丰富，动植物的数量种类繁多，许多植物仿佛就是造物主的恩赐，它们或形色动人，或品性独特，或是给人以生存必需的物质供给，或是给人以精神上的启示与鼓舞。汉族人民有着观察世界的独特慧眼，有着聆听自然的纯净心灵。自古以来，"天人合一"的思想影响着、塑造着人们对自然界的观念和态度，指示着人们与自然和谐相处之道。古代的诗人画家在创作时也强调"物我相融"的重要性，国学大师王国维在其经典著作《人间词话》中把艺术境界分为"有我之境"与"无我之境"两种。"有我之境，以我观物，故物我皆著我之色彩。无我之境，以物观物，故不知何者为我，何者为物。"这一著名的观点深深影响着后世文人的创作。"无我之境"当然是一个极高的境界，并非人人都可以达到。但是要做到移情于物，把物当作人来写，向其倾诉苦与乐，并非难事，这在诗文作品中还是十分常见的，如诗圣杜甫的《春望》中就有"感时花溅泪，恨别鸟惊心"的名句，诗人设想花、鸟也能够与他同悲同喜，将"花"和"鸟"人格化了，在这里触景生情，移情于物，也正体现了诗歌的含蕴之丰富。

植物本是没有情感的,人们歌颂它们的美、它们的特性只是它们自然而然的生物特征,然而感性的汉族人民却往往能将这些特点与人类世界相联系,用来喻人的品质,或直接用来写人,如"梅兰竹菊"这"四君子",因它们各有其高洁的品质而为人们所喜爱,文人墨客常将它们人格化,并用它们来赞美高尚的情操和坚贞的人格,比喻他人,也自喻。松柏除了因长寿而被人喜爱崇拜之外,还因为它们同样具有珍贵的品质而被人重视。孔子说:"岁寒,然后知松柏之后凋也!"[①],这是以松柏喻君子美德品性;而荀子则直接将松柏比喻为君子:"岁无寒无以知松柏;事无难无以见君子,无日不在是。"松柏经冬不凋,临风不倒,大雪压枝不能使其屈服,寒风凛冽亦不能毁其志,松柏的顽强生命力成为人类坚强勇敢、傲然不屈的崇高品性的象征,即敢于与恶劣艰苦的环境抗争,不因环境的变化而有所改变,始终保持着坚贞守志的节操。"苍松翠柏""松柏后凋""玉洁松贞""松柏之志""松柏寒盟""松柏后凋""贞松劲柏""岁寒松柏""松筠之节"等成语,就是通过对松柏的这些独特的自然属性的赞颂,使得它们成为高洁品性和高尚人格的象征,许多人就是从松柏身上吸取这种精神力量,从而以此自励,来升华自身的人格与气节。松柏独特的自然属性正与人们修身自律的情怀相契合,刚好也体现了汉族人民物我相融的和谐观念。

在汉语成语中,我们还可以看到,桃、李也与人的品性有密切关系。桃李除了用来形容女子的姣好容貌之外,还可以象征那些成人成才的学生或弟子,相关的成语有"公门桃李""门墙桃李""桃李春风""桃李门墙"等。桃树李树可以结出丰硕的果实,"硕果累累"的景象惹人喜爱,所以成语"桃李满天下"就以桃李结实之多的特征来比喻培养出来的人才众多,且遍布天下,成才的学生、弟子是师长辛勤培育的结果,这也赞美了师长教育的成功。又如成语"桃李不言,下自成蹊",本来是说桃树李树虽不会说话,但是由于它们能开出芬芳的花朵,并结出甜美丰硕的果实,自然而然地会吸引人们来到树下,并走出一条路来赏花尝果。其比喻一个人做了好事,不用张扬,人们就会记住他,只要能做到身教重于言教,为人诚恳真挚,就会深得人心,只要真诚忠实,就能感动别人。由此来比喻人只要有真实美好的才华和品质,不用自己宣扬也能够吸引他人来欣赏,受到他人的喜爱和敬仰,若是为人诚挚,自会有强烈的感召力而深得人心。桃树李树开花结果本为自然之规律,但是人们却能够用这一再自然不过的现象来比喻人的品格,这也体现了汉民族丰富的想象力,体现了人们情感的细腻,以及将自然中的物与人相喻相融的和谐观念。

---

① 游光中. 经典散文名句[M]. 成都:四川辞书出版社,2018:150.

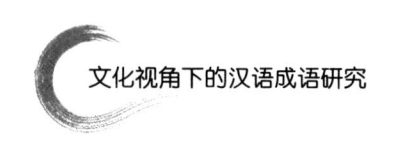

第三节 《诗经》成语中的动植物文化

《诗经》共 305 篇，记载了从西周初期到春秋中叶五百多年周代的社会制度、先民们的生活习俗、价值观念、心理情感等各个方面，被称为周人"全景式"生活长卷。

《诗经》中产生了大量的成语，对这些成语的研究，有助于我们更好地解读《诗经》。根据对《汉语成语源流大辞典》的统计，出自《诗经》的成语共计 346 条，其中直接包含动植物名称的成语，我们称其为动植物成语，共 70 条。像"参差之采、左右采获、骎骎日上、跋前疐后"等成语，虽然意思也与动植物有关，但因这些成语只是描写动植物而不直接包含动植物名称，则不将其收为动植物成语。在这 70 条成语中，动物成语有 38 条，植物成语有 32 条。

中华文化博大精深，成语是汉语言文化的精华，蕴藏着中华民族丰富的文化内涵。我们在对程俊英先生所著的《诗经注析》通读的基础上，对《诗经》中动植物成语进行分析研究。从远古社会的鸟图腾崇拜、农耕社会的生殖崇拜和婚恋风俗、上古社会的政治讽刺几个方面进行分析，希望将动植物所承载的中华民族文化挖掘出来，以便人们更好地从动植物这一角度理解《诗经》，感受周代人的生活。

一、远古社会的鸟图腾崇拜

图腾既是氏族的族徽和标志，还被看作氏族的祖先和保护神，图腾崇拜蕴含了丰富的文化现象。在古代的人们看来，能够生育子女，是因为图腾童胎进入妇女体内产生的结果[①]。《诗经·商颂·玄鸟》中有"天命玄鸟，降而生商"，《史记·殷本纪》中说"简狄，有娀氏之女……三人行浴，见玄鸟堕其卵，简狄取吞之，因孕生契（殷商族男系祖先）"[②]。《史记·秦本纪》中说秦氏族的始祖伯益是颛顼的孙女吞玄鸟卵而生。根据这些记载，结合图腾的含

[①] 龚维英. 从殷商玄鸟图腾的衍变论图腾崇拜和生殖器崇拜的兴替[J]. 贵州文史丛刊，1986 (2).

[②] 龚维英. 从殷商玄鸟图腾的衍变论图腾崇拜和生殖器崇拜的兴替[J]. 贵州文史丛刊，1986 (2).

义,可以看出,当时鸟是很多氏族部落的图腾。在《诗经》动植物成语中,包含鸟图腾崇拜的有"凤凰于飞、凤鸣朝阳、鹤鸣九皋、鸟革翚飞"。

(一) 凤图腾崇拜

凤,是中国人心中的神鸟。长期以来,中国人对凤的崇拜与喜爱以及赋予凤的吉祥喜庆之意随处可见。如结婚时新娘戴的凤冠霞帔,洞房内点的龙凤蜡烛,以及中国人望女成凤的心理等,都体现了凤的神圣地位。"凤凰于飞"和"凤鸣朝阳"都源于《诗经·大雅·卷阿》,前者意思是凤和凰相伴而飞,用于比喻夫妻和睦。将夫妻比喻为凤凰,可见人们对其十分喜爱。后者指凤凰在太阳初升时鸣叫,比喻稀有的祥瑞,体现了人们赋予凤的吉祥之意。古有凤现则天下大安之说,更体现了凤的达天、兆瑞、成王的神性以及人们对凤的崇拜与尊敬。

根据考古学的研究,有专家指出凤凰是长翅膀的鸟禽融合而来,是古人对多种鸟禽和某些游走动物及太阳、风等自然现象多元融合而产生的一种神物。这一说法,和《诗经》中描写大量的鸟类以及商周时期凤图腾崇拜达到高峰期结合起来看,倒也是很有道理的[1]。还有学者指出,《诗经》之所以把"风"排在前面,是由于对凤图腾的崇拜,(风和凤是同源同构)。而商周时期是凤图腾崇拜的高峰期,所以又把"周南""召南"排在前面。[2]

(二) 鹤图腾崇拜

在中国人心中,鹤的神圣地位与凤不相上下。中国人对鹤的崇拜也是由来已久。3200多年前商朝武丁时期殷墟妇好墓出土的两只"玉鹤",春秋中期的青铜器"莲鹤方壶",以及曾侯乙墓中的"鹿角立鹤青铜器",凡此种种说明我国古人在那时就已将"鹤崇拜"纳入礼制祭祀范畴[3]。《诗经·小雅·鹤鸣》:"鹤鸣于九皋,声闻于野;鹤鸣于九皋,声闻于天。"这是说鹤虽身在沼泽之地,鸣声却可以传遍天下,夸张的手法写出了人们赋予鹤的神圣性。与凤崇拜相比,鹤崇拜更具有现实意义,更贴近人民的生活。鹤的生命周期一般为50~80年,这在《诗经》那个战乱连连、生存环境恶劣的时代算是长寿了。对鹤的崇拜,也是先民们对生命的重视和表达希望长寿的愿望。这一点与后来的"千岁鹤归、松龄鹤寿、鹤发童颜"等成语也是相通的。

---

[1] http://blog.sina.com.cn/s/blog_49b38e7701008vh7.html.
[2] http://blog.sina.com.cn/s/blog_49b38e7701008vh7.html.
[3] 蔡军. "鹤崇拜"文化现象折射出人的伟大 [N]. 齐齐哈尔日报,2012-8-18.

鸟图腾在人们心中的重要地位除了其祖先含义与长寿，另外的一个原因也是非常重要的。在远古时代，人们认为太阳是由一种神鸟驮着，每天由东方飞至西方降落。《山海经·大荒东经》有云："汤谷上有扶木，一日之至，一日方出，皆载于鸟。"《尧典》记载尧是一个治理滔天洪水的英王，当时最大的苦难是由水造成的。在恐怖的水灾中，最令人羡慕的是能飞翔的鸟，只有借高飞的鸟才能躲避灾难，于是鸟成为人们崇拜的精灵[1]。当然，除了凤和鹤，还有很多鸟图腾崇拜，如燕、鸡等的图腾崇拜。

二、农耕社会的生殖崇拜

在农耕社会时期，人类的生存完全依赖自然，人是主要的劳动力。在生产力极度低下的情况下，为了增加部族人口，适应生存和发展的需要，种族的繁衍便处于一个极其重要而神圣的地位，因此先民们便产生了对生殖现象的竭尽崇拜[2]。《诗经》中出现的大量的动植物，便蕴含着先民们对生殖的崇拜之情，具有深刻丰富的象征意义。像"熊罴入梦、梦兆熊罴、螽斯之庆、椒聊繁衍、绵绵瓜瓞"等成语，都体现了先民们对生殖的崇拜。

(一) 宗法制下的生男崇拜

宗法制是由氏族社会父系家长制演变而来的，其核心是嫡长子继承制。这种制度下，男子从属于家族，女子从属于男子。在这种男权文化秩序的影响下，就出现了像《诗经·小雅·斯干》中"大人占之，维熊维罴，男子之祥。维虺维蛇，女子之祥。乃生男子，载寝之床，载衣之裳，载弄之璋……乃生女子，载寝之地，载衣之裼，载弄之瓦"的现象。生下来的孩子分男女给予不同的待遇，男孩则拿名贵的玉给他玩，一方面是希望他有玉一般的品德，一方面又希望他成为贵族，可以光宗耀祖。而女孩则给她纺车上的零件，寓意将来从事女红。以熊罴来比喻生男的征兆，大概也是因为熊和罴都是体积庞大的猛兽，先民们希望子孙像熊罴一样健壮、勇猛。

(二) 生产力极低下的数量崇拜

在《诗经》描述的时代，人是主要的劳动力，人口的多寡与生产密切相关。所以家族人口的兴盛成为那个时代先民们的追求。在《诗经》中，先民们借动植物表达了追求子孙旺盛的愿望，像"螽斯之庆、椒聊繁衍、绵绵瓜瓞"等。

---

[1] 郭健. 探析传统文化中鸟图腾崇拜及其时代意义 [J]. 科教文汇（上半月），2007（2）.
[2] 陈兴锦.《诗经》生殖崇拜论 [J]. 重庆科技学院学报：社会科学版，2010（4）.

1. 螽斯

《诗经·周南·螽斯》:"螽斯羽,诜诜兮,宜尔子孙,振振兮。"螽斯又叫蝈蝈,以豆类植物和瓜果为食,本是害虫,而这里以螽斯起兴,体现了先民对生殖的崇拜心理。古有螽斯一生九十九子的说法,而在当时生产完全靠人力、部落战争频繁的情况下,人口的兴旺是必然的要求。在日常的生产劳作过程中,人们观察到螽斯成群成对,繁殖能力极强,便希望自己能像螽斯一样,子孙"振振"。

2. 匏瓜

《诗经·大雅·绵》:"绵绵瓜瓞,民之初生,自土沮漆。"诗中的瓜瓞指的就是匏瓜,即葫芦。此瓜籽多,寓意子孙像匏瓜中的籽一样多。《开元占经》卷65《石氏中宫占篇》引《黄帝占》云:"匏瓜星主后宫,匏瓜星明,则……后宫多子孙。星不明,后失势。"① 据《中国风俗史》记载,大理白族在狂欢盛日"绕三灵",在节日期间有个绕桑林活动,一男一女在队伍前面抬着一根杨柳枝,柳枝上悬挂着葫芦②。据当地人说,葫芦是女性生殖器的象征,与生殖崇拜有关。又因葫芦形如女性婚后怀孕的模样,而且葫芦多籽,远古先民将直接感受到的多籽葫芦作为象征女性生殖器来崇拜,其目的是要将葫芦多籽的特点转变为妇女的生殖能力,繁衍出很多的子孙后代,如同绵绵瓜瓞。

3. 花椒

古时,人们经常以花椒的多籽来比喻子孙旺盛。《诗经·唐风·椒聊》:"椒聊之实,蕃衍盈升。彼其之子,硕大无朋。"诗中以花椒起兴,先写花椒籽一串串,采摘下的花椒装满了容器,捧满了双手。后又写"彼其之子,硕大无朋",我们认为这句话是写女子身体健壮,而以花椒起兴,暗喻此女子身体健康,生殖能力强,同时,这也表达了希望自己的子孙像花椒籽一样旺盛的愿望。

在生产力低下、战争频繁的情况下,凡是生殖能力超强的动物和多籽的植物,如螽斯、葫芦、花椒等,人们都十分崇拜,希望自己也能像它们一样,能够繁衍更多的后代。因此,后来螽斯、葫芦、花椒等也成为子孙旺盛的标志性事物。

---

① 张连举.《诗经》中的生殖崇拜密码读解[J]. 北方论丛, 2001 (3).
② 田怀清. 从洱海图看南诏大理国时期的生殖崇拜和图腾崇拜[J]. 东南文化, 1993 (2).

三、农耕社会的婚恋风俗

周代实行聘婚制，即讲求父母之命，媒妁之言。《诗经·齐风·南山》："取妻如之何？必告父母，取妻如之何？匪媒不得。"《诗经·卫风·氓》："匪我愆期，子无良媒。"如果婚姻没有经过父母之命、媒妁之言，就势必"父母国人皆贱之"。然而，《诗经》中的很多成语描述了似乎与此相反的婚恋现象。如"投瓜报玉、投桃报李、桑中之约、采兰赠芍、摽梅之叹"等，就是描述"仲春之月，奔者不禁"的与正统聘婚制截然不同的婚俗现象。很多学者说这打破了"天上无云不下雨，地下无媒不成亲"的正统聘婚制，我们认为其实不然。

（一）正统聘婚制下的"野合"

从上文所述的生殖崇拜可以看出，周代对子孙后代的繁衍非常重视。在当时，为族娶妇为重，为己娶妻为轻。男女结婚的首要目的是繁衍后代，扩增宗族人口。所以，周代对男女的婚龄有严格的规定。男子婚龄20~30岁，女子15~20岁。如果男女达到婚龄极限还未嫁娶，则要被强制执行。《周礼·地官·媒氏》中有"仲春之月，令会男女，于是时也，奔者不禁，若无故而不用令者，罚之"。《诗经·郑风·溱洧》就是一篇描写"婚会"的诗歌。诗中提到："溱与洧，方涣涣兮。士与女，方秉蕳兮……维士与女，伊其相谑，赠之以芍药。"可以看出，其实官方就是这些青年男女的媒人。这样的男女相亲盛会，这种非礼仪的"野合"是对正规聘婚的补充和完善，它体现了周人一方面严格要求实行正规的聘婚的礼仪程序，以求培养人们"非礼勿为"的廉耻观和道德风尚；另一方面它又根据人情道义的需要，变通地减损礼法，以求达到调谐阴阳玉成男女的目的。

（二）投瓜报玉的婚俗

说到这一男女相亲盛会，就要提到这相亲盛会上的"道具"——瓜果、花、桑等植物。投瓜报玉和投桃报李都源自《诗经·卫风·木瓜》："投我以木瓜，报之以琼琚。"男女定情，男子赠送美玉给女子，女方赠送给男子瓜果作为定情信物。那么，为什么男子赠送的是价值不菲的美玉，而女子赠送的却是随手可摘的瓜果呢？原因就在于瓜果籽多，果实累累，寓意子孙旺盛。女方赠送瓜果给男方，代表愿意为其生儿育女，也寓意自己有很强的生育能力，这在当时是非常重要的。采兰赠芍，源自《诗经·郑风·溱洧》："士与女，方秉蕳兮……维士与女，伊其相谑，赠之以芍药。"赠花，也是因为花是植物的生殖器，寓意女性的生殖能力，赠花即表示女子愿意为男子生儿育女。桑葚的累累果实也自然不用多说。

四、上古社会的政治讽刺

一般情况下，我们把《诗经》中对时政、君侯、婚姻、战争等特定内容和对象进行讽喻和批判，内容含有强烈怨愤和不平的诗篇统称为怨刺诗。《诗经》中有大量的篇章是描述统治者的残暴不仁，民不聊生的情景，表达了对统治者以及弊政的讽刺，具有很强的批判现实精神，在中国古代诗歌史上具有深远的影响。我们结合诗篇中的部分动植物成语，如"哀鸿遍野、琐尾流离、狐裘蒙戎、伐檀之刺、蜩螗沸羹、维鹈之刺"等进行分析，探讨那个时代的政治，以更深入地了解人民的生活状况。

（一）统治者的昏庸无道

"伐檀之刺"，源自《诗经·魏风·伐檀》："坎坎伐檀兮，置之河之干兮，河水清且涟猗。不稼不穑，胡取禾三百廛兮？"写出了劳动者对统治者不劳而获的讽刺。诗中以人民劳而无获与统治者不劳而获的对比，强烈地反映出当时劳动人民对尸位素餐、贪婪无能的统治者的怨恨。"蜩螗沸羹"，源自《诗经·大雅·荡》："文王曰咨，咨女殷商。如蜩如螗，如沸如羹。"写诗人哀伤厉王无道，周室将亡。通过描述文王指责殷纣来讽刺厉王，说他搜刮聚敛，残暴不仁，以致怨声载道，以致国事到"如蜩如螗，如沸如羹"的地步却依然不醒悟。"维鹈之刺"，源自《诗经·国风·候人》："维鹈在梁，不濡其翼。彼其之子，不称其服。"以鹈鹕不捕鱼来讽刺统治阶级的不称职，庸才居高位。

（二）流民的痛苦不堪

《诗经·小雅·鸿雁》："鸿雁于飞，哀鸣嗷嗷。"通过流民以鸿雁自比叙述悲苦的生活，反映西周后期政治统治黑暗。当时频繁的对外战争加剧了国内的阶级矛盾，造成庶民、奴隶大量逃亡。"琐尾流离"和"狐裘蒙戎"都出自《诗经·邶风·旄丘》："狐裘蒙戎，匪车不东。叔兮伯兮，靡所与同。琐兮尾兮，流离之子。叔兮伯兮，褎如充耳。"写出了当时整个统治阶级的残酷无情。诗中写流亡的人因受不了本国统治者的残酷剥削压迫而逃亡到别国，乞求他国身着"狐裘蒙茸"的贵族的同情救济，而贵族们却用帽子两旁悬挂着的玉塞住了耳朵，鲜明的对比，更突出了统治阶级的冷酷无情。

《诗经》中的怨刺诗大约占了整个《诗经》篇目的三分之一。这些怨刺诗大都反映了周王室开始衰微后礼崩乐坏，社会动荡，统治黑暗，人民流离失所

— 143 —

的情形。作者以动植物做比喻,生动地展现了统治者的昏庸无道和人民的痛苦不堪。这些怨刺诗在两千多年后的今天,仍具有十分重要的价值。

  动植物在人们的日常生活中起着非常重要的作用,而在被赋予文化色彩后,与人类更是密切相关。通过以上几个方面对《诗经》中动植物成语的分析,可以看出这些动植物所反映的那个时代先民们的崇拜心理、婚恋风俗以及当时的政治统治,让人们更清楚地看到两千多年前的周代社会,更方便人们解读《诗经》。

第八章　隐逸文化视角下的汉语成语研究

隐逸是中国传统文化的一个重要特征。中国隐逸传统源远流长，产生了众多的隐士，他们与政治有着千丝万缕的联系，在天下"有道"与"无道"之时，或"见"或"隐"。汉语成语以其含蓄、凝练的特质为我们别开生面地再现了中国士人的社会理想、人格价值与封建统治政权之间的矛盾，揭示了他们内心深处的隐与仕的情结。本章主要论述了隐逸文化概述、隐逸之志在汉语成语中的体现、隐逸的生活形态、隐逸与出仕之间的矛盾分析等内容。

第一节　隐逸文化概述

隐逸成为一种文化现象，当以汉魏晋六朝为最，由此开启了一个张扬主体性及凸显隐逸人格精神的时代新风，使中国传统中一些重要的文艺体式、文艺境界、文艺鉴赏及文艺范畴等借美的发掘与鉴赏而获得了发展。尽管由于隐逸文化属于中国传统意义上的非主流文化，但在中国传统文学艺术发展中所起的一些积极作用以及对文人的个性影响还是十分重要的。

一、隐逸文化成就的人生是文学和艺术的人生

中国封建统治者大多视儒家思想为圭臬，在他们看来，"士之仕也"，士阶层绝对归属封建专制统治集团。然而事实上，历朝历代均有一批"士"游离超脱于统治之外；更有一批原本已进入统治集团并因之被称为"士大夫"的"士"，最终为现实所迫，或在行为上，或在精神上，或在二者结合之上，根据各自所处的状况好坏以及感受采取了时官时隐，边官边隐，来游离超脱于现实统治之外。

从学理上讲，"隐逸文化"是由上述这些"士"或说是隐逸士人、隐逸士

大夫共同创造的一种非主流文化，它既包括了这些士人、士大夫本身，又包括了一切相关的物质性及精神性实践结果。按史料可考者观之，隐逸文化孕育于先秦至两汉，成形于魏晋六朝，烂熟于宋元明之际。隐逸文化勃兴的思想根由在于"天人合一"及儒道释各自相关的隐逸理论。

"天人合一"是传统中国人的主导意识，也是士人、士大夫投身隐逸、憧羡隐逸的原发性哲学诱因。儒家倡导"以天合人"，主张以代表礼、仁、乐等最高伦理准则的"天"合一于克己为圣的人，礼、仁、乐，无疑在一定程度上具备了外在的客观自然性。道家倡导"以人合天"，主张以无为清静之人合归于无为本然的"道"及"无"，而山水自然是道及无的一种体现。佛教禅宗力主"我佛为一"，"佛"是超尘脱世的"空幻"，又是无执无待的心性自然本体，佛禅无处不在，佛禅甚至可以体现为一山一水、一草一木。显然，儒道释作为中国传统思想的精魂，它们所力倡的"天人合一"有一种浓重的归隐"自然"的倾向。

有"天人合一"回归自然的导引，儒道释各自产生系统的隐逸理论也就成为可能，于是儒曰："隐居以求其志，行义以达其道。"禅说："放舍身心，令其自在。"道云："出人六合，游乎九州，独往独来。"由于存在着以"天人合一"为基础、以道家为合心、以儒释为补充的相关隐逸思想的浸染，使传统中国人具备了一种回归自然的心理预设，此即归隐羡隐的内因。至于外因，不过是唤醒内因的引子，它表现得细碎具体、因人而异、因时而异，唯有内因才是隐逸文化在中国发达的根本原由。士在归隐羡隐前，是与"政统"保持"天人合一"的，当遭遇挫折和失败时，则与之保持"天人相分"，反之山水自然及心性自然则成了合一的对象，于是他们要走向隐逸。

隐逸文化在两千余年的发展过程中，伴随封建王朝的演变更替，其精神化倾向日渐增强。由于归隐羡隐的盛行，以致真伪难辨，加以受禅宗及宋明理学注重心性本体精神化修炼的影响，人们越发将精神隐逸看得比身体隐逸还要重要，于是就有了大隐、中隐、朝隐等说法。与此相关的是"隐逸"被划分成了"隐"和"逸"两种境界。"隐"是初级境界，属于技术操作的境界，它在程度上还有所执无所待，实现了"天人合一"，所以它基本上就是"道隐"。"逸"体现出一种超凡脱俗、不拘法度常规、自由自然的审美状态。在现实中，正直的士人、士大夫对于隐而不逸者，很不以为然，如郭泰便被人讥为"隐不修遁，出不益时，实欲扬名养誉而已"，此处的"遁"指的正是"逸"。

美的境界也是"天人合一"的境界，隐逸文化能够承其启发，并沿着这种精神化、境界化的道路发展，势必会走向审美、走向文学艺术。事实上，就中西方把握世界的方式而言，中国的方式本来就便利于成就文艺、成就美。马克思指出，人用两种方式掌握现实世界，一种是理论（思维与科学）的方式，一种是实践精神的（艺术与宗教）的方式。这一说法用后来海德格尔的话表述，就是"思"的方式与"诗"的方式。中国文化偏重于"实践精神"的方式，或说是"诗"的方式，因为思维与科学过于艰难而且太过玄虚，一切不仅是为了有用，也是一种混迹江湖的可能。中国这种偏重"实践精神"、偏重"诗"的把握方式，当然为古代中国人成就文艺提供了前提。

隐逸文化的勃兴，不仅使归隐羡隐的士人及士大夫，极为典型地实践了这种通向文艺的"诗"的把握方式，而且使之更充分地挖掘和利用了隐逸文化独备的艺术审美潜力。归隐羡隐以后，士人及士大夫或多或少地摆脱了"政统"的限制，他们可以以一种艺术化、审美化的态度来弥补人生实践维度的缺失，来实现操作欲求的满足，这样，先前所倚重的"政统"，便被自然、人（自我）乃至艺术所取代。于是，游山玩水、渔猎躬耕、品茗饮酒、谈玄务虚、吟诗赋文、营园作画、书墨抚琴、品藏文玩、坐禅求道、肆性放情等便成了这些隐士及准隐士最外在的行为表现。当这种与"政统"无关、以"自然"及"人"为主题的审美化生活达至一定境界时，必然就成就了文学和艺术。别尔嘉耶夫指出，艺术是人脱离世界重荷和世界畸形的一种解放，是生命的转换，是向另一个世界进发的通道。既然士人、士大夫归隐羡隐，既是一种自我"解放"，又是在"向另一个世界进发"，那么他们就一定会走向文学和艺术。尼采明确指出，诗人在某些方面必然是面孔朝后的生灵，他们骨子里始终是而且必然是逸民，艺术正是休息者的活动。

不言而喻，隐逸文化所独备的艺术审美潜力即人格的独立与自由的获得，对隐士及准隐士成就文艺的人生，起到了至关重要的作用。因为艺术审美本身就要求以人格独立与自由获得为其基础。历史上，隐士、准隐士心系文艺、刻苦实践的例子随处可见，以晚明绘画艺术为例，如认真翻检一下清人沁如所辑《明画录》，就会发现这样一个事实，即当时在绘画上卓有成就的艺术家几乎无一不是隐士或准隐士。

隐士或准隐士之文艺人生的实现在于生活独立与人身的自由。而生活独立形成了人格独立，人身的自由给隐逸文化带来可能也给隐士及准隐士提供了最大的精神价值。

这一独特的精神价值也许可以用"隐逸人格精神"给予初步概括。从行为模式及价值取向等方面看,隐逸人格精神主要体现出以下一些特点:一是对封建政治现实始终抱有一种疏离、怀疑、厌恶、解剖、批判甚至否定的态度;二是总是力求与主流文化及人伦群体划清界限或保持距离;三是大多具有一种回归自然、回归自由及回归心性放真的内驱力与本能冲动;四是自觉或不自觉地追求一种合乎道统(而不是政统)、合乎理想的真善美"天人合一"的至高境界。隐逸人格精神作为隐逸文化最抽象最概括的精神价值,实际上成为中国传统人文精神的一个重要组成部分,它始终对中国各时代知识分子产生着一定的影响。隐士及准隐士在隐逸文化物质实践及精神实践中,自始至终要追求隐逸人格精神的彰显与建构,而且大多会将彰显与建构的期望寄托在文学艺术审美实践上,但也仅限于此而言。因为中国士子的理想是很实际的,虽讲天人合一,但在实际上总是把人世的变化看作就是天道的变化,这样也造成士子们不可能有一个永恒的价值存在,而所谓"内在超越"也就越发虚伪不可相仪。

二、隐逸文化以士人把玩美鉴赏美客观上形成了创造文艺发展的氛围

隐逸本身是一种个人在社会面前失败的表现,但中国文人并不把这种失败当作一种人生的绝境,而开始以把玩的心态来处世。隐逸人格精神在人生态度上体现出浓重的消极厌世、逃避现实、反社会化及丧失正向进取的倾向。这种倾向波及中国传统文学艺术中,则导致文艺审美过度追求阴柔秀美、主观抒情、冲淡空灵、玄远飘逸,而偏废了阳刚激昂、崇高雄壮、客观写实风格的伸张。当这种倾向渗透到传统人文精神中,则促发了中国士人明哲保身、麻木不仁、玩物丧志、不思进取的情绪。毋庸置疑,隐逸人格精神具有其消极性,但也不乏积极的一面。

中国传统文学和艺术能在诗歌、绘画、书法及园林等代表性领域,取得世所公认的巨大成就,这和古近代中国人对美尤其是自然美及人的美的发掘及鉴赏是分不开的,而美的发掘与鉴赏又与古近代中国人是否具备一定程度的独立人格与自由,或说具备一定程度上的主体性,有直接的关系。但按一些学者的看法,古近代中国人没有主体性,而且他们到了魏晋才对内发现了人的美,对外发现了自然美,这些看法值得怀疑。我们认为,在中国历史上,人们偏重于追求"天人合一""克己复礼"及"修己安人",因而使中国一度偏于重视那种体现和代表帝王、先祖、圣人、君子、礼教、道统及政统之意志的"群体主体性",而一度压制了体现个人人性独立与自由的"个体主体性"。中国在主体性问题上尽管存在着偏颇,但隐逸文化的勃兴,却在一定范围内、一定程

度上对之予以扭转，使"个体主体性"获得了一定的张扬，使美获得了更多的发掘与鉴赏，进而使传统文学艺术的发展赢得了一些生机。

无可否认，魏晋是一个特殊的时代，也是隐逸文化发展的一个巅峰时期。由于魏晋时局变乱，世风日下，人心空虚，道玄盛行，致使士人、士大夫归隐羡隐风行天下。在"越名教任自然"的感召下，归隐羡隐的士人及士大夫摆脱了"政统"，回归到了"自然"及"人（自我）"，从而获得了自由及人格的相对独立。

至此，可以说隐逸文化在一定程度上扭转了中国在主体性方面存在的偏颇，使个体主体性率先在隐士及准隐士中间公开运作起来。正因为得益于上述种种突破，古代中国人以隐士及准隐士为先锋，由魏晋始发，开启了一个大胆直率，无拘无碍，普遍全面地发掘美、鉴赏美的新时代，从而为文学和艺术的进一步发展，创造了新的氛围。

而当隐逸文化引领越来越多的士人及士大夫，以前所未有的热情，去大胆全面地发掘和鉴赏人的美及自然美时，势必会产生一个文艺审美实践的新局面。试想，面对人世间的美，隐士及准隐士能不有所行动吗？刘勰称："傲岸泉石，咀嚼文义。"这在一定意义上表达了审美诉诸文艺的实情，因为"有山水之嗜者，神凝智解，得于心者，必发于外"。有基于此，隐士及准隐士们最终将"自然美"及"人的美"的发掘与鉴赏，以一种精神心灵外化的方式延伸到了"艺术美"，从而既实现了隐逸人格精神的建构与彰显，又在客观上推动了中国传统文学和艺术的发展。

三、隐逸文化对中国传统文化的贡献

（一）文艺体式的丰富发展

这就是中国独有的诗体形式"山水田园诗"。在以"诗"名世的中国，该诗体属极重要的诗体。然而学界以往对于山水田园诗的生发勃兴原因，并无一个明确具体的结论。在历史上，山水田园诗经历了这样一个发展过程：由《诗经》时代的"山水比附起兴诗"，到汉魏六朝前期的"山水玄言诗"，再到汉魏六朝中期以后的"纯正山水田园诗"。在此过程中，魏晋开始的隐逸之风启发了人们直接"玩物审美"的"山水意识"。鲁迅、朱光潜二位先贤已明确感觉到了中国传统诗歌与隐逸文化的关系，然而他们并未对山水田园诗的生发勃兴做出起于隐逸文化的理论归因。从山水田园诗的主创人及发展者来看，陶渊明、谢灵运、嵇康、阮籍、王维、孟浩然、刘长卿、韦应物等当列其首，

而这些人恰恰无一不是隐士或准隐士。正是在他们的带动下，诗歌创作才开始以题材、主题、形式等为突破口，打碎了名教及政统命定的"诗言志""文载道"的艺术伦理规约，从而达至纯粹自然山水审美的境界。成形后世的山水田园诗，从四言、五言到七言，可谓不断发展提高，其品鉴标准也随着人们对"隐逸人格精神"的追求而不断强化。钟嵘在《诗品》中评定诗人诗作时，就明显将那些力求清新自然、返璞归真诗风的隐逸诗人置于中品以上。到了唐司空图，更将体现隐逸人格精神视为诗歌最高境界，他主张诗人应当在创作中追求空灵、恬淡、超逸风格，以便达至韵外之致、味外之味、象外之象、景外之景的化境。

（二）人生境界的升华提高

"园林"在早期属于豪门大户的花园绿地，并不同于后来在中国传统文艺中占有独特地位的"园林艺术"。由园林发展为园林艺术，有一个艺术境界提升的过程，这全有赖于隐逸文化来完成。大凡隐士及准隐士都崇尚道家"无为而治"及"返璞归真"的哲学，正是他们才把这种哲学带入了营园赏园之中，从而推动了园林的艺术化发展。在他们眼里，营园要"虽有人作，宛自天开"，赏园要"止水可以为江湖，一鸟可以齐天地"，而园林至境则是那种与封建政统现实相隔绝的"壶中天地"。园林走向园林艺术，始于魏晋隐逸文化勃兴，完成并精熟于宋元明时期，这极大地弥补了归隐羡隐士人及士大夫摆脱政统操作后的人生实践虚空，或者也可以变成对黑暗政治的消极抵抗，所以就有人会说："谁谓！园居非事业耶？"而园林艺术给予畅游隐逸人格精神的便利，更是显见的。有诗为证："不闻世上风波险，但见壶中日月长。"清人袁枚《随园诗话》，一个"园"字，道尽了"名心未了难遗世"的酸楚。

第二节 隐逸之志在汉语成语中的体现

隐逸，是一种去群体化的生活方式，更是一种精神的象征。它包括人格、心态、思想等，表现为一种安静恬退的操守、悠闲散淡的情怀、闲淡雅致的境界和高远脱俗的韵致。它们体现了隐逸的理想和心理积淀，并作为一种文化角色进入民族的价值系统，成为自由与自适的象征。中国古人远自上古三代始，便已产生了对隐逸生活的向往与追求。

一、对隐逸生活的追求与向往

让我们先从被尊为"隐逸诗人之宗"的陶渊明说起吧。"世外桃源"是陶渊明虚构的一个没有战乱、安乐美好、丰衣足食的地方。与世隔绝的桃花源表达了陶渊明对美好生活的一种无限向往之情。那片虚构的乐土,因其展示了诗意栖居的和谐境界和蕴涵着深厚的文化底蕴,因而成为中国文化中乌托邦的代名词。源于这篇散文的成语"落英缤纷""鸡犬相闻""怡然自乐"都极言了那片向往中乐土的美好、祥和;"与世隔绝"极其自然地暗示了作者本人的归隐之志。

陶渊明的曾祖陶侃做过晋朝的大司马,封长沙郡公。但到了陶渊明的少年时代,家族的显赫已经成为历史。他急于用世的心情在其诗中表达得非常鲜明。他希望有一个远离战争的世界可以让他容身。所以他笔下的"世外桃源"安乐祥和,俨然一幅承平时代的田园风景画。

陶渊明的归隐之志不仅在充满浪漫色彩的"世外桃源"中得到淋漓尽致的体现,在他咏唱古代隐士的诗文中也流露出同样的情感。陶渊明非常仰慕那些不慕荣利的隐士,其对隐士的处世原则、言行操守持有欣赏与赞同,表达自己"见贤思齐"的迫切心情。

陶渊明用"归去来兮"和"迷途知返"表达出诗人对躬耕田园的深情眷念和坚定信念,也成为今人所喜用的成语。当"质性自然"的陶渊明看到"木欣欣以向荣,泉涓涓而始流",就感到宇宙间充满了生意而为之欣慰,但却"误落尘网中,一去三十年",他最终毅然地选择归隐田园,那份"久在樊笼里,复得返自然"的欣慰自适之情溢于言表。

陶渊明在多篇诗文中都表达出这种归隐之志。诗人于《与子俨等疏》中写道:"常言五六月中,北窗下卧,遇凉风暂至,自谓是羲皇上人。"羲皇,指伏羲氏。古人想象伏羲氏以前的人,即太古之人皆恬静闲适,过着无忧无虑的生活。后代的隐逸之士对那种闲适质朴的生活心向往之,均以"羲皇上人"自况。因此"羲皇上人"因陶渊明之笔而成为隐士的代称。

陶渊明最终走上归隐之路,和他的性格有着密切的关系。据《晋书·陶潜传》记载,公元 405 年秋,陶渊明为了养家糊口,来到离家乡不远的彭泽当县令。这年冬天,郡太守派一名督邮到彭泽县来督察。督邮是一个品位很低但有些权势的职位。这次来的督邮以凶狠贪婪远近闻名,每年以巡视为名向辖县索要贿赂,每次去必是满载而归,否则栽赃陷害。督邮一到彭泽,就吩咐县令来见他。陶渊明对这种假借上司名义发号施令的人很瞧不起，但又不得不去，于是他马上动身。不料县吏对他说，应当穿戴整齐、备好礼品、恭恭敬敬地去迎接督邮。陶渊明长叹一声道："吾不能为五斗米折腰，拳拳事乡里小人邪！"于是挂冠而去，离开只当了80多天县令的彭泽。陶渊明"不为五斗米折腰"的感慨则因寓意着诗人的清高气节而成为一则成语为后世念诵。

陶渊明实无愧于"隐逸诗人之宗"的称谓。他热爱自然、秉性恬淡、无意于名利，诗与文皆成就极高，其中关于隐逸思想的流露、隐逸生活的写照也都真实质朴，语言纯净自然，任何时候吟读其作品，都是一种美好的精神享受。南朝梁代文学家萧统为陶渊明的诗作编集时曾说："余爱嗜其文，不能释手。"（《陶渊明集序》）由此产生的成语"爱不释手"，表达了人们对陶渊明诗文的共同感受。

无独有偶，西晋文学家张翰亦因辞官归隐而留下一段关于"莼鲈之思"的佳话。张翰，吴郡（今江苏）人，齐王冏辟为大司马东曹掾，性格纵任不拘，时人比之为阮籍。他曾对同郡顾荣说："天下纷纷，祸难未已。夫有四海之名者，求退良难。吾本山林间人，无望于时。子善以明防前，以智虑后。"话语中流露出对天下时局的失望和欲"超然独处"于"长林丰草"之意。"翰因见秋风起，乃思吴中菰菜、莼羹、鲈鱼脍，曰：'人生贵得适志，何能羁宦数千里以要名爵乎！'遂命驾而归。"（《晋书·张翰传》）后人便以"莼鲈之思"（又作"莼羹鲈脍"）指代辞官归隐。

中国古人辞官归隐者良多，究其原因则或有不同。上述陶潜、张翰皆因不满世道纷乱，充满祸难而"超然远举"，也有因君王猜忌而萌生"遁名匿迹""超然远引"之念的。曹植当属此类。曹植，魏文帝曹丕之弟，建安文学的代表人物，因为立储一事，跟曹丕曾明争暗斗，隙怨丛结。根据《世说新语》，当曹丕登上皇位之后，对自己的亲弟弟仍然放心不下，一心想要除掉他。因母亲卞氏开口求情，曹丕勉强给了曹植一个机会，命他在七步之内成诗，否则杀无赦。曹植就作了著名的《七步诗》："煮豆持作羹，漉菽以为汁。萁在釜下燃，豆在釜中泣。本自同根生，相煎何太急？"曹丕明白如果自己杀了曹植会被世人耻笑，于是将弟弟软禁起来。此时的曹植虽不失王侯之位，但抑郁不得志，从而对"玄微子隐居大荒之庭，飞遁离俗，澄神定灵"（《七启》）的退隐生活产生向往之意，这就是"飞遁离俗"的语源。曹植发愿抛弃虚假的不自由的富贵，"愿返初服，从子而归"（《七启》），这便是"返我初服"的出处。"初服"即未做官时的衣服。但现实是残酷无情的，曹植"飞遁离俗"

"返我初服"的愿望未能实现，年仅40岁便忧郁而终，从中不难看出封建统治集团内部斗争之残酷。

成语"不食周粟"的故事告诉我们，隐士对于社会的抵制态度有多么决绝，当身体的与世隔绝不足以保持个人的自我独立完整之时，他们甚至可以采取最极端的方式，即牺牲生命来成就个体的名节。这样可歌可泣的隐逸之士在中国历史上并不少见，西汉的龚胜即是其中一位。龚胜（公元前68—公元11年），彭城（今江苏徐州）人。哀帝时征召为谏议大夫，屡次上书抨击刑罚严酷、赋敛苛重。后托病辞官，又被征为光禄大夫。王莽秉政时，归老乡里。王莽在公元9年登基后，派人以隆重的礼节劝说龚胜回到朝廷做官，但龚胜称疾不应征。当使者开始对他施加压力，试图胁迫上路时，龚胜对儿子说："吾受汉家厚恩，亡以报，今年老矣，旦暮人地，谊岂以一身事二姓，下见故主哉？"他对自己的丧事做了交代，然后便拒绝一切饮食，14天之后死去（《汉书》卷七十二）。何其决绝！何其壮烈！

龚胜并不是孤独的斗士，与他同时期的名士李业可谓其"志同道合"者。据《后汉书》记载，李业是一位学者，在元始年间（公元5年）并被任命为"郎官"（备顾问、差遣之职）。王莽掌权后，李业托病辞官还家，闭门谢客，以示不愿同流合污。公孙述占据益州（治地成都）称帝后，仰慕李业贤名，欲征聘，李业连续几年都不予理会。最后公孙述派人持毒药见李业，给他两个选择：要么到朝中接受显赫的职位，要么喝下毒药。李业感叹"名可成不可毁，身可杀不可辱也"，于是饮毒酒而死。此举与龚胜一样，以极端的方式果决地捍卫其隐逸的志向，成就了名士的气节，完成了悲剧的凯旋。

"箕山之志"提醒我们中国历史中的隐逸现象或能追溯得更早。"箕山之节""箕山之操""箕山之风""箕山挂瓢"等系列成语，皆表达了人们对许由那种自由自在的隐居生活的追求与向往，流露出对不仕以保全高尚节操的赞美与慨叹。

中国古代隐士群体为数众多，每一位隐士身后都有一段坎坷不平的归隐之路，他们留下许多撼人心魄的故事，很多成语即记录了他们曲折的命运，体现了他们隐逸的志向，也褒扬了他们清越的名节——长林丰草、卑以自牧、超然独处、清雅绝俗、白驹空谷、盥耳山栖等。

二、对隐逸之士的赞美与欣赏

自古以来，中国文人就对隐士的风范十分欣赏，用"鹤"这一高贵优雅的形象来比喻隐士。形容隐士高远卓绝的成语"鹤鸣九皋"就源于《诗经》"鹤鸣于九皋,声闻于野"的典故(《诗经·小雅·鹤鸣》)。它形象地描绘了"隐士"形象在中国知识分子中的独特价值,他们一方面远离俗世,如鹤鸣于湖泽的深处;另一方面声名卓著,远播于世,是大众仰慕的对象。

孔子在《论语》中,屡屡对伯夷叔齐等隐士加以称道。《论语·述而》云:"伯夷叔齐何人也?古之贤人也。"《季氏》云:"伯夷叔齐饿于首阳之下,民到于今称之。"

韩愈继承了这一儒家传统,对隐士的推崇达到极端。在韩愈看来,伯夷耻食周粟而隐居,并甘以性命为代价来捍卫心中的"道",诚可谓"信道笃而自知明"的豪杰之士,其"义"可参日月天地,他们特立独行的高蹈风格,实在令人景仰之至。

隐士气节的一个重要表现即"不事王侯,高尚其事"得到人们的高度认可及赞美,并通过以下成语表现出来。

"口不二价"说的是"韩康卖药"的故事,透露出人们对韩康品行的由衷敬佩。"韩康卖药""口不二价",终生隐居不仕,传为佳话。后遂以"韩康卖药"喻指隐士逃名避世。如今,一些店铺亦因韩康"口不二价"的诚信之举,纷纷挂起"韩康遗风"的匾额。

至于"烟波钓徒"说的则是唐朝著名诗人张志和。张志和博学能文,16岁时,即到京城"游太学",取得国子学士资格。少年得志的张志和因才华出众,受到肃宗李亨赏识,特加奖掖,任命为待诏翰林,授予左金吾录事参军,肃宗同时还赐名"志和"。正当他少年春风,荣宠之际,却不慎因事得罪朝廷,被贬到南浦(今江西南昌西南)做尉官。虽然被贬时间不长,不久即遇赦回到京城长安,但却在他心灵上留下一道伤痕,他似乎看破官场,仕念就此泯灭。于是趁家亲亡故之机,以奔丧为由请求辞官返回老家,并且从此以后不再做官,长期过着隐居的生活,悠然徜徉于太湖一带的山水之间。因常以扁舟垂钓,超然不在尘世中,自称"烟波钓徒"(《新唐书·张志和传》),后世遂以"烟波钓徒"(亦作"烟波钓叟")指隐逸于渔的人。

自古以来的隐士,匿迹于万顷烟波之上的为数不少。自《庄子》就有隐居于江湖之上的渔父形象。(《庄子·秋水》)不过有的是真心归隐,有的却是沽名钓誉。姜子牙垂钓于渭水河边,钓的是一人之下、万人之上的相位;严光反穿皮裘在富春江上招摇,为的是求见汉光武帝一面,然后闻名海内。但张志和却是真正的"兴趣高远,人不能及"。

张志和将其隐逸生活的自在、闲适用诗词的形式加以再现,使后人每读其诗,都被他那种理想化的生活形态所感染。

"北郭先生"也是指代隐居不仕之人的一则成语,且语中饱含赞美。廖扶不慕虚名、不与官场相逢迎的性格及作为,与古时辞楚庄王之聘不就的北郭先生相类似,因此,时人称之为"北郭先生",以赞美其高蹈懿行。至今,"北郭先生"仍作为那些隐居不仕而又行善有术之人的代名词。

"北郭先生"廖扶隐居不仕之事的清名流传甚广,清人钱谦益《续次敬仲韵》:"北郭先生生已老,东家夫子子为恭。"周亮工也在《重过前岳太守李灿辰思鹤亭》中留下诗句:"劳劳下马自披帷,北郭先生隐几时。"

由以上来看,中国古代的隐逸之士是以他们的嘉行懿德赢得了世人的高度肯定,所以人们不吝用美好的语言来赞美他们,如"山高水长""与世靡争""才望高雅""淑质英才""雅量高致""仙风道骨""不同流俗""安贫乐道""鹤鸣之士"等成语,均从不同的角度对隐士进行盛赞。

第三节 隐逸的生活形态

中国隐士群体忽视物质的享受,追求精神的超越,鄙弃以利相交、虚伪夸饰的人际关系,向往恬淡自然、超越功利的精神境界。我们将以成语为线索来考察古代隐士的物质生活形态与精神风貌。

一、怡然自得的精神生活

成语"含哺鼓腹"形容太平时代无忧无虑的生活。出自《庄子·马蹄》:"夫赫胥氏之时,民居不知所为,行不知所之,含哺而熙,鼓腹而游,民能以此矣。"其原意是说,在上古赫胥氏的时代,黎民百姓居处不知道做些什么,走动也不知道去哪里,口里含着食物嬉戏,鼓着吃饱的肚子游玩,人们所能做的就只是这样了。庄子在《马蹄》篇里是将这种情况与圣人出现之后的情况对举而言的,它表明庄子式的隐逸对世俗事务没有什么欲望,真正达到与世隔绝是心志上的事,是完全超然于世俗的事情,是个人在自己与社会之间放置的一种情感距离。庄子并没有像其他一些隐士那样逃入山林,过着与世隔绝的生活,他是把"心隐"实践到了极致的典型代表。这也正如"含哺鼓腹"所表达的内在含义，只要内心超然于世，无论身处市井或泉林都不影响隐逸的本质。

隐逸中人的精神乐处各不相同，庄子"含哺鼓腹"游于市井，林逋则"梅妻鹤子"，自得其乐。北宋著名隐逸诗人林逋，后人称为和靖先生，杭州钱塘人，出生于儒学世家，早年曾游学于江淮等地，后回到杭州，隐居于西湖孤山之下，"二十年足不及城市"（《宋史·林逋传》）。林逋隐居的生活看上去优雅、惬意，"梅妻鹤子"尤令人津津乐道。沈括《梦溪笔谈·人事二》载："林逋隐居杭州孤山，常畜两鹤，纵之则飞入云霄，盘旋久之，复入笼中。逋常泛小艇，游西湖诸寺。有客至逋所居，则一童子出应门，延客坐，为开笼纵鹤。良久，逋必棹小船而归。盖尝以鹤飞为验也。"林逋在孤山上种植了三百多棵梅树，并养了两只白鹤。闲居无事之时，便与梅花、白鹤相伴，形影不离，所谓"调鹤种梅如性命"，有传说称林逋终生未娶，因此"梅妻鹤子"的佳话广为流传。后"梅妻鹤子"成为成语，指以梅为妻，以鹤为子，比喻清高或隐居。

林逋爱梅成性，隐居期间不仅植梅，而且写出了不少咏梅佳句，其中最负盛名的《山园小梅》。这首诗不仅把隐居生活环境中梅花的清影和神韵写得妙绝，而且还把梅品、人品融汇到一起，其中"疏影""暗香"两句，更成为咏梅的千古绝唱，引起了许多文人的共鸣。从此以后，咏梅之风日盛。如宋代文坛上的几位大家欧阳修、苏轼、王安石、陆游、辛弃疾、杨万里、梅尧臣等，都写过许多咏梅诗词。苏轼甚至还把林逋的这首诗，作为咏物抒怀的范例让自己的儿子苏过学习。随着宋代咏梅风气的盛行，林逋之名与孤山梅花在文坛上也热了起来，出现了："明月孤山处士家""潇洒孤山半支春""幽人自咏孤山雪"等。

其时，有一个文人王济很赏识林逋的才华和德行，极力向皇帝推荐，于是林逋的名气传到了宋真宗那里。大中祥符五年（1012年），"真宗赐粟帛，并诏告府县存恤之。逋虽感激，但不以此骄人。"有朋友劝他出来做官，均被婉言谢绝："然吾志之所适，非室家也，非功名富贵也，只觉青山绿水与我情相宜。"

其后，林逋"梅妻鹤子"的隐逸生活成为中国画士乐于表现的主题，其"不同流俗"的品格和澄澈淡远的诗画也受到人们的赞赏。现在杭州西湖孤山仍有"放鹤亭"和"林和靖先生墓"，便是纪念林和靖的胜景。

隐逸的另一种精神乐处是"躬耕乐道"。成语"躬耕乐道"是说隐居生活时不仅亲自耕种，且乐于信守圣贤之道。语源《三国志·魏书·袁张凉国田王邴管传》："昭乃转居浑山中，躬耕乐道，以经籍自娱。"其中的"昭"即胡昭。胡昭（161—250年），颖川（今河南禹州）人，是三国时期隐士、书法家。起初胡昭避乱于冀州，袁绍征召他，坚辞不就，隐还乡里。曹操为司空丞相后，发布"唯才是举令"，多次派人请胡昭出山入仕，胡昭无奈，只好去面见曹操，自陈乃一介村野民夫，无军国之用，早已习惯于躬耕樵读的田园生涯，做官入仕，非我辈所为，还望丞相见谅，让他息隐山林。曹操慨叹道："人各有志，出处异趣，勉卒雅尚，义不相屈。"胡昭便居于陆浑山中（今河南嵩县东北），躬耕乐道，还"以经籍自娱，颇有德行于世"。后人以"投簪卷带，韬声匿迹"（晋·挚虞《微士胡昭赞》）称赞胡昭不为官爵所动的义举。

当时胡昭所居住的陆浑山，绵延三百里，散居着许多日出而作、日落而息的穷苦百姓。由于散居，他们的子弟都无缘读书。这些居民之间，常常由于一些琐屑小事而发生争斗。胡昭看到这种情况，就开馆办学，教他们识字、读书，使他们明白一些简单的道理。同时，对山中居民也动之以情、晓之以理地进行劝说、化解，很快使这些居民之间平息了争斗。因为胡昭德高望重，教化四方，所以他居住的三百里山川，逐渐消除了诸如侵害斗殴等不良现象。胡昭一生，隐居不仕，躬耕办学，施教乡里，可谓功在四方。另外，胡昭在书法上也取得很高的成就，他师承刘德升并推陈出新，将行书书法推进到一个新的高度，与三国时的另一书法家钟繇齐名，"钟氏小巧，胡氏豪放"，世人并称"钟胡"，成语"胡肥钟瘦"即由此而来。胡昭的行书书法广为当时的士人学习推崇，以至于"尺牍之迹，动见模楷"，成为人们学习和临摹的榜样。

由此可见，隐逸并不只是一种自我保护，除此之外它还跟某种道德的或哲学的立场联系在一起，例如对权力地位和财富名誉的淡泊等。否则，难以达到一种超脱的"闲云野鹤"般的精神境界。隐士这种淡泊名利，不愿为外物所累，追求精神自由和人格独立的心灵世界，在以下的成语中同样得到生动的体现："悠然自得""放情丘壑""孤云野鹤""逍遥自在""高枕无忧""古井无波""安步当车""萧然物外""安贫乐道""超然远举""鹭朋鸥侣""鹭约鸥盟"等。

二、深居简出的潜隐行止

隐逸生活大多"与世隔绝"，这正是隐居者理想中的生活状态。他们长年

"杜门晦迹""深居简出",不与外人相往来。原先的住所丛生着蒿草,内外没有道路相通,而张仲蔚的住所四周的蓬蒿比人还高。(见《高士传·张仲蔚》:"张仲蔚者,平陵人也,与同郡魏景卿俱修道德,隐身不仕。明天官博物,善属文,好赋诗,常居穷素,所处蓬蒿没人,闭门养性,不治荣名,时人莫识,惟刘、龚知之。")李白曾于《鲁城北郭曲腰桑下送张子还嵩阳》中歌言其事:"谁念张仲蔚,还依蒿与蓬。"

赵光逢,字延吉。父亲赵隐任右仆射。赵光逢与弟弟赵光胤,都以文学德行知名。赵光逢年幼时爱读经典书籍,一举一动都很守规矩,当时的人把他看作像"玉界尺"那样正直温和的人。唐僖宗时,进士及第。过了一个月,任为度支巡官,历任台省官职,在朝廷内外都有能干的名声,转任尚书左丞、翰林承旨。昭宗巡幸石门,赵光逢不随从前往,昭宗派戴知权带诏书命他前往石门,他称病辞职。皇帝到华州,拜为御史中丞。这时有道士许岩士、盲人马道殷进出宫廷,很快当上卿相大官,因此借旁门左道求进的人很多,赵光逢依靠宪纪治理此事,那些人都受到法纪制服,从此这类人渐渐减少。

光化年中,王道衰退,南北司结党,赵光逢一贯谨慎宁静,担心灾祸殃及自己,因而辞官到伊洛隐居,《新五代史·赵光逢传》述其"以世乱,弃官居洛阳,杜门绝人事者五六年",这就是成语"杜门谢客"的语源。后来宋代苏轼作《东园》诗,曾引用这个典故:"杜门谢客恐生谤,且作人间鹍鹏游。"到梁朝时,赵光逢任中书侍郎、平章事,转任左仆射兼租庸使,上奏章请求退职,以太子太保身份退休。梁末帝爱他的才能,征召为司空、平章事。没过多久因病辞职,授司徒退休。

士人一旦隐居起来,便不愿其清静被打扰,以免"生谤",不管来寻访的人是其乡亲宗族,或是政府官吏。并不只赵光逢一人"杜门谢客",类似的"遁世长往"是隐居者普遍采取的一种行为方式,史书上屡有记载。

因为隐居者"避世离俗",不愿透露行踪,因此给世人留下"潜""隐"的印象。所以唐代文人杜牧《送薛处士序》道:"处士之名,何哉?潜山隐市,皆处士也。"这便是成语"潜山隐市"的语源。所谓"处士",就是那种不愿做官而潜身于山林,隐迹于市井的人。

的确,为了达到真正的"潜""隐"状态,隐士们大多选择难以被寻访到的极其偏僻之地,因此茂林深山、巨石巉岩常常成为他们寓居之处,所以人们常用"山林隐逸""岩穴上士"称代隐逸之士。据考证,从先秦止于清,见于史籍的隐居于各大名山之隐士逾两百人,其中居于前三位者分别是:庐山 31

人，嵩山 26 人，武夷山 22 人。唐代诗人贾岛《题隐者居》生动描绘了隐士的"离群索居"，其诗云："虽有柴门长不关，片云孤木伴身闲。犹嫌住久人知处，见拟移家更上山。"林和靖《孤山隐居书壁》也形象刻画了隐居者欲"深藏远遁"的心态："山水夫深猿鸟少，此生犹拟别移居。直达天竺溪流上，独树为桥小结庐。"

诗人陆游对于隐逸之事，则有自己独到的看法："志士栖山恨不深，人知已是负初心。不须更说严光辈，直自巢由错到今。"（《杂感》）陆游认为真正的隐士，入山唯恐不深，避世唯恐不远；而被人知道出了名的隐士，已经辜负了自己当初逃隐的动机，姑且不说别有用意的严子陵们，就是许由、巢父他们，被人发现了踪迹，有了"高尚其志"的"隐士"声名，也早就错到底了。关于古人隐逸行踪及与社会的交往，除上述之外，还有避世离俗、杜门晦迹、深居简出、避世绝俗、隐姓埋名、闭门却扫等。

三、粗衣粝食的物质生活

中国古代的隐士大都是具有一定文化层次和道德修养的士人，虽然他们的智慧和才能高出于一般人，但却不求闻达，不入仕途，洁身自好，远居山林，而且许多隐士在物质生活上处于一种原始化、贫困化的状态。中国人注重精神生活与精神修养，鄙视物质享受的传统自古已然，老子就说过："五色令人目盲；五音令人耳聋；五味令人口爽；驰骋畋猎，令人心发狂；难得之货，令人行妨。"那些"岩穴之士"更是这一传统的身体力行者，其中一些人的物质生活困窘之至，几乎令人不敢置信，如颜回困守陋巷，过着"箪食瓢饮"的清贫生活，谢世于盛年；陶渊明甚至到了曳杖江村，游行以乞食的尴尬境地："饥来驱我去，不知竟何之。行行至斯里，叩门拙言辞"（《乞食》）。如果用"物质上的乞丐，精神上的富翁"来形容他们，实不为过①。所以在日常生活中隐士们"弊衣疏食""岩居谷饮"是丝毫不足为奇的。他们无求于外在的物质还表现在这些成语中："布衣蔬食""恶衣粝食""粗袍粝食""饭粝茹蔬""枕石漱流""餐松饮涧""餐松啖柏""葛巾野服""葛巾布袍""餐风饮露""餐风吸露""山栖谷饮"。

其中"弊衣疏食"，语出《周书·柳虬传》，说的是柳虬隐居时衣着破旧，饭食粗粝。柳虬（公元 501—554 年），字仲蟠，河东解人，西魏史学家。他

---

① 曾雄生. 隐士与中国传统农学 [J]. 自然科学史研究，1996，15（1）.

13岁时，便专精好学，遍授《五经》。魏孝昌年间，扬州刺史李宪举荐他为秀才。西魏大统中，为洛阳行台郎中，掌管公文书信。后官至扬州中从事，加镇远将军，但仕途经济不是他的内心所求，于是弃官回洛阳。"属天下丧乱，乃退耕于阳城，有终焉之志。虬脱略人间，不事小节，弊衣疏食，未尝改操"。柳虬隐居生活虽然"弊衣疏食"，但其高尚的节操未曾改变，"弊衣疏食"由此成为生活简朴的代名词。有人讥讽他的生活过于清苦，但柳虬说："衣不过适体，食不过充饥。孜孜营求，徒劳思虑耳。"这说明柳虬之所以物欲寡淡，在于他认为对物质的追求会成为思想和精神上的负累。

同柳虬相似，"布衣疏食"的西汉宣帝年间博士谏大夫王吉（字子阳），也是在位时为官清廉，去位时生活清平的人。汉宣帝时，王吉被起用为博士谏大夫，他针对当时皇室奢侈靡费、任人唯亲等时弊，上疏劝宣帝选贤任能，废除荫袭制度；提倡俭朴，爱惜财力，以整顿吏治，淳厚民风，使国家兴旺发达。但他的这些建议不仅未被汉宣帝采纳，反而被认为是迂腐之见，而失去汉宣帝的信任。为此王吉以病辞官，回故里过起了隐居生活："去位家居，亦布衣疏食。"（《汉书·王吉传》）成语"布衣疏食"语本于此。王吉交友态度谨慎，选择与自己志趣情操相似的人为友，正如所谓"物以类聚，人以群分"。他与"以明经洁行著闻"（《汉书·贡禹传》）的贡禹情意相投，交往至深，所以后来有"王阳在位，贡公弹冠"（"王阳"即王吉，"贡公"是人们对贡禹的尊称）的成语，比喻好朋友进退相随，取舍一致；也指一人得官，同类相庆。汉元帝即位后，召王吉和贡禹同赴朝廷为官，遗憾的是王吉病故于赴长安途中。

在中国的历史长河中，像柳虬、王吉这样生活俭朴的隐居者为数很多，有的生活简朴情形尤甚。成语中所描述的隐士们"樵苏不爨"的贫困生活是逼真传神的。实际上，隐士不光在饮食、穿着上十分粗鄙，他们的居住条件也是简陋之至。巢父"以树为巢，而寝其上"，所以人们称他为"巢父"（《高士传·巢父传》）。老莱子则"莞葭为墙，蓬蒿为室，枝木为床，蓍艾为席。"（《高士传·老莱子传》）更有台佟"凿穴而居"，孙登"于郡北山为土窟居之"（《晋书·孙登传》），种放"结草为庐，仅庇风雨"（《宋史·种放传》），等等，不一而足。这些有见于史的记载与"岩居谷饮""岩居穴处""巢居穴处""穴居野处""山栖谷饮"等成语所述实可谓毫无二致。

第四节　隐逸与出仕之间的矛盾分析

隐逸不仅是一种身份标识，还是一种精神的象征。由于士人的推波助澜，这个层面的隐逸成为士人自我塑造的一种精神指向。然而实际生活中，士人却难以按照其隐逸的理想观念生存，这便形成一种悖论：文化本身要求某种"角色期望"，但可能又无法容忍实际的"角色扮演"。能允许隐逸生存的社会，就不需要隐逸；而需要隐逸的社会，却不允许隐逸纵横，隐逸必然会被社会统治力量压榨变形。所以在中国文化系统中，隐逸的观念理想与行为模式常产生断裂，表现为隐逸行事准则的摇摆与隐逸理想的悬置[①]。

作为中国士阶层独有的社会文化现象，隐逸与出仕共同构成了士阶层完整的文化传统，隐逸的目的就在于保证士人相对独立的社会理想、人格价值、生活内容及审美情趣。

一、隐以待机

"天下有道则见，无道则隐"（《论语·泰伯》），因此士人们即使隐身泉林，也不忘等待时机以施展其政治理想与抱负。这种情形在乱世表现得尤为突出。"三顾茅庐"典故中的诸葛亮便是典型的"隐以待机"者。《三国志·蜀书·诸葛亮传》载："亮躬耕陇亩，好为《梁父吟》。身长八尺，每自比于管仲、乐毅，时人莫之许也。"在《出师表》中，诸葛亮自己也作了一番感人的内心表白："臣本布衣，躬耕于南阳，苟全性命于乱世，不求闻达于诸侯，先帝不以臣卑鄙，猥自枉屈，三顾臣于草庐之中，咨臣以当世之事，由是感激，遂许先帝以驱驰。"从这段表白来看，他本无心功名，只是出于对刘备"三顾茅庐"诚意相邀的感激之情"遂许先帝以驱驰"的。若结合《诸葛亮传》所言加以分析，则可以推断诸葛亮在《出师表》里所言更多是一种自谦之辞，因为《出师表》是要呈示皇上的，而其内心深处，恐怕还是常以管仲、乐毅自比，渴望得遇明主而一展抱负。在诸葛亮看来，刘备"猥自枉屈""三顾茅庐"之举是一种礼贤下士的明主风范，所以他甘愿为辅弼刘备、刘禅而"驱

[①] 李红霞. 唐代隐逸风尚与诗歌研究 [D]. 西安：陕西师范大学.

驰"一生，真正做到了"鞠躬尽瘁，死而后已"（《后出师表》）。诸葛亮这种济世安邦的情怀因为"三顾茅庐"的明主而得以实施，他自己也成就了流芳百世的丰功伟绩和高尚名节。

自称"高阳酒徒""高阳狂客"的郦食其也是一个"隐以待机"者。郦食其（？—公元前 203 年）是秦朝陈留县高阳人。他喜爱读书，性情豁达；对残暴的秦朝非常痛恨，对奋起抗秦的陈胜、项梁寄予很大希望，但郦食其发现这些人心胸狭窄，不足为交，因此一直隐居未出。郦食其投奔刘邦时，已经年过六旬，堪称是"书生老去，机会方来"。《史记·郦生陆贾列传》记载："初，沛公引兵过陈留，郦生（食其）踵军门上谒。沛公见说其人状类大儒，使使者出谢曰：'沛公敬谢先生，方以天下为事，未暇见儒人也。'郦生瞋目按剑叱使者曰：'走，复入言沛公，吾高阳酒徒，非儒人也。'……遂延入。"郦食其自称"高阳酒徒"，迫使刘邦接见了他。他献策攻下交通咽喉陈留，使沛公的西征军获得许多粮草和辎重物资，解除了后顾之忧。后来郦食其又被派往齐国游说齐王，郦食其单车轻骑，不费一兵一卒，就拿下齐国七十多座城池。遗憾的是齐王误解了郦食其而将其烹杀。郦食其为汉朝基业立下汗马功劳，自己慷慨赴义，他的名字却往往不为人所知，但只要一提起"高阳酒徒"，则家喻户晓。清人吴保初曾写诗赞曰："谁为天下奇男子？臣本高阳旧酒徒。正则怀沙终为楚，子胥抉目欲存吴。"

像诸葛亮、郦食其这样的英雄生于乱世，客观条件使他们选择了隐逸这种生存方式。如此，则一可避免战乱所造成的破坏和灾难，二可静观时势之变，以便趋利避害，"相时而动"，待机而出[①]。正如《诗经·周颂·酌》所言："於铄王师，遵养时晦。"这便是成语"遵养时晦"的来源。另有成语"韬光韫玉""韬晦之计""韬光敛彩""韬光养晦""韬光隐迹""遵养待时""韬光俟奋""韬晦之计""隐以待机""戢鳞潜翼"等也都是说收敛起光芒，隐藏起踪迹，待时奋起之意。

"隐"与"仕"都达到最高境界的是东晋谢安。谢安（公元 320—385 年）是陈郡阳夏（今河南太康）人，出身士族。《晋书·谢安传》曰："谢安少年既有名声，屡次征辟皆不就，隐居会稽东山，年逾四十复出，为桓温司马，官至中书令、司徒。"他在当时的士大夫阶层中名望很大，大家都认为他是个挺有才干的人，但是谢安"累违朝旨，高卧东山"。这便是成语"东山高卧"的语源。谢安隐居东山，坚决不应诏使得他名望更高，以致有"安石不出，如

---

① 杨文全. 成语中的镜像——中国古代隐逸文化阐微 [J]. 四川大学学报，1998（2）.

苍生何"的呼声。至晋穆帝时，谢安四十多岁，他觉得时机已到，才应诏重新出来做官。因为谢安长期隐居在东山，所以后来把他重新出来做官称为"东山再起"。成语"东山再起"即源于此。谢安隐居会稽山近20年，享尽诗酒山水之乐，琴棋书画无所不精，所以他的隐居是一点也不寂寞的。前秦南侵，东晋危在旦夕，谢安临危受命，当了东晋的宰相，他内举不避亲，重任侄子谢玄，立下了淝水之战大败苻坚的不世之功，并趁机率军北伐收复失地。谢安本人由风流名士成为一代风流名相，谢氏家族的显赫也如日中天。李白作《永王东巡歌》其二赞谢安曰："三川北虏乱如麻，四海南奔似永嘉。但用东山谢安石，为君谈笑静胡沙。"并在《梁园吟》中感叹道："东山高卧时起来，欲济苍生未应晚。"谢安虽位极人臣，但他"虽受朝寄，然东山之志始末不渝，每形于言色"（《晋书·谢安传》）。成语"东山之志"语本于此，指代隐居之念。

颖慧如谢安者深知功高见疑、功成身退的古训，已经开始准备退路，只是还来不及再归隐东山就死于任上。谢安逝世之后，被民间尊奉为神祇，称为"谢千岁""谢圣王""谢王公"等。终谢安一生可谓"隐"与"仕"都极尽辉煌，令后世读书人羡慕不已。不过这是特例，中国历史上几乎绝无仅有。

一般而言，士人不管是出于不愿与世俗同流合污，还是为全身远祸，抑或因心怀其道，或本自性情恬淡，他们的隐逸都是发于真心，自愿自觉而为人称道。但也存在一种例外的情况，隐逸的原则一再地被呈现为一种政治艺术，一种赢得权力和成功的手段[①]。成语"终南捷径""心驰魏阙""身在林泉，心怀魏阙"等就揭示了这种情状。

《新唐书·卢藏用传》记载，唐朝进士卢藏用没有官职，想入朝做官，他来到京城长安附近的终南山隐居，苦心孤诣地在山中混了好些年。皇帝在长安，他就住终南山；皇帝移驾洛阳，他就跟随到嵩山隐居。于是大家都知道了其醉翁之意，称他为"随驾隐士"。后来武则天知道了这个人的存在，终于把他请出山，授官左拾遗。另一隐士司马承祯亦被征召而坚持不仕，决定重返山中修行，临行时，卢藏用指着终南山对司马承祯说："此中大有嘉处。"而司马承祯说："以仆视之，仕宦之捷径耳。"后人遂以"终南捷径"一词讥讽假隐邀名的隐居者。《新唐书·隐逸传序》评论道：隐士中"放利之徒，假隐士名，以诡禄仕，至号终南、嵩少为仕途捷径，高尚之节丧焉"。

不过，"终南捷径"的首创并非卢藏用。对于这种跟隐逸联系在一起的虚

[①] 文青云．岩穴之士[M]．济南：山东画报出版社，2009：52．

伪和欺骗，早在荀子便予以揭露："今之所谓处士者，无能而云能者也，无知而云知者也，利心无足而佯无欲者也，行为险秽而强高言谨悫者也，以不俗为俗，离纵而跂訾者也。"（《荀子·非十二子》）司马迁也指出，那些士人之所以隐居岩穴，为自己建立无瑕高名，目的还是想归于"富厚"①。《旧唐书·隐逸传序》认为假隐士"身在江湖之上，心游魏阙之下，托薜萝以射利，假岩壑以钓名，退无肥遁之贞，进乏济时之具"。对于那种"身在林泉，心怀魏阙"的假隐士，南齐文学家孔稚珪写过一篇赋《北山移文》，勾画出他们"虽假容于江皋，乃缨情于好……情投于魏阙，或假步于山扃"的虚伪面目，嘲讽了他们的故作高蹈而又醉心利禄。唐代诗人罗隐在《鹿门隐书六十篇》中明确指出："古之隐也，志在其中；今之隐也，爵在其中。"明朝亦有诗人以"世念一毫融不尽，功名捷径在烟霞"的诗句予以讥讽。

这种以隐求仕在唐代甚至形成一种风尚，而且这种隐逸方式还得到统治者的优容。唐玄宗对隐逸就大加提倡，在《赐隐士卢鸿一还山制》中说道："传不云乎：'举逸人，天下之人归心焉。'"在这样的政治文化环境中，"隐逸不再是一种乐而为之的生存方式，不再是一种崇高精神生活的必然，也不再是一种宗教的自觉追求，而仅仅是一种手段，一种实现政治理想的手段"。②

二、弃官归隐

纵观历史上的隐逸之事，呈现于我们眼前的大多是为规避祸患而辞官者，"功遂身退"而辞官者，仕途不畅而辞官者，不满官场污浊愤而辞官者。正如余英时先生所言："吾国避世思想起源远古……隐逸亦多出于政治原因。③"例如成语"挂冠而去"的主人公逢萌就是一个规避祸患而辞官的例子。西汉末年，王莽的儿子王宇担心王莽树敌太多而进行血谏，被王莽恼羞成怒而杀掉，逢萌看出了王莽的用意，对其友人说："三纲绝矣！不去，祸将及人。"于是"解冠挂东都城门，归，将家属浮海，客于辽东。"（范晔《后汉书·逢萌传》）不久后，王莽自杀，他所创立的新朝也成为中国历史上最短命的朝代之一。

至于"功遂身退"，其典型人物当推范蠡。范蠡是春秋末期著名的政治家、军事家和实业家。他出身贫贱，但博学多才，与楚宛令文种相识、相交甚

---

① 文青云. 岩穴之士 [M]. 济南：山东画报出版社，2009：72.
② 许建平. 山情逸魂 [M]. 北京：东方出版社，1999：250.
③ 余英时. 士与中国文化 [M]. 上海：上海人民出版社，2003：286.

深。因不满当时楚国政治黑暗、非贵族不得入仕而一起投奔越国，辅佐越王勾践。帮助勾践兴越国，灭吴国，一雪会稽之耻，功成名就之后急流勇退，"乃乘扁舟，浮于江湖"。后三次经商成巨富，三散家财，成为我国儒商之鼻祖，被后人尊称为"商圣"。世人誉之："忠以为国；智以保身；商以致富，成名天下。"但跟范蠡一起投奔越国并辅佐越王的功臣文种却没有范蠡那么"明智"。范蠡离开越国之前给文种写了一封信说道："蜚鸟尽，良弓藏。狡兔死，走狗烹。越王为人长颈鸟嘴，可与共患难不可与共乐，子何不去？"（《史记·越王勾践世家》）成语"兔死狗烹，鸟尽弓藏"即源于此。但文种太相信自己与勾践在复国期间结下的君臣之谊，不相信越王会加害自己，坚持不肯走，最后落得赐剑自刎的悲惨结局，正应验了"兔死狗烹，鸟尽弓藏"的道理。试想如果文种能如范蠡"急流勇退"，当可与其一同享受大诗人李白的景仰："终与安社稷，功成去五湖"！

　　许多仕途不达、屡遭挫折的士人，也往往弃官离职，归老田间。如陶渊明，曾做过彭泽令，因不愿为五斗米折腰，视龌龊官场为樊笼，愤然"挂冠而去"，种豆南山，躬耕自适。但如果所遇为开明盛世，士人能施展其理想抱负，实现"大济苍生""为生民立命""为万世开太平"的宏愿，那么中国的隐逸风气之盛将会自行消减，中国的隐逸文化也将会被改写。正如唐宋八大家之首的韩愈所言，隐逸的生活虽然自由美好："穷居而野处，升高而望远。坐茂树以终日，濯清泉以自洁。采于山，美可茹；钓于水，鲜可食。起居无时，惟适之安……无毁于其后……无忧于其心。车服不维，刀锯不加，理乱不知，黜陟不闻。"但终究是"大丈夫不遇于时者之所为也"（韩愈《送李愿归盘谷序》）。

　　因不满官场污浊而辞官的则有"投传而去"成语故事的主人公陈蕃。陈蕃是东汉末年一位不避强权、敢于犯颜直谏的忠臣。陈蕃最初是以举孝廉入仕，拜为郎中。三年后，刺史周景任命他为别驾从事，他却因与周景"谏争不合，投传而去"（《后汉书·陈蕃传》）。成语"投传而去"由此而来。桓帝时，陈蕃亦因犯颜直谏曾多次左迁。生于朝纲崩乱之际的陈蕃他生性耿介，为官清廉，勇与奸佞之人同朝争锋，以至为国捐躯，给后人留下功未成事未尽的惋惜与悲壮。《后汉书》评价陈蕃，说他"以遁世为非义，故屡退而不去；以仁心为己任，故道远而弥厉"，并且认为陈蕃虽然大功未告成，但其信义足以携持民心。百余年间，汉室乱而不亡，陈蕃功劳最大。

　　像陈蕃这样保有自己独立的人格与政见，"粪土当年万户侯"的刚介之士绝不少见。汉朝人冯良，30岁时担任尉从佐，但是他讨厌为官被人驱使，"耻在厮役"。一次，他奉命去迎接督邮，一路感慨万千，因路不好，车子颠坏了，他干脆"坏车杀马，毁裂衣冠，乃遁至犍为，从杜抚学"。成语"杀车毁马"即源于此。（《后汉书·周燮传》）另有成语"毁车杀马""胡昭投簪""倒冠落佩"与之同为弃官不仕之义。

此外，也有因年长人老而辞官隐退的情形，如成语"悬车致仕"就是指告老引退，辞官家居。汉代班固《白虎通·致仕》篇曰："臣七十悬车致仕者，臣以执事趋走为职，七十阳道极，耳目不聪明，跛碕之属，是以退去避贤者，所以长廉耻也。悬车，示不用也。"这即是成语"悬车致仕"的语源。大意是说人老了，不堪驱驰，请求告老还乡，归隐乡野。它与成语"归老林泉""归老田间"所表达的都是相同的含义。这几则成语所言是仕宦之人的正常情形。

隐士作为知识分子的一部分，本以修身、齐家、治国、平天下为己任，即使归隐也不能从这种理想抱负中完全解脱出来，正所谓"居庙堂之高，则忧其民；处江湖之远，则忧其君"（范仲淹《岳阳楼记》）。同时，统治者出于巩固江山社稷的考虑而对人才的重视，如"一沐三捉发，一饭三吐哺"所揭示的那样，使得隐士总是以各种不同的方式来参与政治生活。他们或者以在野之身应在朝之命，或者以在野之名务在朝之实，或者以在野之法求在朝之位。所以许多士人的人生浮沉被当朝为政者所左右，被迫在"仕"与"隐"之间徘徊。

三、隐与仕之间

隐逸生活"可自怡悦"，吸引着倦于宦海的游人。南朝齐、梁时期的陶弘景（456—536年）是道教思想家、医药家、文学家、书法家，更是一位卓越的政治家。从后人作的"六朝霸业成誓水，千古名山犹姓陶"的诗句可看出陶弘景的个人魅力与历史功绩。据《南史·陶弘景传》记载，36岁时他辞去官职，隐居于茅山修道。归隐以后的陶弘景仍能"知时运之变，俯察人心，悯涂炭之苦"。故梁武帝萧衍"恩礼愈笃"，且"国家每有吉凶征讨大事，无不前往咨询，月中常有数信，时人谓之山中宰相"。这便是成语"山中宰相"的语源。由此可见即使身居山林，陶弘景这样的隐士仍然心怀社稷，并能够对政治施加影响。而这位隐居的高贤自能享受山中的乐趣，他的佳句"山中何所有，岭上多白云。只可自怡悦，不堪持赠君"（《诏问山中何所有赋诗以答》）在晶莹透亮洒脱的文字中，自如地流露出诗人的怡然自得。

隐居者中有陶弘景这样的高古贤达之士，怀有悲悯涂炭生灵之情；在朝者中也不乏怀有对归隐一往情深之人，就如成语"拄笏看山"所喻示的那样。他们将"朝"与"隐"集于一身，虽身在官场，却依然能够保持正直、清高的人格，有所为有所不为，形成了独具特色的"朝隐"。东方朔可谓开此先河，他曾亲言："如朔等，所谓避世于朝廷者也。古之人，乃避世于深山之中。"他酒酣据地歌曰："陆沉于俗，避世金马门。宫殿中可以避世全身，何必深山之中，蒿庐之下。"金马门者，宦者署门也，门旁有铜马，故谓之曰"金马门"（《史记·滑稽列传》）。东方朔学养智能，胸怀志向，但是被武帝以倡优待之。他深知自己所处的政治环境：直谏会冒上犯死，诏媚附上又会丧失士人的独立品格，在仕与隐的夹缝中他奉行"朝隐"，为士人在超越与顺从之间找到了一条立身之道。

晋人嵇康也是一位著名的"朝隐"者。他身在朝野，"虽饰以金镳、飨以佳肴，逾思长林而志在丰草"（《与山巨源绝交书》），这成为"长林丰草"的语源。其好友阮籍亦隐于朝，用诗歌表达了自己内心的忧伤与焦虑，可视为朝隐之士共同的心声："夜中不能寐，起坐弹鸣琴……徘徊将何见，忧思独伤心。"（《咏怀》其一）"终身履薄冰，谁知我心焦！"（《咏怀》其三十三）"但恨处非位，怆恨使心伤。"（《咏怀》其七十七）阮籍的《咏怀》诗中充满了"徘徊""心焦""心伤"的吟咏，这种内心的悲哀在无奈的"朝隐"者中是普遍的。

唐代诗人白居易以其独特的出处相济、进退自如的朝隐方式对以后的士人产生着影响，他朝隐的独特之处体现在其《中隐》诗："大隐住朝市，小隐入丘樊。丘樊太冷落，朝市太嚣喧。不如作中隐，隐在留司官。似出复似处，非忙亦非闲。不劳心与力，又免饥与寒……人生处一世，其道难两全。贱即苦冻馁，贵则多忧患。唯此中隐士，致身吉且安。穷通与丰约，正在四者间。"他以"中隐"巧妙地平衡了兼济与独善、出与处、忙与闲、贵与贱的矛盾。

不管是"山中宰相"还是"拄笏看山"，其背后所表达的都是游宦之入仕与不仕的矛盾。在这个问题上，《孟子·告子下》有一段精辟的论述："所就三，所去三。迎之致敬以有礼，言将行其言也，则就之；礼貌未衰，言弗行也，则去之；其次，虽未行其言也，迎之致敬一有礼，则就之；礼貌衰，则去之……"不过在君主集权的封建时代，"普天之下，莫非王土，率土之滨，莫非王臣"。臣子如何能与高高在上的统治者计较是否"有礼"的问题呢！也正是在这个意义上，"悬车致仕""投传而去""杀车毁马""挂冠而去""胡昭投簪"方谓为难能可贵。

在如何对待隐与仕的问题上,孔子的看法也表达了中国知识分子的基本态度,他说:"用之则行,舍之则藏,唯我与尔有是夫。"(《论语·述而》)成语"用行舍藏"即由此而出。孔子一生周游列国,游说诸侯以推行自己的政治主张,知其不可为而为之,可谓一个积极用世者。但这并不代表他没有隐逸思想。孔子说:"天下有道则见,无道则隐。邦有道,贫且贱焉,耻也;邦无道,富且贵焉,耻也。"(《论语·泰伯》)又说:"邦有道则仕,邦无道则可卷而怀之。"(《卫灵公》)可见,孔子把能否行"道"作为仕或隐的一个基本原则。"道",是知识分子与君主之间结合的共同基础[①]。遗憾的是天下清平无望,"凤鸟不至,河不出图"(《子罕》),孔子屡屡碰壁也找不到"有道则见"的政治环境,他反思道:"贤者避世,其次避地,其次避色,其次避言。"(《宪问》)心中的隐逸情结逐渐浓烈,欲"乘桴浮于海"。在孔子看来,没有任何其他地方可去时,一个人从社会上完全退出是正当的[②]。孔子最终在陈地发出"归与!归与!"的感叹,他一生的经历,正是对"用行舍藏"人生理念的践行。

孔子"用行舍藏"的隐逸思想,作为儒学不可或缺的一个方面,对后学产生深刻的影响。孟子也说:"天下有道,以道殉身;天下无道,以身殉道。"(《孟子·尽心》上)韩愈也认为,如果不满于所遭遇的暴君或昏君的统治,有德之人就可以越过边境投奔邻国,尝试另找出路:"古之士,三月不仕则相吊,故出疆必载质。然所以重于自进者,以其于周不可,则去之鲁;于鲁不可,则去之……故士之行道者,不得于朝,则山林而已矣。"以道自任的知识分子最终选择隐逸的方式欲求守住人格尊严以抗礼王侯,抗礼无道。

通过对以上众多与隐逸相关的成语的解读,我们发现无论是成语本身的内涵还是其所反映的历史与文化,都说明中国的隐逸文化是颇为发达的,并且与其时的思想文化和社会现实紧密相连。隐逸的原因各不相同,隐逸的形式多种多样,隐逸的格调亦有高下之分。隐士作为中国士阶层的一个组成部分,与社会政治有着千丝万缕的联系。中国古代士人以修身齐家治国平天下为奋斗目标,"先天下之忧而忧",在"学而优则仕"的传统下,他们"达则兼济天下"。上述成语折射出中国隐逸文化的丰富灿烂,隐逸现象的恣肆纵横,隐逸之士的层出不穷,从中我们必然能感受到中国士人为追寻理想而付出的代代相

[①] 余英时.士与中国文化[M].上海:上海人民出版社,2003:916.
[②] 青云.岩穴之士[M].济南:山东画报出版社,2009:25.

继的努力，为坚守道义而经历的执着与彷徨、痛苦与无奈的内心挣扎，不能不被他们的高蹈人格与高古精神所感动，"糟粕所传非粹美，丹青难写是精神。区区岂尽高贤意，独守千秋纸上尘"，这虽然是宋代文学家王安石《读史》的诗句，但却正好映衬了中国士人隐逸"精神"的丰沛与微妙，正是中国士人隐逸精神的真实写照。

参考文献

[1] 马国凡. 成语 修订本［M］. 呼和浩特：内蒙古人民出版社，1978.
[2] 黄伯荣，廖序东. 现代汉语：上［M］. 北京：高等教育出版社，2002.
[3] 向光忠. 成语概说［M］. 武汉：湖北人民出版社，1982.
[4] 安丽卿. 成语的结构和语音特征［M］. 北京：光明日报出版社，2016.
[5] 焦玉琴. 汉语成语的意义世界［M］. 北京：中国财富出版社，2013.
[6] 李承赞. 成语文化［M］. 北京：中国经济出版社，2013.
[7] 张小锋，张菊玲. 成语故事与历史智慧［M］. 北京：对外经济贸易大学出版社，2018.
[8] 朱瑞玟. 香飘万里 酒文化与成语［M］. 北京：首都师范大学出版社，2006.
[9] 徐大晨. 齿颊生香 饮食文化与成语［M］. 北京：首都师范大学出版社，2006.
[10] 朱瑞玟. 博采众美 书法文化与成语［M］. 北京：首都师范大学出版社，2006.
[11] 霍仲滨. 洗尽铅华 服饰文化与成语［M］. 北京：首都师范大学出版社，2006.
[12] 袁钟瑞，杨学军. 奇妙的成语世界 成语文化读本［M］. 北京：商务印书馆，2015.
[13] 刘振平. 汉语成语与中国婚姻爱情文化［M］. 北京：世界图书北京出版公司，2012.
[14] 甘德安. 中国成语批判［M］. 北京：华文出版社，2014.
[15] 龙青然. 汉语成语对称性研究［M］. 长沙：湖南教育出版社，2007.
[16] 刘明涛. 汉语成语大词典［M］. 长春：吉林人民出版社，2009.
[17] 刘洋著. 汉语带"不"成语的多维考察［M］. 武汉：华中师范大学出版社，2015.
[18] 莫彭龄. 汉语成语与汉文化［M］. 南京：江苏教育出版社，2001.

[19] 张宁．汉语成语的文化因素研究及其教学策略［D］．哈尔滨：黑龙江大学，2012.

[20] 丁珊珊．中华成语文化的当代价值及其传承研究［D］．成都：西华大学，2018.

[21] 刘姗姗．汉语十二生肖动物类成语研究［D］．南京：南京师范大学，2014.

[22] 迪丽拜尔·吾尔佧森．汉语成语的文化含义及其维译研究［D］．乌鲁木齐：新疆大学，2015.

[23] 陈静．汉语动物成语研究［D］．西安：西安外国语大学，2016.

[24] 张树．汉语动物成语研究［D］．济南：山东师范大学，2019.

[25] 赵亚岚．数字成语多角度分析［D］．开封：河南大学，2012.

[26] 安美真．数字与汉语成语［D］．天津：天津师范大学，2005.

[27] 张宪．含数字"九"的成语中"九"的语义及其认知阐释［D］．锦州：渤海大学，2016.

[28] 毕野．含数字"三"的汉语成语多角度研究［D］．长春：东北师范大学，2013.

[29] 熊莹．汉语饮食成语的语义和文化研究［D］．南京：南京师范大学，2013.

[30] 孟然妹．汉语饮食成语隐喻研究——认知与文化视角［D］．济宁：曲阜师范大学，2010.

[31] 吴佳凝．概念整合理论视角下汉语饮食成语的认知研究［D］．上海：上海外国语大学，2017.

[32] 姜秀明．汉语服饰成语的转喻和隐喻研究［D］．济南：曲阜师范大学，2010.

[33] 黄欣．汉语音乐类成语语义建构研究［D］．青岛：中国海洋大学，2014.

[34] 张军．汉语成语中的流俗词源现象——兼谈对流俗词源的误解［J］．内蒙古大学学报（人文社会科学版），2000（S1）．

[35] 莫彭龄．论成语的语言文化特质［J］．南京师范大学文学院学报，2011（04）．

[36] 李兴文．中国古代成语中的音乐元素［J］．音乐探索，2016（04）．

[37] 莫彭龄．汉语成语新论［J］．江苏社会科学，2000（06）．

[38] 周达生．成语运用与语言的音乐美［J］．佛山大学佛山师专学报（社会科学版），1990（01）．

[39] 莫彭龄．论成语的语言文化特质［J］．南京师范大学文学院学报，2011（04）．

[40] 龙青然．汉语成语夸张用法类析［J］．邵阳学院学报，2004（05）．

[41] 陈镜鹏．成语的声音美［J］．当代修辞学，1983（01）．

[42] 莫彭龄．关于成语定义的再探讨［J］．常州工业技术学院学报，1999（01）．

[43] 杨东．四字格成语的节奏和韵律［J］．齐齐哈尔师范学院学报（哲学社会科学版），1980（02）．

[44] 马林芳．成语的修辞［J］．汉中师院学报（哲学社会科学版），1983（02）．

[45] 章木．浅议四字格成语的修辞色彩［J］．曲靖师专学报，1987（02）．

[46] 张耀廷．成语修辞功能论析［J］．昆明师专学报，1988（04）．

[47] 陈应远．成语修辞浅谈［J］．荆门大学学报（哲学社会科学版），1995（04）．

[48] 宁佐权．植物类汉语成语的文化积淀［J］．邵阳学院学报（社会科学版），201716（3）．

[49] 卢铁澎．汉语成语的文化特性［J］．海外华文教育，2008（04）．

[50] 侯志超．汉语成语的文化特色［J］．陕西国防工业职业技术学院学报，2007（01）．

[51] 骆增秀．汉语成语——文化符号［J］．中国教师，2004（10）．

[52] 贾娟．现代汉语成语的民族文化研究［J］．中国民族博览，2020（09）．

[53] 宁佐权．汉语成语里的中华民族文化因素［J］．学语文，2017（04）．

[54] 冯学娟．汉语成语修辞格的文化透视［J］．宁夏大学学报（人文社会科学版），2017（6）．

[55] 杨翠兰．现代汉语四字动物成语的文化内涵分析［J］．文教资料，2019（32）．

[56] 焦玉琴．汉语成语与中国文化的隐逸传统［J］．中国文化研究，2013（02）．

[57] 杨文全．成语中的镜像——中国古代隐逸文化阐微［J］．四川大学学报（哲学社会科学版），1998（02）．

[58] 胡铁男．汉语成语与中国古代文化［J］．新校园（阅读版），2015（10）．

[59] 王燕．汉语成语中的饮食文化透视［J］．数码设计，2017（10）．

[60] 郭宪春．汉语成语中动物对举的形式及文化因素分析［J］．语文建设，

2015（11）.

［61］于婧阳，朴美慧. 动物成语隐喻认知研究［J］. 沈阳师范大学学报（社会科学版），2015，39（04）.

［62］孙苗. "虎"字成语的隐喻机制［J］. 科教导刊（中旬刊），2010（07）.

［63］王荣文. 浅谈包含植物名称的成语［J］. 中国市场，2011（40）.

［64］刘瞳，唐雪凝. 成语中的植物文化［J］. 常州工学院学报（社科版），2012，30（04）.

［65］王建莉. 成语的审美价值［J］. 内蒙古社会科学（汉文版），2001（S1）.

［66］周锦国，张洁. 试论《诗经》成语中的动植物文化［J］. 常州工学院学报（社科版），2013，31（06）.